同济大学研究生教材建设项目资助出版

近代美国媒介发展教程

韩亚辉　著

同济大学 出版社
TONGJI UNIVERSITY PRESS
·上海·

内 容 简 介

本书由四章组成：第一章，新式报业的出现。在19世纪末20世纪初的时代背景下探究美国新式报业的兴起与演变，以普利策报业为个案加以审视。第二章，"煽情新闻"的泛滥。主要探讨喧嚣激情的东部都市报业，以赫斯特和普利策的报业竞争为主线，探究"煽情新闻"的实质，分析其衰落的必然性。第三章，边疆报业的开拓。美国边疆报业的形态迥异于东部，为了了解美国报业的全貌，本书进一步带领读者"通览"西部边疆报业的肇始、经营和消失。第四章，渊源与演进。主要论述这段时期的报业理念。

图书在版编目(CIP)数据

近代美国媒介发展教程 / 韩亚辉著. -- 上海 ：同济大学出版社，2024.11. -- ISBN 978-7-5765-1347-9

Ⅰ.G219.712

中国国家版本馆CIP数据核字第2024JS5181号

近代美国媒介发展教程
韩亚辉 著

| 责任编辑 | 尚来彬 | 责任校对 | 徐春莲 | 封面设计 | 张 微 |

出版发行	同济大学出版社　www.tongjipress.com.cn
	(地址：上海市四平路1239号　邮编：200092　电话：021-65985622)
经　　销	全国各地新华书店、网络书店
排版制作	南京展望文化发展有限公司
印　　刷	常熟市华顺印刷有限公司
开　　本	710 mm×1000 mm　1/16
印　　张	14.25
字　　数	219 000
版　　次	2024年11月第1版
印　　次	2024年11月第1次印刷
书　　号	ISBN 978-7-5765-1347-9
定　　价	78.00元

本书若有印装质量问题，请向本社发行部调换　　版权所有　侵权必究

目录 | Contents

引子 ·· 001

绪论 ·· 004
    一、19世纪末20世纪初景象中的美国 ·················· 004
    二、19世纪末20世纪初的美国报业 ······················ 008
    三、研究现状、主要内容及难点分析 ······················ 014

第一章 新式报业的出现——城市化、工业化视野中的报业 ······ 018
第一节 从政党报纸到新式报业 ································ 018
    一、19世纪末之前的报业回溯 ······························ 018
    二、新式报业的兴起 ·· 022
    三、新式报业的特征 ·· 027
第二节 新式新闻要素 ·· 036
    一、新一代编辑 ··· 036
    二、广告新思维 ··· 040
    三、印刷、摄影、电话：新式新闻技术的进步 ········ 045
第三节 普利策与煽情主义 ······································ 049
    一、普利策煽情主义的特色 ·································· 050
    二、普利策煽情主义的积极意义及其局限性 ·········· 060

第二章 "煽情新闻"的泛滥——商业性、竞争性氛围下的报业 ······ 065
第一节 19世纪末20世纪初的社会思潮 ···················· 065
第二节 普利策与赫斯特的竞争 ································ 075

一、迥异的早期经历 …………………………………………… 076
　　二、不同的报业人生 …………………………………………… 080
　　三、危险的十字路口：黄色新闻与普赫之争 ………………… 088
　　四、"煽情新闻"的衰落 ………………………………………… 099
第三节　对黄色新闻的反思 ………………………………………… 104
　　一、积极的颜色？颓废的颜色？ ……………………………… 104
　　二、公众的问题 ………………………………………………… 108
　　三、社会责任感的提出 ………………………………………… 110
　　四、"报纸的审判" ……………………………………………… 111

第三章　边疆报业的开拓——边疆语境下的报业 ………………… 116
　第一节　边疆报业的肇始 ………………………………………… 116
　　一、作为精神载体的西部理念 ………………………………… 117
　　二、地方主义情结下的边疆报业 ……………………………… 121
　　三、边疆开拓中的报业 ………………………………………… 125
　第二节　边疆报业的发展 ………………………………………… 130
　　一、加州淘金热 ………………………………………………… 132
　　二、铁路扩张 …………………………………………………… 133
　　三、新技术的出现 ……………………………………………… 135
　第三节　边疆报业运营 …………………………………………… 137
　　一、读者群的形成 ……………………………………………… 138
　　二、边疆广告业 ………………………………………………… 144
　　三、资本的力量 ………………………………………………… 149
　第四节　边疆印记的消失 ………………………………………… 158
　　一、成功与失败 ………………………………………………… 158
　　二、边疆印记的消失 …………………………………………… 166
　　三、共同利益 …………………………………………………… 172

第四章　渊源与演进——19世纪末20世纪初的新闻理论 ………… 176
　第一节　自由主义新闻思潮 ……………………………………… 176

  一、新闻自由思潮的确立 …………………………………… 176
  二、19 世纪末 20 世纪初的新闻自由思潮 ………………… 180
  三、新闻自由与新闻道德的悖论 …………………………… 183
 第二节 客观主义新闻理论 ……………………………………… 185
  一、客观性理论的概念与缘起 ……………………………… 185
  二、客观主义新闻的特征与原则 …………………………… 194
  三、客观主义新闻理论的实践 ……………………………… 200
  四、对客观性原则的认识与反思 …………………………… 204
 第三节 专业主义新闻思潮 ……………………………………… 208
  一、美国新闻专业主义的起源 ……………………………… 208
  二、19 世纪末 20 世纪初中的新闻专业主义实践 ………… 210
  三、"背德而驰":新闻专业主义与现实的博弈 …………… 215

结语 ………………………………………………………………… 217

引子

过去发生的事情,总会以这样或那样的方式展现在今日的生活中。往事像一面镜子,鉴史明今,"要做到学史明理、学史增信、学史崇德、学史力行"①,诚哉斯言。

美国传播学者威尔伯·施拉姆指出:"媒介一经诞生,就已经参与了所有意义重大的社会变化。"②19世纪末20世纪初的美国,报业基本就是新闻业的代名词。只是到了当代,新闻业的内涵才如此丰富多彩。

报纸是历史悠久的传播媒介形式。在广播、电视等电子传媒出现前,它是传递新闻、信息的最重要途径。美国报业的繁荣与19世纪末20世纪初的时代特色息息相关。工业化、城市商业化不仅带来技术的创新和社会的变革,客观上亦需要与之相适应的媒介系统来传播知识、信息,深化舆论。19世纪末20世纪初是美国现代报业形成的温润土壤,报业的发展又极大地推动了工业文明的进步。

报纸时效性强,考察一定时期的报业特点,可以通览这一时期的经济、政治、思想、文化等社会状况。美国是报业极为发达的国家,19世纪末20世纪初是美国发生深刻社会转型的时期:农业文明向工业文明过渡,自由资本主义向垄断资本主义过渡。工业化、城市化是这一时期的显著特征。同时,19世纪末20世纪初也是社会问题丛生,各种思潮、变革、公共运动纷至沓来的时期,转型期的"阵痛"难以避免。在由不适转为逐渐适应、从无序过渡到有序的进程中,报业的作用不可低估。作为文化产业的一个分支,报

---

① 习近平.学史明理、学史增信、学史崇德、学史力行[J].求是,2021(13):4-15.
② 施拉姆.大众传播媒介与社会发展[M].金燕宁,译.北京:华夏出版社,1990:3.

业融入了社会转型的洪流中，它不但是这段历史的"见证人"，而且以其独特的方式，作出了自己的贡献，成为历史的"创造者"。报业的发展有助于美国积极变革，其影响遍及政治、经济、文化、教育、科技等各方面。之所以如此，是因为知识、信息及舆论大量而迅速流通，这不但使个人的见识逐渐丰富，且使许多人的信息和经验互相沟通，蔚成19世纪末20世纪初以降壮丽的景观。

对19世纪末20世纪初的报业发展、运作、影响进行分析，从一个崭新的视角审视美国社会，有助于加深对美国现代化进程的认识，对正确理解现代工业社会的内部运作不无裨益。

从殖民地时期到政党报刊时期，是美国报业的萌芽阶段。作为当时重要的传播媒介，报纸被当作宣扬政治主张、从事政治斗争的工具。报纸内容以政论性的宣传、鼓动文章为主，读者则多为社会上的精英阶层。新闻采写、报纸印刷、出版发行等环节皆由两大政党（民主党和共和党）组织提供资助，一手操办，报业自身没有自主权，亦不承担任何责任。政治斗争的需要会催生一定社会群体对政治信息的需求，但不会持久地拥有广泛的社会性市场。对新闻信息的社会化需求，只能来自以商品经济占主导地位的现代社会。美国报业市场的成熟是在19世纪末20世纪初形成的。

19世纪末20世纪初的美国工业革命极大地推动了社会生产力的进步，也为报业发展创造了前所未有的物质条件。印刷、造纸、通信、交通等领域的巨大变革为报业的大众化奠定了坚实的基础。例如，蒸汽驱动的轮转印刷机的速度可以达到每小时双面印刷4 000页报纸，这使报纸的定期和大量发行成为可能。城市化的深入展开是报业发展的另一个重要条件，它提供了潜在的读者群、广告商和新闻素材。此前，对大众来说，报纸是一种奢侈品，一般工人的周薪为4～5美元，而一份日报要卖到6美分，约占一天收入的1/10。如何突破这一"瓶颈"，使广大公众负担得起，或者说怎样才能大幅度提高发行量并有利可图，成了摆在报业经营者面前的现实问题。19世纪末20世纪初的市场提供了机遇：大幅度降低售价、牢牢吸引读者、大量增加广告。工业社会的发展造成了一种迥异于传统社会的氛围和文化模式，城市市民需要了解外部世界，需要获得信息和互相沟通。可能性与必要性相结合,使美国出现了新式报业的繁荣,新式报业的特征以煽情性为主。19世纪末20世纪初的报业发展标志着美国传统报业的结束和现代报业(新闻业)的开始。此外,美国近代报业的特殊性还体现为东部城市化商业报纸和西部边疆报纸的类型化分野。正因如此,本书集中展现美国这一关键转型期波澜壮阔的报业图景。

绪论

一、19 世纪末 20 世纪初景象中的美国

15 世纪末,随着克里斯托弗·哥伦布发现美洲,欧洲人(主要是英格兰人)陆续来到新大陆,直接将欧洲的文化移植过来,使美洲成为世界上第二个现代新闻传播业的早期发展地区。

从殖民地时期到 19 世纪中叶,美国总体来说是一个以农业生态为主的社会,发轫于欧陆的工业革命对它的影响并不显著。直到南北战争结束,只有纺织和冶炼等为数不多的部门有工业化的痕迹,其中一个重要原因是西部尚有广袤无垠的肥田沃土有待开拓。[①]

内战结束至 20 世纪初的这段时期,是美国历史上发展最迅猛的时期,也是由农耕文明形态向工业文明形态过渡的重要社会转型期。19 世纪末 20 世纪初是美国发展的分水岭,在分水岭的一边,主要是一个农业的美国;它关心的是国内事务;至少在理智上遵守 17、18 世纪承袭下来的政治、经济和道德原则。这段时期,美国在物质和社会方面尚处于发展过程中;就整体来看,它自信,自强,自给自足,并且意识到它的独特性格和独特命运。在分水岭的另一边,是现代的美国;它主要是一个城市化的工业国家;它同世界经济和政治有不可分割的联系;它也为旧世界所特有的那些困难问题所烦扰;它在人口、社会组织、经济和技术诸方面经历着深刻的变化;而且试图改变传统的组织机构和旧观念,以适应新情况,其中一部分是外国的情况。[②]

---

① 布莱克.美国社会生活与思想史[M].许季鸿,聂文杞,魏孟淇,等译.北京:商务印书馆,1994:54-55.
② 康马杰.美国精神[M].杨静予,崔妙英,王绍仁,等译.北京:光明日报出版社,1988:63.

工业化是美国近代化的重要特点。工业要发展，交通和科技是关键。20世纪初工业崛起的龙头产业无疑是铁路，铁路虽然在内战前就有所发展，但其真正在全国连成四通八达的网络并发挥巨大经济作用，则是战后的事。1869年，第一条横贯大陆的铁路在犹他州开通，稍后，在它两侧又陆续加增了四条南北方向的铁路。至19世纪末，纵横全国的铁路网建立起来，原料、产品、物资等可以畅通无阻地运往各地，极大地促进了经济发展和文化交流。此外，铁路对促进西部开拓和加快移民进程功不可没。在此基础上，钢铁工业、电力工业、石油工业等相继形成规模，伴随着大工业的崛起，金融业也迅速扩张。到1914年时，美国年工业产值由1860年的不足20亿美元猛增至240亿美元以上，工业产量则相当于英、法、德的总和。[1]

科技发明也是工业革命的动力之一。美国地广人稀，劳动力相对缺乏，由于20世纪初工业发展的刺激，科技作为生产力的意义越发凸显。为鼓励创新，联邦政府早在1802年就制定了《专利权法》。在19世纪70年代，每年取得专利权的发明超过13 000项；到19世纪90年代，每年则超过21 000项。这些发明不仅推动了工农业领域的革命，改变了人们的生活方式和社会面貌，而且加速了大众公共意识的觉醒，使19世纪末20世纪初具有了现代社会的气息。

随着美国由农业社会向工业社会过渡，社会重心由乡村转移到城市。1860—1900年间，百万人口的城市由1个增至5个，50万～100万人口的城市由2个增至5个，1万～10万人口的小城市由84个激增至402个。农业人口在全国人口中所占比例则从1860年的81.23%降至1900年的60.23%。同期，全国城市人口增加了三倍，而乡村人口只增加了一倍。更引人注目的是，1790—1890年的100年间，美国总人口数增加了16倍，城市人口却增加了139倍。[2] 美国十大城市的人口比例占全国的8%，但生产着全国40%的制成品。到19世纪末，美国城市人口已占全国人口的一半以上，基本实现了城市化，全国城市体系初步形成。

---

[1]　布莱克.美国社会生活与思想史[M].许季鸿，聂文杞，魏孟淇，等译.北京：商务印书馆，1994：82.

[2]　ARTHUR M, SCHLESINGER JR, MORTONW. Paths of American thought [M]. Boston: Houghton Mifflin Company, 1963: 258.

19世纪末至20世纪初是美国城市迅速扩张的显著时期。新兴的大规模机械工业以其强大的吸引力使得大量资金、货物和人口涌入城市。设备齐全的大都市和无数新城镇仿佛在一夜之间涌现。由于大多数城市发展速度过快,这些城市被称为"速成式城市"(Instant City)。美国总人口在19世纪增长了12倍,而城市人口则增长了87倍,个别城市发展更为迅速(表0-1)。①

表0-1 19世纪末20世纪初美国农业、工业发展概况

19世纪末20世纪初美国的发展	
农业	美国的农业在19世纪末20世纪初实现了大发展。1865—1900年美国农业经济平均每年递增3%,全国耕地面积由1.65亿hm^2增加到3.56亿hm^2,农场数由204万个增加到643万个,农业生产总值由22亿美元增加到58亿美元,农业劳动生产率平均增长了4~5倍,粮食和棉花产量大幅度增加,小麦的劳动生产率比内战前提高了17倍,小麦产量占世界小麦总产量的14%
工业	美国在19世纪末20世纪初启动了第二次工业革命,能源、交通和通信行业都实现了飞跃式的发展。这个时期,人们开始依赖石油、煤炭和天然气等化石燃料,推动了能源企业的迅速崛起。汽车工业也开始起步。美国很好地把铁路、电话、电灯等新技术、新发明应用到工业生产领域,大大提高了生产力。美国政府大力支持铁路的兴建,美国拥有当时世界上里程最长的铁路网,这便于大批劳动力去开发西部,同时把各州连接起来,加强了地区的联系。交通运输的发展加大了美国对能源资源的依赖,促进了石油、煤矿的开采,并产生了很多巨型能源产业。美国向着工业化的发展方向不断大步迈进。到1900年,美国的工业产值跃居世界第一位

美国城市在跳跃式发展中,城市居民的重要来源之一是农村人口。到1910年,美国城市总人口中有近20%来自农村。② 这些乡下人把城市视为新的希望之乡,撇开了他们偏僻闭塞的农村生活,决然投入"与他们自己截然不同的群体的涡流之中"③。他们置身于多姿多彩的城市,追寻着自己的

---

① DAVID C. Thorms: suburbias, bungay[M]. Suffolk: Macibbon & Kee Ltd, 1972: 62.
② 王章辉,黄柯可. 欧美农村劳动力的转移与城市化[M]. 北京: 社会科学文献出版社,1999: 68.
③ 王章辉,黄柯可. 欧美农村劳动力的转移与城市化[M]. 北京: 社会科学文献出版社,1999: 3.

梦想与前途。起初,由于不熟悉大城市复杂的生活环境和紧张多变的节奏,他们在面对各种文化冲突时感到茫然无措。为了适应新的城市生活,他们需要通过某种方式调整自己的观念、行为和生活方式。美国城市多是"平地起高楼",迥异于文化底蕴深厚的欧洲城市,它们需要创建、培植崭新的、多样化的经济文化机构,才有可能将广大农村人改造为地地道道的城市居民。

异质性是19世纪末20世纪初美国城市的重要特点之一。在城市化进程中,不同国家在不同时期都会表现出这样的特点,但美国城市的异质性尤为明显。其城市人口除来自本国乡村地区外,还有不少是外来移民。从拿破仑战争到一战前,流入美国的移民共有3 800多万。[1] 外来移民往往首先在东海岸的"新英格兰"地区落脚,然后逐渐西进。1880年,外来移民的2/3在城市定居,1900年这一比例上升到3/4。[2] 这些外来移民来自世界各个角落,他们的种族、民族、语言文化、宗教信仰、风俗习惯、经济背景千差万别,雅各布·里斯称美国城市是一个"由各种异质因素汇集而成的稀奇古怪的大杂烩",是一个"混杂的群体"。[3] 这种异质性在一定程度上增加了城市社会的不稳定性和分裂倾向。

美国社会的这种混乱和动荡表明,美国还没有形成一个统一的共同体,至少还不是一个稳定和谐的共同体。这种情况严重影响了美国社会的正常有序发展,为其走向现代化设置了诸多障碍。因此,如何同化大量外来人口,将他们纳入"美国方式"并使其成为地道的美国人,成为美国主流社会面临的重要现实问题。在这种时代需求的推动下,美国的现代城市文化应运而生。城市居民对于他们共同城市生活的共同感受以及对于他们彼此之间的相关性的认同,为现代城市文化的兴起注入了生命力。这种崭新的城市文化与此前的各种文化形态截然不同,它是美国"城市居民运用现代城市中新兴的社会经济机构铸就的新型文化",是一种时代性、商业性、大众性、通俗性的文化,对于城市居民来说,它有着无穷的魅力和感召力。城市文化的

---

[1] 利德基. 美国特性探索[M]. 北京:中国社会科学出版社,1991:68.

[2] HAYMOND A M. The new city: urban American in the Industrial Age, 1860—1920[M]. Harlan: Davidson, Inc, 1985: 24.

[3] GUNTHER B P. City people: the rise of modern city culture in nineteenth-century America[M]. New York: Oxford University Press, 1980: 8.

魅力增强了它自身扩展的势头，促进了统一的城市文明从大西洋到太平洋的兴盛。

美国新型城市文化是在19世纪末20世纪初形成的。它与欧洲的古老文化截然不同。欧洲的古老文化是一种雅文化，体现在戏剧、绘画、雕塑、交响乐等方面。毫无疑问，这种雅文化在陶冶情操、形成价值观和影响行为方式等方面发挥了重要作用。而美国的新兴城市文化则更多地表现为一种俗文化，它完全符合19世纪末20世纪初的时代特色。这种兼有大众性和通俗性的美国新型城市文化，获得中下层普通大众的广泛认可，从而在美国的现代化过程中发挥了巨大作用。这些新兴的经济文化形态包括报纸杂志、百货商店、体育运动、公共住宅等。本书重点探析报业媒体在19世纪末20世纪初的发展演变。

二、19世纪末20世纪初的美国报业

随着19世纪末20世纪初城市社会的兴起，以报业为主体的大众传播媒介应运而生。报业是个人联结社会的纽带，促进了经济的发展和社会的变革，是可以与家庭、学校相提并论的个人社会化的主要力量。报业在普及社会教育方面的作用有目共睹，而它在传播信息方面的功能，对于大众而言已经像水和空气一样不可或缺。报纸也是新居民（包括农村移民和外来移民）了解美国的窗口、融入主流社会的重要渠道。19世纪印刷技术的进步、电报的发明和使用、铁路网络的扩展以及邮资的显著降低，为美国报业的繁荣创造了必要的外部条件。1870—1900年，美国报纸数目增加了三倍，发行量增加近六倍，周刊数目增加了两倍，报刊经营全面转向商业化轨道，从而形成一条"90年代的分水岭"，标志着资本主义"新闻事业进入现代化的时代的进程已经完成"。[①]

综观美国整体新闻发展的历史，以报业为代表的新闻业，仍是最保守、最传统、最规矩的行业。报业发展的黄金时期，也是其影响媒体与社会关系最深刻的时期，报业对行业清规戒律的遵循为其带来了专业性、高利润率和

---

① 郑超然,程曼丽,王泰玄.外国新闻事业史[M].北京：中国人民大学出版社,2001：332.

高垄断性。这时期的报业奠定了美国现代新闻业的基础,包括新闻理念、经营原则、营利模式等。

19世纪末20世纪初,整体经济的空前发展使美国生机盎然。但是,"美国人对新时代的到来既无经验也无精神准备"。工业化的发展以巨大的代价为条件,迅猛崛起以沉痛的牺牲为前提。工业化、城市化和垄断化给美国带来巨变的同时,也带来了人们意想不到的工业社会综合征:复杂的工业社会结构和城市分层导致社会问题层出不穷;产品的极大丰富与分配的不合理,效率和公平原则间的矛盾导致贫富悬殊;垄断的无度和无序膨胀破坏了资本主义经济发展的游戏规则,致使中小资本家强烈不满;权力和金钱的联姻,垄断集团和政府的勾结,导致政治腐败、丑闻迭出;物质生活的富裕与精神生活的空虚,造成文明的失落和道德的沦丧;千百万外来移民为美国带来勃勃生机,也导致城市贫民区域的扩大和蔓延。美国就像一架正在起飞冲向蓝天的飞机,在起飞时发生了剧烈的震荡和失衡。及时改革和调整成为美国持续发展的当务之急。[1] 工业化的弊端引起了全国性的抗议,一批有识之士力图进行政治、经济和社会各方面的改革。他们必须对当前的社会保持理智而清醒的认识,于是,思想界、知识界的精英展现出了他们的力量。

新的思想方式就像变动的物质力量一样激发出改革的动力。在19世纪下半叶,无论是哲学、法学还是经济学和新闻学,都兴起了一股对传统原则的挑战,对19世纪上半叶主宰精神生活的抽象的形式逻辑进行了反叛。[2] 在工业化、城市化发展过程中出现的问题成为对现存秩序和社会准则的威胁,人们已不可能像浪漫诗人那样幻想远遁农庄、回归自然,而是必须面对现实、解决问题。19世纪末20世纪初是美国的社会转型期,"这是一个混沌、迷茫的时代"。这种转型不仅改变了美国人的物质生存环境,而且改变了美国人的世界观和精神状态。公众政治意识开始淡化,为自己的"物质成功"而不择手段,致使社会道德水准直下、贪污腐化盛行。物质利益

---

[1] 余志森. 崛起和扩张的年代 1898—1929[M]. 北京:人民出版社,2001:2.
[2] ARTHUR A E Jr. Progressivism in America: a study of the Era from Theodore Roosevelt to Woodrow Wilson[M]. New York: New View Points,1974:19.

至上的社会风气导致美国人公共精神的泯灭。19世纪末20世纪初报业的兴起与发展正是对这一社会转型期的真实反映。马克思曾一针见血地指出:"报刊最适当的使命就是向公众介绍当前形势、研究变革的条件、讨论改良的方法、形成舆论、给共同意志指出一个正确的方向。"①

自19世纪30年代始,美国报纸的内容发生了显著变化。最初,报纸主要用作政治党派斗争的工具,为政治目的服务。随着城市社会的发展,公众越来越社会化,他们对了解自己生活的城市,以及信息交流和沟通的需求也越来越强烈。于是报纸的内容逐步转向"现代城市生活的方方面面",去反映普通大众的"希望与失望、诚实与堕落、成功与失败、美德与罪恶"。② 19世纪末20世纪初的报纸内容无所不包,阅读报纸就是把握城市生活脉搏、了解政坛风云变幻、感受经济盛衰的重要窗口;阅读报纸可以体味现代生活方式,有助于将乡下人转变为城市居民,外国人同化为美国人。巴斯指出:"通过颂扬有关生活方面新的风俗习惯和思想风貌,以及在此之上的共同的行为方式,都市报纸对于外来移民的美国化和美国人的现代化作出了贡献。"③

19世纪末20世纪初是美国新旧新闻事业的分水岭,民主化市场孕育出发达的新闻事业。19世纪30年代开始的报刊大众化进程,在19世纪末20世纪初得到了进一步发展。城市人口增加,对报刊的需求扩大,这促进新闻业成为地位日益重要、利润较高的产业。造纸、排版、印刷、摄影、折页、运输新技术的应用,1879年的邮政法等,都刺激了报刊的大规模生产。从19世纪80年代中期到19世纪末20世纪初的几十年里,人们普遍采用了我们认为同现代新闻事业有关的几乎每一种编辑手法或方针。办报者中的代表人物有查尔斯·达那(Charles Dana)、詹姆士·戈登·贝内特(James Gordon Bennett, Sr)、约瑟夫·普利策(Joseph Pulitzer)、威廉·伦道夫·

---

① 马克思,恩格斯.马克思恩格斯全集:第四十三卷[M].中共中央马克思恩格斯列宁斯大林著作编译局,译.北京:人民出版社,1982:489.

② 王章辉,黄柯可.欧美农村劳动力的转移与城市化[M].北京:社会科学文献出版社,1999:59.

③ 王章辉,黄柯可.欧美农村劳动力的转移与城市化[M].北京:社会科学文献出版社,1999:109.

赫斯特（William Randolph Hearst）和爱德华·威利斯·斯克里普斯（Edward Wyllis Scripps）等。作为美国第一代报业巨头，他们不仅通过发行极具个人特色的报纸对公共舆论、社会思想产生影响，而且往往投身政界，竞选公职，跻身时代弄潮儿行列。

19世纪末20世纪初的传媒业上演着极富戏剧性的动态场景，这里有智慧超群的谋略，也有不择手段的竞争；有轰动世界的发明，也有为人不齿的骗局；有无比荣耀的新闻界巨子，也有臭名昭著的冒险家……在那个大起大落、瞬息万变的时代，报纸要准确而又巧妙地把握方向，要恰到好处地推波助澜，报人需要大智慧和大勇气，需要经验和胆识，需要大刀阔斧和细针密线，这是报人大有作为的时代。

19世纪末20世纪初美国报业的第一个特征是大众化。"大众"是工业化社会的产物，意指有着特殊意味的社会群体，其"更接近于一个聚合体，而不是一个组织严密的社会团体"，所以有"乌合之众"之说。在《大众文化与当代乌托邦》一书中，作者把大众的特性总结为：流动性、庞杂性、冷漠性以及具有较为普遍的识字率。这些特征都是工业化社会带来的结果。比如，庞杂性决定了"大众是平均的和无个性的……所以大众文化不是面向个人的，而是面向类型化的大众"；较为普遍的识字能力则意味着社会文化形态发生了历史性的转变，一种新的满足大众需要的文化形式正脱颖而出。这种文化与具有鲜明个性化、独创性、审美性、非普遍性的精英文化有着广泛的差异。

报纸大众化的目的是满足工业社会中广大市民阶层（中产阶层）的需要，社会需要是产生市场的前提条件。托克维尔早在1831年写道："（美国）整个社会似乎都已融入中产阶层。"①他是在考察当时美国人的机会平等、所受教育、外表行为、风度和穿着等方面后才下这一论断的。著名社会学家罗西德斯在考察了19世纪后期美国社会结构后认为，中产阶层由明显的两部分组成：中上等阶层（经理人员、专业人员、高级行政官员）和中下等阶层（小企业经营者、农场主、半专业人员、店员和职员）。大多数美国社会学家

---

① CHRISTOPHER L. The new radicalism in America, 1889—1963: the intellectual as a social type[M]. New York: Vintage Books, 1965: Pxi-xiii.

接受这种划分。① 中产阶层大都具有相似的行为方式和价值观念,实际上,他们的价值标准成为在美国占统治地位的道德规范,政治家、传播媒介、广告商和学校都尊重并认同中产阶层的社会规范,赞同他们的生活态度和趣味。② 这也是中产阶层能成为 19 世纪末 20 世纪初美国社会进步生力军的重要原因。

19 世纪末 20 世纪初美国中产阶层的成因有:美国人信奉的"社会流动说";工业革命所形成的公司化运动;广大妇女走出家庭,进入社会;美国教育传统、教育体系培养了大量的专业技术人员;国内移民和国外技术移民的涌入;等等。

19 世纪末 20 世纪初报纸的第二个特征是商业性。大众化报纸的诞生,初步确立了报纸的产业地位,即报纸属于私人所有,其活动受(商业社会)市场经济规律的支配,以赚取最大利润为经营目标。报业经营的资源与其他企业不同,多数工商企业开展经营活动的资源是一些具体的、有形的物质原料,但报业的资源却是自己掌握的特殊资源,即信息、空间、时间等。具体来说,报业的经营资源是报纸的版面,它可以作为各种信息的载体,报业的经营活动就是通过传播信息来获取利润的。但信息的传播通常不会带来直接的利润,而是通过广告收益来实现,广告经营是报业最主要也是获取利润最大的经营手段。所谓报业广告,就是报纸把版面出售给有关企业或个人用以发布特定的信息。这样,报纸发行量的增大不但可以吸引广告客户,而且能够提高报纸广告的收费标准,保证报业的盈利。

美国市场经济的培育、完善与现代工业社会的发展紧密相连。随着工商业的发展和市场的扩大,以推销工厂产品为主要任务的广告业逐步形成,广告成为商品生产、销售、消费的重要环节。报业经营者通常将报纸的售价定为其实际成本的一部分,而绝大部分成本由广告收入偿付。从此,广告与报业再也无法分离,广告被认为是报业的经济命脉。随着报业广告的发展,广告的内容从最初仅限于推介商品,发展到提供服务信息、引导消费潮流、展示机构形象。广告成为商业社会自身的表达方式,不仅促使人们接受新

---

① 罗伯逊.社会学:上册[M].北京:商务印书馆,1991:340.
② 罗伯逊.社会学:上册[M].北京:商务印书馆,1991:78.

的产品,改变购买习惯,甚至影响着工业社会的生活方式。

19世纪末20世纪初美国报纸的第三个特征是竞争性。这是工业社会的普遍现象。在同一城市的不同报业,甚至不同城市的报业中,都存在着激烈的竞争。本书将围绕普利策和赫斯特的竞争展开论述。

综合以上分析可以看出,19世纪末20世纪初美国报纸与政党报纸相比,其独立性显而易见。这使其不但能够以"自己的声音说话",而且成了赢利赚钱的工具,报纸成了一种文化产业。然而,关于报业到底是一种什么性质的行业,众说纷纭,莫衷一是。

关于报业的属性问题,马克思曾有论及:"报纸是作为舆论的纸币流通的",同时也是"一个有收入的文字事业"。这就鲜明地揭示了报纸的两重性:文化属性(事业性)和经济属性(商业性)。报业无疑是一项文化事业,但在市场经济下,它的运营与发展不得不充分考虑商业利益,但两种属性应该兼顾而不是互相对立的。一方面,它是市场化的,其商品的生产与销售,通过受利润驱动的产业进行,而该产业只遵从自身的经济利益;另一方面,报业又是大众化的,而大众的利益并不是产业的利益,一种产业要成为大众文化的一部分,就必须包含大众的利益。大众文化不仅是消费性的,更是一种文化,是在社会内部创造并流通意义与快感的积极过程,一种文化无论怎样市场化,都不能简单地根据商品的买卖来进行描述。美国当代新闻学家布朗认为:"报业是一种职业同时又是一种商业。"著名记者马林飘也说过:"报业的性质在于它是一种商业,同时又含有一种非商业的重要因素。"他们的观点虽然表述方式不一,各有侧重,但都明确指出,报业是一种兼具文化属性和经济属性的特殊行业。社会的进步很大程度上依赖消息和思想的传播,19世纪末20世纪初的美国报业发展史就是人们为追求广泛传播而进步的历史。把新闻发掘出来,进行解释,提出睿智的观点,并在严酷的市场上接受检验,这就是报纸产业发展的主要脉络。在这一过程中,有不少关键人物作出了突出贡献。本书将对此进行个案分析。此外,报业的成功运营对美国19世纪末20世纪初的社会生活有广泛而深远的影响,19世纪末20世纪初的客观条件也左右了报业的发展。

三、研究现状、主要内容及难点分析

(一) 国内外研究现状

国内同行对19世纪末20世纪初的报业缺乏专门系统的研究,但有两本译著对了解美国新闻全貌有颇多可借鉴之处。埃德温·埃默里,迈克尔·埃默里父子是美国著名新闻史学家,其代表作《报业与美国》1954年第一版面世,目前已出至第九版,中译本《美国新闻史》(1982年版,2001年版)分别根据原书第四、第八版翻译。该书核心是探讨美国人的生活和美国的传播媒介,重点放在新闻史与政治、社会、经济及文化潮流的相互关系上。通过这种互动,媒介影响了美国所走过的道路,反过来,每一个历史时期所出现的各种条件和影响,也决定了媒介的状况和特点。该书对近代所有媒介形式进行了广泛的考察,其中包括报纸、通讯社、杂志、广告等大众传播的所有门类和领域,可供美国新闻学研究参考。

当代美国的新闻史研究呈现出三种主要趋势:一是基于传播学范畴的有关媒介和社会的研究,包括报业与政府的关系、自由与责任、公众意见和国家治理等;二是以历史学方法为基础的关于报业历史以及著名编辑、出版者的研究和传记;三是根据心理学、社会学和人类学的方法,把报业作为传播和传播过程来研究。①

在新闻史上,人们通常将商业力量视为对独立思考的威胁,认为财富具有腐蚀性,这一观念源自新英格兰清教徒的文化传统。在新闻史上是否也有同样的观点呢?杰拉德·鲍德斯提的专著《19世纪出版物的商业化》(1992年版)认为,19世纪中后期新闻的"商业化"导致了政治新闻重要性的下降,南北战争前的出版物为广大公众提供了有潜在价值的政治论辩,而19世纪末20世纪初热衷于高额利润的出版物则没有这样,这对于民主制度是弊大于利的。鲍德斯提表明,19世纪各报用于刊登政治新闻的版面急剧减少,从战前的50.5%减少到19世纪后期的19.4%,可是,由于该书附录还提供了报纸版面的总数,我们不难发现,虽然政治新闻百分比下降,但

---

① 黄旦.新闻专业主义的建构与消解——对西方大众传播者研究历史的解读[J].新闻与传播研究,2002,9(2):3.

总数却增加了。1897年,《纽约晚邮报》《纽约日报》中,每种报纸刊登的政治新闻都比1831年最大的政治性的报纸刊登的政治新闻多五倍,19世纪30年代没有刊登地方政治新闻的报纸比90年代刊登大量地方政治新闻的报纸对政治讨论所起的作用更大,因此,商业化必定会带来消极影响的观点值得商榷。

《发现新闻:对美国报纸的社会史考察》(1978年版)是美国加利福尼亚大学圣迭戈分校传播系教授迈克尔·舒德森的力作。该书着重解释了新闻传播史与政治、经济、文化、科技和社会潮流的互动,这种互动一方面解释了新闻传播事业对美国200多年来的发展历程产生的影响,另一方面描述了每一历史时期的具体社会历史条件对新闻传播事业的制约。对19世纪末20世纪初报业的探究,该书提出了一个深刻的论点,即随着19世纪70年代以来记者地位的提升和独立性的增强,价值观与事实的互相分离在职业忠诚中变得更为重要。此外,在一战前后对客观性的讨论变得更加严肃,这些发展为新闻实践制度奠定了组织和智力基础。

有人认为,研究西部社会文化现象,例如报业,缺乏实际意义,因为相对于国家整体重心而言,西部从属于东部,处于支系地位。"总体来说,西部报业是模仿者,而不是创新者。"[①]"西部报业从无到有,从弱小到发展壮大的经历,仿佛是东部犯过的错误,在西部重新犯过一遍。"[②]巴巴拉·克劳德的《边疆报业经营》(1992年版)在解释19世纪边疆报业演进的过程中阐述了自己的精辟观点,他认为,边疆报业并非东部报业的"克隆",由于情况特殊,环境恶劣,边疆报业在发展过程中形成了自己的特色,并对边疆的开拓、稳定和繁荣作出了贡献。

19世纪末20世纪初,报业研究的重点课题是"煽情新闻",在论述"煽情新闻"与美西战争的关系时,马库斯·威尔克森和约瑟夫·怀森认为报纸狂热地报道缅因号爆炸事件造成了一种战争精神变态。埃默里父子的《报业与美国》注意到,报纸是煽动而不是激发了美国人的帝国主义、扩张主义

---

① SIDNEY W. Farthest frontier: The Pacific Northwest[M]. Port Washington, New York: Kennikat Press, 1970: 329.
② LAWRENCE H L. The urban west at the end of the frontier[M]. Lawrence, Kansas: the Regents Press of Kansas, 1978: 19.

以及"伸缩民族肌肉"的愿望,为报纸发挥作用提供了一种氛围,不足之处在于,其忽视了19世纪90年代媒体中耸人听闻的题材或沙文主义的公共舆论是如何演变成国会和总统的开战政策的。事实上,没有证据表明华盛顿的决策者曾受到媒体中的喧嚣鼓噪或由此导致的公共舆论的很大影响。罗伯特·希尔德布兰德的《权力与人民:对外交舆论的行政管理》是有关这一论题的权威著作,通过详尽的资料梳理和令人信服的推理,作者得出结论,麦金莱总统及其主要智囊团几乎完全不理会那些煽情色彩的"煽情新闻"。在论述黄色新闻的社会危害时,乔治·道格拉斯的《报业的黄金时代》(1999年版)对普利策和赫斯特报纸的起源与结果、报道风格、竞争模式都有详尽的描写。对于黄色新闻的反思,戈登·安德森的《从密尔敦到麦克卢汉:美国新闻背后的理念》(1990年版)和马里昂·马佐夫的《文明之声:美国新闻评论,1880—1950》(1991年版)给了我们很多的启示。

此外,《工业化美国的兴起:重建后的人民史》(佩奇·史密斯著,1984年版)、《对工业化的反应:1885—1914》(萨缪尔·海因斯著,1995年版)、《自由报业的兴起》(莱奥那多·列维著,1985年版)、《美国新闻业:250年来的报业史》(弗兰克·莫特著,2000年版)、《美国的新闻业》(戴维·施罗德等著,1993年版)等都是有关19世纪末20世纪初报业某一方面的力作,对我们深入理解这一时期的报业状况意义巨大,它们的不足在于没有将19世纪末20世纪初的报业作为完整而独立的个体来研究,没有把报业置于19世纪末20世纪初的时代氛围中去,另外,对19世纪末20世纪初报业理论的系统性论述不足,这些恰是本书力求解决的课题。

(二) 研究内容简介

本书的研究构架包括四部分。

第一章主要论述新式报业在东部(本文以纽约为代表)的蓬勃兴起。由于工业革命和城市化运动,19世纪末20世纪初的美国发生了巨大变化,一度陷入了"物质与精神断裂,社会与个人失谐"的境地,各种各样的社会问题涌现。报业自身也经受了变化——从便士报业到新式新闻业的转型,并对19世纪末20世纪初的社会变动有直观的反映。新式新闻的主要特点是广泛的大众性和煽情性,以期吸引读者和广告商,获取经济利益。通过对普利策早期的个案分析,我们可以对新式报业有更加直观的认识。

第二章着重分析"煽情新闻"的兴衰。从19世纪末20世纪初的社会思潮、赫斯特与普利策的报业竞争、对"黄色新闻"的反思三方面加以论述。"煽情新闻"是新式报业中煽情特性过度发展的结果,它虚假、充满谎言、不忠诚,给社会正常秩序带来了危害,阻塞了公众获取信息的通道,终于招致各界的反对和自身的衰落,这是历史发展的必然,也是社会进步的标志,对其进行深刻反思具有历史和现实意义。

为了反映美国报业的全貌,第三章分析了边疆(西部)报业的情况。不论从政治、经济,还是文化角度来看,西部在美国的重要地位不容小觑。在19世纪后期更是如此。本章从三个角度加以阐述:其一,边疆报业对西进运动的开拓、边疆社区稳定的重要意义;其二,边疆报业的经营情况;其三,报业在边疆"消失"过程中起的作用。报业贯穿西部开拓、稳定、边疆"消失"的始终,并对美国社会的全面发展作出重要贡献。

美国是个重实践、轻理论的国家,但并不忽视理论的作用,正是基于这样的认识,第四章对19世纪末20世纪初的报业理论进行了梳理,从新闻自由和新闻客观性原则两方面加以论述:前者是报业不受政府干预、独立而充分发展的保证;后者则是对"黄色新闻"造成肆意无度危害的反省,是促进报业在20世纪健康发展的基石。

本书结语是对19世纪末20世纪初报业历程的简要回顾,并对20世纪报业基本轨迹作了粗线条介绍,有利于读者对美国报业近代以来发展历程的整体认知。

(三) 研究难点分析

本书研究的难点主要体现在两个方面。其一,美国19世纪末20世纪初的报业并非一个单向度的媒介活动,它所涉及的人物众多、报纸种类庞杂、地域差异明显、事件众多,如何把它们归类分析,分别研究,梳理出内在的线索,合理增删内容,这是难以把握但又必须努力的方向。其二,从研究方法上讲,本书牵涉新闻学、传播学、历史学、社会学、文化学等方面的知识,通过对交叉学科的综合把握来提高本书研究的理论层次,这是作者着力追求的目标,虽不能至,心向往之。

第一章
新式报业的出现
——城市化、工业化视野中的报业

第一节 从政党报纸到新式报业

报刊作为启迪民智的工具、大众教育的媒介，是社会文明进化到一定阶段的产物。19世纪以前，作为交流工具，报纸始终是精英社会的精神特权，普通下层民众可望而不可即。原因有二：首先是售价不菲，一般中下层民众经济上难以承受；其次是晦涩深奥的内容、烦琐无聊的文字，也使得文化程度不高的民众望而却步。随着工业革命和政治民主化的发展，工业化、城市化引起的经济结构、政治模式转型在新闻业领域必然有所反映。美国最先涌现出面向普通大众的报纸，它拉开了新式报业的帷幕，奠定了现代报业的基础。报业从党派依附转化为经济独立，具体到每个城市，如纽约、波士顿、费城等，这种转变历经阵痛，各具特色。

一、19世纪末之前的报业回溯

美国文明是欧洲文明在新大陆的延伸，是崭新且独具特色的文明，同其他诸多文化形态一样，美国报业也滥觞于欧洲。美国殖民地时期最初的办报尝试发生在1690年，印刷商本杰明·哈里斯在波士顿创办《国内外公共新闻报》，由于内容涉及王室的隐私而招致英国殖民地当局的反感，仅出版一期就被查禁。到18世纪初，"新英格兰"地区各个城市，尤其是波士顿、纽约、费城等城市纷纷创办报纸。早期报纸上的新闻内容大多简单而初级，主要包括从欧陆报纸上转载的消息——往往在事件发生几个月后才传到北美，主要内容是货轮和客轮的时刻表，有关宗教、公文的摘要和死亡讣告等。早期报纸在传播信息、促进移民自主意识觉醒、加快各殖民地人民沟通方面起过重要作用。因此，报纸在美国殖民地拥有广阔的发展空间。

1832年，法国人托克维尔和他的朋友博蒙乘船从法国港口勒哈启程，前往他们一直充满好奇的美利坚合众国。对这次漫长的游历，托克维尔曾对人们解释说：我们不是要看大城市和美丽的河流，我们是想尽可能细致而科学地考察庞大的美国社会前进的动力。对此，每个人都在谈论，但每个人都难以说清楚。

独立战争后，美国的发展进程加快，报业也随之得到快速发展，甚至许多小城镇都出现了自己的地方报。这些报纸多依附于政党，为党派利益服务。在年轻的共和国内形成两个对立的党派，以亚历山大·汉密尔顿为首的联邦派和以托马斯·杰斐逊为首的反联邦派，两派的政治理念不同，针对国家未来的发展道路问题，两派也进行了长年累月的论战。与此相对应，独立战争后的一代报纸也分属不同政治集团。党报运动形成于华盛顿第一届政府任期，到19世纪三四十年代在报界处于统治地位，甚至南北战争结束前一直保持着这种影响。在党报运动时期，报刊与政府关系密切。尽管它违背了今天我们认可的报纸应与政府保持对手关系的原则，但当时看来是完全适当的，对双方羽翼尚未丰满的制度建构来说都不无裨益。然而，充满活力和言辞锋利的党派报纸，用一切火力向反对本政党及其所支持的政策或反对他们推选的政客的任何人都猛烈地开火，甚至常常诉诸人身攻击，彼此之间谩骂、污蔑、攻击的情况十分严重，这一时期被称为"党派报业的黑暗时期"。

政党报纸在安德鲁·杰克逊总统任期（1829—1837年）达到顶峰。政党报纸有两个主要目标：赢得选举，保持优势。围绕此目的，各政党都把主要精力用于扩大影响、宣传鼓动，报纸的作用凸显。政党领袖视报纸为取得选举成功的关键要素，马丁·范布伦是19世纪早期著名的政党组织者，他对自己依靠报纸深入选民，从而获得选举成功感触良多。"没有报纸，我们就像面对空旷的山野大声说教，不会取得任何效果。"[1]持有与范布伦一样

---

[1] BALDATY G J. The commercialization of news in the nineteenth century[M]. Wisconsin, Madison: The University of Wisconsin Press, 1992: 33.

的观点的人不在少数,要想在一个城市、村镇获得支持,每个政党需要在那里有一份报纸,宣传自己的主张,反对其他政党的观点。政党领袖需要确保报纸服务于中心目标,他们通常按照自己的意愿改造报纸,任命编辑,提供稿件、信息,发布指令。报纸完全听命于政党意志,主编往往是政党的狂热信徒,期待资助,热衷政党间论战,渴望选举获胜后得到权力欲望的满足。内容则以政党新闻为主:联邦或州的立法程序、政治文献、候选人介绍、政党会议报道等。

财政资助把政党和报业紧密连接起来。在经济形势相对混乱的19世纪早期,政党的财政支出尽管数量不大,但对于报业的生存和发展还是非常关键的。在杰克逊时代,政党的印刷契约是对报业的主要赞助形式。政党的各级职能部门纷纷利用报纸印刷公文、记录等官方文件,这些优厚的合同利润可达20%~50%。报纸通常从这些合同中受益匪浅,这些经费足够维持报业的一般运转。另一项政党赞助形式是邮资优惠,政党的报纸可以在全国范围内免费发行,不必支付任何邮资,联邦政府为此每年要开销40 000美元。① 有时候,政党还任用报纸编辑担任各级政府官员,杰克逊第一届政府内阁就包括数名报纸编辑或前任编辑,二者的"联姻"给政党报业的运营提供了方便。

尽管有政党集团的资助,尚在"褴褛"中的报纸"死亡率"仍然很高。如在1690—1820年间问世的2 120家报纸中,有一半以上不足两岁便夭折了,只有34份报纸维持了一个世代。② 同时,新建一份报纸也很便宜,19世纪20年代晚期,共济会筹建了数十家新报纸,当报纸被认为不够忠诚或不令人满意时,立即会有新报纸取代它。许多编辑谨慎小心地不敢背离政党意愿,这自然会对报纸内容有所影响。编辑对对立政党的观点也不可能采取公平的态度,歪曲、偏颇之处不可避免。报纸的更替完全受主观意志左右而无客观规律可循。

政党新闻业的衰落很大程度上是因为政治不再是时代主题,政党赞助

---

① BALDATY G J. The commercialization of news in the nineteenth century[M]. Wisconsin Madison: The University of Wisconsin Press, 1992: 20.

② 埃德温·埃默里,迈克尔·埃默里. 美国新闻史:报业与政治、经济和社会潮流的关系[M]. 苏金琥,译. 北京:新华出版社,1982: 51.

也难以跟上日益扩展的报业发展的财政需要。19世纪二三十年代,政党赞助对小规模花费低廉的报业作用极大。19世纪后期,都市报业发展日益需要庞大的资金维持。与政党报业衰落同时兴起的是新式新闻业:报纸应当与政党相剥离,为不断扩大的读者提供他们感兴趣的新闻。新式新闻业首先在东部城市萌芽,城市里大量的人口意味着拥有大量潜在的读者群。此外,城市通常是各项配套设施齐全的场所,商机无限。就像早期政党领袖把报纸看作赢得选举成功的关键要素一样,19世纪末20世纪初的商人把报纸当作实现经济利益的工具。政党赞助的取消,使得报业置于商品经济的考验中,这时,广告支撑成为报纸进一步发展的关键。

社会形态上,外部资本的流入使得美国商业日趋发达,移民的增加使得美国的文化愈发多元。随着社会形态的改变,当时的媒介(报业)也从服务政党日趋成为服务商业。转变带来阵痛,但也带来了新的机会。

19世纪上半叶,美国式资产阶级民主制度基本确立,伴随着工业革命、城市化社会的到来,工商资本家愈发感到有必要依托一种能在更大范围内吸引消费者的新闻媒介。此时的印刷技术取得突破性进展,尤其是滚筒印刷机的发明,较之前的工作效率提高了10倍,印刷技术的改良成为廉价的大众化报纸的催化剂。便士报的问世是美国报业走向大众化的里程碑式事件。1833年,本杰明·戴创办《纽约太阳报》,一美分一份,对开四版。本杰明·戴在创刊号上写道,"本报的宗旨在于:以每个人都负担得起的价格,向人民群众展示'所有当天的要闻'"。报纸的报道内容与政党报纸相比发生了显著变化,主要关注当地事件和暴力新闻,报道的题材多为琐碎事务。为了能够如此低价地出售这份报纸,本杰明·戴不仅要依靠销售量,而且要依靠大量的广告。要扩大发行量就必须适应读者口味,刊登趣味新闻。便士报公开标榜独立性,摆脱政党控制和津贴限制,这种日报是真正意义上的大众媒介,受众人数广大,吸引广告商纷纷投资。本杰明·戴成功地争取了那些买不起报纸的人们。并且,本杰明·戴还让报童沿街大声叫卖,让更多的城里人可以看到报纸。

《纽约太阳报》的成功引来了不少效仿者。1835年,詹姆士·戈登·贝内特创办了《纽约先驱报》,并同样取得了成功。随后,霍勒斯·格里利又办《纽约论坛报》,编辑完善,印刷精美,发行量直线上升。1851年,亨利·雷蒙德等人创办《纽约每日时报》(《纽约时报》的前身)。这几份报纸代表了便士报的最初风貌,即新闻翔实、言论平和,这体现了便士报与政党报纸的本质区别。

便士报与政党报纸大相径庭。报业所有者和主编们不再是迷恋于赢得选举的政治狂热主义者,报纸版面内容也不再充斥着政治讨论。更多出版商以自己的商人身份为荣,而不是政治参与者。从事报业工作的绝大多数人都宣称自己独立于政治组织。一份普通的 12 页报纸上仍会包含不少政治类文章,但无论如何,这类新闻不再是报纸的主体,报纸不再是政党的喉舌和舆论工具。此时的美国报纸内容,不但包括政治与经济消息,而且是包含更多广泛信息的集合体,包括体育、娱乐、戏剧、小说等。

促进廉价便士报的出现主要有以下四个因素:① 工业化。早期印刷是手工操作,1837 年,先进的滚筒印刷机投入使用,使印刷速度大大提高,为报纸大量发行提供了技术保证。② 城市化。工业发展需要大量劳力,许多农业生产者涌入城市工厂,造成城市人口猛增,从而促使城市报纸读者人数剧增。③ 移民的到来。海外移民源源不断来到美国,他们迫切希望进入主流社会,学习英语是必需途径,便士报语言简单易懂,内容紧贴现实,是理想的学习材料,也是融入美国社会的便捷之路。④ 教育水平的提高。普及教育的推广,使大多数美国公民具备一定的识字能力,读报兴趣也随之增长。

美国报业从创立之日起,就面临着自身的定位问题:是成为附属于某特定团体或个人的宣传工具,还是完全独立,一切以读者的好恶为指针?从美国报业发展历史看,其中经历了艰难的抉择。如果作为特定的宣传工具,它只能维护有限群体的利益,忽视社会大众的需求;如果像商品那样自由出售,则需考虑最大多数读者的阅读兴趣,只有这样才能扩大发行量,获取经济利益。历史证明,报纸作为政治工具,目的局限、市场狭隘,在商业社会中必然艰于生存。美国报业从初创之日起,经过了政党报业、便士报业、新式报业的发展轨迹,充分显示了只有顺应市场的规律,报业才能稳定发展。

二、新式报业的兴起

在美国,几乎每个人都有自己的梦想,都有自己感兴趣的图谋,在梦想和图谋的指引下,他们不断取得社会意义上和金钱意义上的进步。

19世纪末20世纪初的美国呈现出新气象。1860—1900年间，人口增加了50%，其中城市人口增长四倍，国民财富增加了两倍。有轨电车、高速公路、街头照明设施、拔地而起的高楼大厦、新兴的百货公司，以及肤色各异、不同背景的移民（包括从国外和美国乡村涌入城市的居民）为新崛起的城市带来了生机与活力。"城市时代"的来临滋生了一系列问题，如卫生、教育、交通、社会保障等相关的公共服务设施急需完善；迅速扩大的中产阶级群体，仿佛嗷嗷待哺的婴儿，不但要求物质生活的满足，更渴望精神生活的充实，这些有力地促进了新闻业（包括报纸、杂志、书籍等）迅速发展。无论是家财万贯的富豪，还是绝望无助的贫困群体；无论是新兴的中产阶级，还是普通的工薪阶层，尽管居住、饮食相差悬殊，但同样生活在这座城市，也都有可能是社会新闻的主角。在城市里，犯罪、暴力、体面、龌龊、失望、绝情等事件每天会发生。以往那种陈旧的、静如止水的生活方式，维多利亚式的道德规范逐渐受到挑战，并让位于新式的、彬彬有礼的、职业色彩浓厚的中产阶级行为准则。①

随着19世纪末到20世纪初工业化的初步完成和城市化的推进，美国农村人口持续向城市迁移。城市化进程改变了美国的阶级结构与生活方式，新兴的白领中产阶级成为国家的中坚力量。新中产阶级反对传统的价值观念和生活方式，追求物质享受的新生活方式。城市化进程中，教育水平的不断提高，识字率的普及也使得人们的读报能力和兴趣得到加强，为小报新闻提供更多潜在的读者。

城市化和工业化的快速推进使得美国急需大量劳动人口。在19世纪80年代，纽约的人口急剧膨胀，主要原因是移民数量大大增加，在纽约，本人是移民或父母是移民的人数占总人数的五分之四。资产阶级发展的不平衡使这些外来移民和本地的穷人以及工人阶级在教育和就业等方面常常遭受不公平的对待，这一部分中下层人民既希望报纸能够提供娱乐和刺激的新闻，同时也希望报纸在公共事务方面能够发挥作用，这一新兴读者群应运而生。

---

① ROBERT H W. The search for order：1877—1920[M]. New York：Hill and Wang，1967：129.

在美国的城市化过程中,移民成为主要的劳动力来源,这推动着农村劳动力向城市迁移。这一进程具有显著的区域性特征,体现为区域发展不均衡和多元化的发展模式。

美国中西部和西部的城市化展现出突发性和高潮式的特征,形成了典型的美国式城市化模式。大规模农村人口,尤其是外来移民的涌入,大幅增加了城市人口与城市数量。这种迁移实现了人口空间布局的城市化,而真正的城市化则体现在农民变成市民,以及农村生活方式向城市生活方式的转变。大多数农民适应了城市的环境,提升了生活质量。城市文明在为他们带来便利和憧憬的同时,也深刻影响了他们的心理,城市居民的生活方式和观念也逐渐成为社会主流。

城市化加剧了社会阶层和财富的不平等,这也是新式新闻兴起的一个重要原因。在美国,中下层民众对现有社会秩序的不满情绪一定程度上可以通过其对于新式新闻的偏好得到反映。这一时期,美国社会经济高速发展,物质财富大量积累,但工业化和城市化也导致了社会财富分配不均,贫富差距日益扩大。面对上层社会的奢华,处于下层的人们不可避免地感到心理不平衡。另外,根深蒂固的白人男权意识也使得某些社会群体感觉自身一直处于社会的边缘。这些感到被社会抛弃的群体,在新式新闻业的叙述中找到了一种归属感。

19世纪末20世纪初同样是报业大发展的时代。随着工商业的勃兴,大量生产的货物需要在全国范围内流通、分配,这带动了广告业的繁荣。报业和百货公司是理想的载体。为了吸引并更好地服务于城市里日渐庞大的群体,报业采用最新发明的印刷设备,聘用专业员工,依靠雄厚的资金,[1]引入先进的管理方法。从这时期的报纸内容来看,主要包括内容广泛的当地新闻、积极进取的社会改革性文章、赏心悦目的杂文随笔、反映城市生活的戏剧性情节以及哀婉动人的连载小说。新式报业一经出现,就对传统报业提出了挑战,它仿佛一阵清风吹过,拂去了带有陈腐气的旧式风格。19世纪末20世纪初的报业公司是颇具规模的商业机构,奠定了现代报业的

---

[1] EDWIN E, MICHAEL E. The press and America[M]. 5th ed. NJ: Englewood cliffs, Prentice-Hall, 1984: 253-280.

基础。

19世纪末20世纪初的报业不仅具有浓厚的商业气息,还兼具公共服务的性质。报纸侧重公众感兴趣的新闻,提供当地的广告信息,发行范围则限于报社所在的城市和邻近地区。通过驻外记者,报业辛迪加、美联社、合众社等机构的报纸对外地信息及国际新闻都有所报道。新式新闻业之所以成为可能,还在于它把读者群体扩大至广大市民阶层。据统计,截至1900年,一般美国人已接受了大约5年的教育程度,可以进行基本的阅读,这为新式新闻业提供了广大的读者市场,因为此时的报刊大多是由浅显直观的语言写成的。①

传统报业每份售价5美分,仍然与政治派别联姻。与新式报业相反,它们的风格冗长、生硬、缺乏趣味性。编辑严格遵循传统原则,即报纸是各种社会舆论的"大拼盘",激烈的政治争论和高深难懂的文学艺术充斥版面。新式新闻业继承了19世纪30年代便士报的优点,充分重视消息、新闻,有关政治争论的文章当然不会完全被抛弃,但编辑们可以自由表达其观点,不受外界因素左右,更不像传统报纸那样,人们事先就知道其倾向性。南北战争加强了人们阅读时事新闻的兴趣,新式新闻同样加强了对重大事件进行现场报道的力度。从此,"新闻""消息"成为报纸的支柱。城市人口膨胀,人与人交往、接触增多,为报纸提供了丰富的消息来源。为吸引读者兴趣,各种事件的现场报道、独家采访、富有人情味儿的故事情节日渐成为新式新闻的主角。

19世纪末20世纪初普遍流行的政治理念是政治家不应被信任。他们竞选时言之凿凿,施政时则将对民众的承诺完全抛诸脑后。读者们对冠冕堂皇的政治说辞、评论早已不感兴趣,而是关注与自己切身利益有关的新闻,这种报业恰是广告商们关注的焦点。1881年,一位南方作家提出了崭新的观点:党派编辑都是骗子。政党喉舌的报纸不会有自己的特色,只会根据其后台老板的指令行事……编辑的角色相当于猴子,完全在模仿。②如果考虑南部是美国较晚接受政治独立的地区,我们就会对这一观点在美

---

① EDWIN E. The history of the American Newspaper[M]. Publishers Association, Minneapolis: University of Minnesota Press, 1950: 11.

② DENI E. Responsible Journalism[J]. California: Sage Publications, Inc, 1986: 103.

国的普及有更加深刻的认识。

内战前,很少有人会期待报业摆脱政党而独立。19世纪末20世纪初对政党类新闻的广泛批评表明,新式新闻业编辑和出版商采取了与前迥异的新闻价值观。这种变化可从几方面显露端倪。首先,新一代新闻从业人员登上了报业舞台,他们对政党、政府的概念,以及新闻业在反映它们作用时所应扮演的角色有崭新的认识,这种理念是在19世纪末20世纪初商业竞争的严酷环境中形成的。① 与那些在内战中证明了自己"正直、正义"的一代人不可同日而语,这种差异对新式新闻理念的产生意义重大。

就工作风格而言,旧式报业的编辑更像是杂志编辑,坐在办公室里,写着长篇社论,剪切拼凑着汇总来的文章。新式新闻业编辑则派遣嗅觉灵敏的职业记者遍布各地,他们精于打听各类消息,收集不同的流言蜚语,全然不顾社会准则和文化禁忌。每期报纸出版时,总会有新奇的消息供街头的报童向好奇的人群叫卖。

1885年,纽约5家主要报纸的发行量在100 000～190 000份之间。至19世纪90年代晚期,有几家报业的发行量甚至达到了近50万份。② 发行量的增加带来了大量广告客户,它们的资金投入使报业独立于政治派别。报纸每天与最广泛的社会群体接触,形成他们的舆论,影响他们的观念,左右他们的价值趋向。19世纪末20世纪初的报业不但在政治领域,而且在文化和商业领域都是一支不容忽视的重要力量。对新式新闻业的任何评价都不可避免地涉及对这些新兴力量的认可、怀疑和担忧。

以前没有阅读习惯的读者立刻就被其活泼的风格、生动的标题及艳丽的图案所吸引。旧式报业的守望者们已清醒地认识到自己对公众的影响力逐渐消失,取而代之的是他们认为粗俗不堪的新式新闻。但那种把新闻业视作文化支柱以及公众舆论主宰的观念也始终受到挑战。正统观点认为,若公众长期过分迷恋于琐事,可能会有损其对公共事业及主流文化的热情。理性、有良知的市民会被不道德的暴民所侵害,当社会公众长期淹没于其中

---

① WILLIAM S, NEIL H. Generations: the history of America's future, 1584—2069 [J]. New York: Harper Perennial, 1991: 48.
② MARZOLF M T. Civilizing voices: American press criticism, 1880—1950 [J]. London: Longman Publishing Group, 1991: 8.

时,传统中有益的、文明的价值观就无法发出它们的呐喊。

新式报业与政党报业相比,有更多的优越性、更强的生命力。从工具到商品,是19世纪末20世纪初的美国报业在发展道路上迈出的关键一步,这是质变,是超越,从此,美国报业摆脱了自身束缚,开拓了自由驰骋的空间。

三、新式报业的特征

19世纪末20世纪初的新式报业从政治上的依附转为经济上的独立。工业化、城市化的发展引起的经济结构、政治模式转型在新闻业领域必然有所反映,并不是每个人都意识到这种必然趋势,新闻业要取得突破还需要自身的努力甚至甘冒风险。《纽约世界报》执行主编大卫·克罗利是杰出的代表,在他任职期间,《纽约世界报》被广泛认为是城市报业的典范。首先是因为他对日常新闻的处理别具一格,包含了上流社会和普通大众都感兴趣的话题。克罗利提倡公正无私的新闻,"不要顾及党派和个人意志,也不应带有个人或党派偏见"。① 这是一种自发而朴素的新闻客观性思想。他深知,时代变化了,人们的观念也有所变化,有影响的报纸不应该充斥歪曲消息,政治会议或政治对手的新闻需要得到公正的报道。实际上,内战初期,只有《纽约先驱报》实践了克罗利的理念,它也被广泛认可为当时最突出的报纸之一。克罗利认为,如果要寻求超越,需具备同样的独立意识、进取心和事业心,并且在能力、认真度、道德追求方面有所突破。

政治独立对报业发展意味深远,当某一政治主张不合理或领袖人物行为不端时,报纸编辑可以无所顾忌地给以抨击。有人在政党和政治家之间作了区分。1876年,怀特·雷德的《纽约论坛报》针对读者来信对这种区分作了阐述,他把共和党比作一艘船,"我们敲击甲板,不是想让它爆炸、沉没,而是让人们警醒"。"1874年,一群海盗(暗喻格兰特总统的不负责任的支持者)冲向甲板,控制了船只。我们不得不登上另一艘船,向他们发起攻击,攻击对象不是那艘船,而是使其偏离正常航线的海盗……终于,象征格兰特主义的三角旗倒下了,传统的共和党颜色的旗帜仍在桅杆上飘扬"。独立性

---

① MARZOLF M T. Civilizing voices:American press criticism,1880—1950[J]. London:Longman Publishing Group,1991:530-531.

并不意味着"中立"。这是当时每个人都认可的。

尽管政党独立性的理念已深入人心,但报业尚未找到一种标准的、行之有效的非政党方式。19世纪末20世纪初的大城市一般有数家成规模的报业,他们不赞成把政党严格区分的看法。芝加哥是这方面一个典型,在发行量和影响方面最出名的两份大报是《时报》(主编是韦伯·F·斯托利)和《芝加哥论坛报》(1874年后主编是约瑟夫·麦德雷),两份报纸的编辑都对市井新闻异常关注,尽量避免制造一些迎合党派观点的新闻,强调社论观点独立于党派,但又很少对对立方的政治观点采取措辞强硬的论调。很多大城市都有持类似观点的著名报纸。

有三种变化对报业独立性的产生起到了作用:第一种,与新闻相比,编辑们越来越怀疑社论在形成公众舆论及吸引读者方面的作用;第二种,股份所有制成为报业经营的基本形式;第三种,广告成为支撑报业并使之赢利的主要途径。

对于第一种变化,机敏的社会评论家(包括不少新闻界人士)都认为消息报道在形成公众舆论方面比报纸社论影响更大。现代新闻专家把这种现象称之为"议程设定"(agenda setting),而早在19世纪七八十年代相似的观点就已经被提出来了。很多读者把报纸作为了解消息而非形成舆论的手段,因而会忽视社论版的作用。一位资深作家认为,"人们看过社论,随之会把它忘掉。事实终归是事实,会时常记起。因此,新闻栏目而非社论版形成了人们的舆论。从长时段来看,人们是根据记忆中储存的印记作出自己判断的……"①依据这些评论家的观点,社论的影响随着时间的流逝而减弱,是事件,以及对事件的报道,形成了人们的观点。

另有一些人认为,社论版对形成公众舆论影响巨大,前提是编辑要知道公众关心什么。在他们看来,公众影响着报业,优秀的编辑懂得如何整肃新闻以传递消息给公众,从而达到预期目的。《辛辛那提商业报》的主编兼发行人莫雷特·哈斯特德在长期实践的基础上得出了这样的结论:"报业不是形成,而是反映了公众舆论。它并非创造,而是自然带有大众的一些基

---

① MARZOLF M T. Civilizing voices: American press criticism, 1880—1950[J]. London: Longman Publishing Group, 1991: 19.

本特征。"①如果把这种概念与报纸应该提供"公众感兴趣新闻"（查尔斯·达那语）的观点结合起来，我们就可以更好地理解为什么报纸需采取不同的新闻价值标准。

19世纪末20世纪初创办报业的动机也有所变化。虽然报业赢利的基本目标未变，但由于出版商和编辑过多地谈论政治，以及报纸在形成公众舆论方面的作用，以致报业有时会忽视赢利的初衷。19世纪末20世纪初的评论家心智很清醒，他们会时常谈及新闻业的经济动因，并且认为它已从深层次上操纵了新闻业。著名编辑查尔斯·杜德利·华那这样评论报业："它是一项私人企业，其目的是使所有者赚钱。当创办一份报纸的时候，你可能有很多动机，为宗教、为政治、为科学、为文学，毫无疑问，对赢利的期待是最真实的。"②

为达到这一目的，报业所有者们通常通过出售股票来筹集资金。当然，这会导致主编丧失对报纸的财政控制权，但体现了19世纪末20世纪初报业作为企业化运营的一个明显特点——经营权与管理权分离，编辑不再享有支配一切的权利，报业总经理利用预算，最大限度地获取利润。股息显然比空谈政治更现实。内战后，霍勒斯·怀特担任《芝加哥论坛报》主编，他果断地调整了办报方针，从以往的激进共和主义转变为温和的自由主义论调。从短期效果看，这种转变会影响报纸发行量，但由于开支不断降低，广告成为报纸的主要赢利部分，股民们没人批评社论版的这种转向。1874年经济萧条后，由于各种原因，报业经理和主要持股者请约瑟夫·麦德雷继任主编。③

赢利的途径亦有所变化。对城市报纸来说，广告收入比政党或政府资助更加重要，甚至超过发行收入所得。1879年，在几家主要报纸中，广告收入占比达54%，包括日报和周末版。而在诸如纽约的大城市，广告收入占

---

① HARTER E C. Boilerplating America: the hidden newspaper[M]. Mitcham: University Press of America, 1991: 41.

② MARZOLF M T. Civilizing voices: American press criticism, 1880—1950[M]. London: Longman Publishing Group, 1991: 10.

③ LIOYD W. The rise of a great American newspaper[J]. Chicago: Triibune, 1979: 243-247.

比更高,《纽约世界报》1866 年的收入中有 47％ 来自广告;第二年,这一比例达到 50％。此后 10 年间,只有一年广告收入低于 50％,主要因为 1868 年是多事之秋,包括约翰逊总统弹劾案、激进的共和党人本·乌里西斯·格兰特竞选事件。这年《纽约世界报》的报摊销售量增加 43％,广告额增加不足 1％。1873 年,该报 61％ 的收入来源是广告。相比其他纽约报业,如《纽约论坛报》和《纽约先驱报》,《纽约世界报》的广告份额还很小,从中可以体会到这些大报的广告影响力之大。1873 年经济危机对《纽约世界报》是沉重打击。此后几年,广告收入直线下降,到普利策买下该报止(1883 年),广告收入一直未恢复到 1873 年前的水平。

对于新闻从业者而言,广告支持扮演着至关重要的角色。报业所有者为了争取更多广告赞助,在 20 世纪初期进行了调整,其将广告部门作为一个独立的组成部分,并赋予广告人员与编辑、记者同等重要的地位。广告作为报业的一股新生力量,使得编辑等新闻业人士可以彻底地从报纸经营杂务中摆脱出来。

新式新闻的重要特征还体现在新闻采集上,当某地重大事件发生时,专门的新闻采访机构——美联社、西部通讯社及许多其他地方通讯社竞相报道,在获得原始新闻方面,依赖通讯社的各报业间毫无优势可言,因为通讯社允许最先签订合同的报纸享有对新闻的垄断权。各地报纸争相出高价以获得对新闻的优先权,圣路易斯的《全国民主报》《晚邮报》以及芝加哥的《每日新闻报》就是典型的例子。

传媒行业成了极富竞争性的行业。西部报界尽管实力很强,但西部通讯社还是沦为了美联社的附庸。1867 年,美联社和西部通讯社签订协议,根据这个协议,西部通讯社可以同美联社共享原始新闻资源,但不能随意将原始新闻提供给州内或其他地方上的新闻采访机构,怕这些机构将来超过自己。实际上各家机构都通过西部通讯社报道新闻。西部通讯社在地方上建立的分支机构常受美联社的挑衅,美联社的控制权并非建立在这个协约之上。直到 1882 年,西部通讯社实力膨胀,说服了美联社加入跟其他两家机构的联合,但控制权依然在美联社方面。新和约当然不能让西部报界满意,不过至少原来的权力得以分化。无论如何,这个强大的实体有足够的实力报道大量的新闻,且能避免其下属机构的重复报道。

这个实体自身的成长和内部互动，使得国内和国际的新闻便捷地占据了美国日报的重要位置。1880年，三分之一的美国日报采用联合通讯社的报道。一家竞争力较弱的新闻机构为许多非联合通讯社的报纸提供了绝大多数的国内重要新闻。因此，尽管某些机构总是处在竞争的不利位置，竞争力强的还是保留了这些重大新闻的内容。

对那些应用这个新闻预决案的编辑来说，如何才能比对手领先一步抢到新闻呢？那就要用特别的新闻和专栏了，这种报道需要大量的素材。芝加哥的新闻报道在《每日新闻》到来之前是很乏味的，当然也不是所有的报纸都这样，《芝加哥论坛报》就是个例外。1874年，约瑟夫·麦德雷担任《芝加哥论坛报》主编，大大提高了专门类新闻的报道篇幅：外国人的、都市的、财政金融和商业、图书的、宗教的、体育的、女性的话题等，这些变化产生了一种良性循环。查尔斯·泰勒也对《波士顿环球报》进行了同样的改革，另外又加了连载、小故事、家政专栏和幽默。这种特别的新闻，也就是所谓的"小新闻"，之所以被区别对待，就是因为它要比重大的新闻更迅速地被报道。①

"小新闻"的采访需要人数众多、视野敏锐的记者。刚开始，编辑们雇用了毫无经验的年轻人到采访第一线，但由于分工不明确，经常出现"蜂拥而上"和"无人问津"的新闻不平衡现象。不久，编辑们就指派专门记者负责一条新闻线索，如果这条新闻能发表，那么稿酬以专栏的篇幅长短计。专栏篇幅每周汇总一次，如果报纸销量好的话，记者们会拿到6～8美元。如果记者们采访不到新闻，考虑到他们收集信息的辛苦，报社支付他们每小时最多50美分。假使没指派他们去做采访，那么他们就坐着空等，什么也拿不到。这是一个残酷的现实，不过那些具有强烈进取心的记者们总能在报界赢得自己的位置。很多有天赋但缺乏主动性的记者由于竞争能力不足，只能转而从事其他行业。

实行按篇幅长短计稿酬的后果之一是导致记者们经常会有意加长报道篇幅。这一问题在1871年的一份报道中体现得最为明显，有评论家认为，"人

---

① JEAN F. Voices of a nation：a history of mass media in the United States[J]. New York：Macmillan College Publishing Company，1994：34.

们不要喝酒精类饮料，但有时放纵自己喝些刺激性饮料也未尝不可……"很多记者在描述消息前后总要添加大堆废话。有篇报道这样开始，"当几束亮光划破黎明前的夜空，预示着新的一天就要到来的时候……"作者最后绕到主题，他是要说明邻居的鸡房清晨被贼偷窃。① 编辑对这种夸大冗长的写作风格极为反感，而记者从自己的立场出发，千方百计要加长篇幅。

尽管大多数记者对收入情况颇有怨言，但记者数量众多，需要报道的城市题材多样，往往使得编辑部预算捉襟见肘。为使属下记者们更加尽心尽职，工作富有效率，《波士顿环球报》主编查尔斯·泰勒首开先例，对常规记者实行薪酬制，不久，弊端显现，一些记者失去了工作积极性，未能提供足够的稿件。当按报纸篇幅计费时，一些人每月可收入240美元，这在当时是相当可观的数目。泰勒不愧是有头脑的出版商，他成功地解决了这一窘境，他为记者们每月颁发固定的、但数目较少的薪水，同时规定了需要完成的新闻采访配额，对超额者定量发给红包，给予物质奖励。这种境况极大震动了《哈泼斯月刊》主编乔治·威廉·柯蒂斯，他认为，新闻工作者已不是一种职业，它不再有任何专业知识需要学习，没有任何标准来检验每个人究竟懂得多少，也缺乏衡量每个人情况的证明，从事新闻仅仅是维持生计的手段，而不是追求的理想。

在已充分工业化的报业中，记者其实很渺小，仿佛汪洋中的一叶孤舟。19世纪末20世纪初的报业是庞大的机构，需要数量不菲的启动资金，在运营过程中，又要求在机器设备和人力资源上不断投资，此外，维持报业正常活动，日常开销亦不容小视。从经济角度考虑，大的报业同其他工业部门一样，也需要制订预算，规范开支。对报业来说，广告人员拉来赞助同记者交来新闻稿件性质是相同的，而且都需要完成计划底线，关键是如何有效组织各项工作，收集新闻，写出报道，卖出版面，筹集广告。为提高效率，广告经理和编辑都寻求方法以便使日常工作系统化、规范化。

那些处在这样庞大组织高层的人物大都有相关的报业经历，但不一定从记者起步。据统计，1875年前，城市报社主编大都有基层工作的经历，从

---

① EVERETTE E D. Media debates: issues in mass communication[J]. London: Longman Publishing Group, 1991: 96.

小城镇开始,逐渐具备显赫的地位和名声,有些著名的编辑曾在边疆报业工作过。1875年后,大报主编就像其他工业部门经理一样,64%的主编、67%的部门经理的父辈们有从商、职业或政府部门的背景;37%的编辑在15岁或更早开始工作,这表明,长期的工作生涯会对他们日后的成功有所裨益,因为他们不安于停留在底层。40%的编辑受过大学教育,而当时全国受过中学教育的人口仅占2%。当然,这些编辑不能完全反映社会全貌。同样重要的是,63%的编辑们对报纸具有最终决定权,14%的编辑对报纸有部分决定权。编辑群体无疑是社会的精英阶层,他们在所受的教育程度上、家庭背景上,以及收入标准上,都要高于普通中产阶级。

新闻业中存在的精英报纸与大众报纸的文化分裂反映了19世纪末20世纪初文学、艺术以及社会领域中的分裂倾向。桑塔亚那指出,"美国是个分裂的社会,存在两种不同的价值趋向,一种反映了父辈的信仰和标准,另一种表达了年轻一代的本能、实践与发现"。信仰、文学、道德情感仍然保留了世袭的精神,仿佛在"一汪死水里漂动,同时,随着工业文明的到来、社会结构的变化,另一半就像沿着尼亚加拉瀑布般倾斜"。①

和谐平衡的状态还需几十年后才能达到。在民主社会里,与言论自由和出版自由相连的基本价值观依然保留着,但新闻风格与日常行为标准却发生了很大变化。新式新闻业最激进的评论家们试图维护旧式的高雅准则,并呼吁新兴的中产阶级以此为目标。评论家们主要关心的是这些新兴读者群的兴趣所在,以及如何最大限度地吸引他们。

在1881年的一次演说中,查尔斯·杜德利·华那认为"报纸是其所处时代的产物"。华那曾是一家日报的编辑,他凭借深厚的文化底蕴,对当代报业洞若观火。他认为,作为一种商业企业,报业的终极目的是营利,但这不应该成为报纸内容浮浅的理由,报纸的主要功能是"印刷消息",然后加以阐述、评论,"最终给大众提供阅读材料"。②

对19世纪末20世纪初美国报业发展作出突出贡献的是约瑟夫·普利

---

① EVERETTE E D. Media debates: issues in mass communication[J]. London: Longman Publishing Group, 1991: 1-2.

② MARION T M. Civilizing voices: American press criticism, 1880—1950[M]. London: Longman Publishing Group, 1991: 10.

策。1883年,他购买了连年亏损的《纽约世界报》(后改名《世界报》)后进行了一系列革新,效果卓著。《世界报》的成功在报界产生了"多米诺效应",从东部到西部的报业同行纷纷加以效仿,这样,一种与从前迥异的新式新闻产生了。1887年一位资深评论家认为"《世界报》改变了整个国家的报业面貌"。新式新闻引入了全新的模式和标准,主要集中在五个方面。

一是煽情的新闻报道。《世界报》积极收集那些引人入胜的煽情新闻,并用吸引眼球的标题来呈现,但这并不意味着报纸充斥着琐碎的内容。关键而有意义的新闻从未被忽视,它们依然作为报纸的脊梁,支撑起整个版面。与其他报业相比,《世界报》对国际国内重大新闻报道的力度和质量皆属上乘,那些格调轻快、引人入胜的题材仅仅是起到活跃版面的作用。

二是发起组织影响深远的社会活动。包括发起了牵动万人心弦的为自由女神像基座捐款活动。自由女神像是法国为祝贺美国独立100周年而送的礼物,纽约市政委员会表示无力提供经费,普利策声明道:"《世界报》是大众的报纸,现在,它要顺乎民意,为女神像基座募捐。"共有120 000名市民,包括妇女、孩子参与了这一活动,很多人是5美分、10美分地捐,筹集了100 000美元,奠基仪式空前盛大,《世界报》也在这次活动中声誉鹊起。

另一项激动人心的创举是内利·布莱的计时环球航行。她早先曾在《匹兹堡邮报》做见习记者,接着进入《世界报》担任特写记者,她曾假装神志不清借机混入布莱克维尔岛的精神病院,然后写了一篇文章反映那里的糟糕境况;此外,她还毫不留情地揭露监狱管理猥亵妇女、各级政府利益集团等黑幕。为了打破菲莉斯·弗格(朱莉斯·凡尔纳浪漫故事中的英雄人物)环游世界80天的纪录,1889年11月14日,内利·布莱从纽约出航,开始了旅程。《世界报》很好地利用了这一事件,不但每天刊发有关报道,还举办各种竞猜活动,约有百万人参与了活动。内利一路坐过轮船、火车、人力车、小舢板、马匹和骡子等交通工具,历时72天6小时11分钟14秒,不仅她自己大出了风头,而且《世界报》也获益良多。

当然,并不是《世界报》"策划"的每项活动都取得了成功,例如,《世界报》曾计划一次远征,以拯救被印第安人掳掠的白人少女,据说是位已故将军的女儿。事件开始筹划得很详尽,但由于各种原因,最后不了了之。1889—1890年间,举行了一系列统计调查,如信教居民、出生率、城市人口调查等,包括民意测验,如对国际上发生的重大事件、纽约和布鲁克林合并的看法等。由《世界报》为主发起的活动包括反对纽约中央银行、美孚石油公司、贝尔电话公司垄断行为、1887年太平洋铁路公司的院外活动、承包商私建危房、路易斯安那抽奖舞弊案、伪占星家的活动、警察公然伤害弱女子等。它成功地促使斯坦顿岛通过了接受移民的法案。其中影响最大的是揭露纽约市议员接受贿赂,亦即著名的"百老汇受贿案"。《世界报》还为贫困人口夏季提供冰块,冬季提供煤炭、免费圣诞晚餐等,它还保证35名医生常年为病人看病。1891年6月,在麦地逊花园广场,《世界报》为10 000名儿童举行了一场草莓狂欢节。通过举行这些活动,《世界报》不断扩大影响,增加了发行量。

三是社论版具有鲜明特色。普利策对报社社论版的兴趣和关注程度远远超过其他部门。他认为这是报业的心脏,是报纸生存的重要原因。那些经由新闻栏目鼓动而名噪一时的社会活动通常都是社论版的头条,正基于此,《世界报》成为19世纪末20世纪初美国自由主义思潮的主要阵地之一。1884年,亦即普利策开创其报业帝国初期,他就全力帮助克利夫兰竞选总统提名,尽管后来普利策曾毫不留情地批评过克利夫兰政府的政策,这也正说明了普利策主持的报纸刚正不阿。《世界报》强烈反对垄断,赞同征收收入所得税和遗产税,在罢工问题上基本与联邦政府立场一致,这些鲜明的观点都通过报纸社论版体现出来。

四是巨大的报纸规模。在考虑《世界报》的成功因素时,这是个不容忽视的方面。早期进行宣传时,一句耳熟能详的词语是"两分钱的八页报纸"。几年后,《世界报》已扩版至12版,到19世纪末20世纪初,通常是14~16版,而报价仍维持在两美分,主要得益于发行量的剧增和广告赢利。

五是插图运用处于领先地位。起初,《世界报》只登些人物肖像画、著名建筑物特写,在星期版上偶尔会登些漫画,总之,该报在这方面进展是缓慢的。在19世纪80年代末期,《世界报》上经常会出现些犯罪、暴力等内容的图片,并用X代替极端场面。以现代眼光来看,当时的图片密度稀疏,但与同类报纸相比,《世界报》因其丰富多彩而独树一帜。据说,刚开始,普利策对报纸的图片内容没有好感,一度想让其从报纸上排除出去,试行一段时间后,由于报纸发行量降低而不得不重新恢复图片栏目。1885年后,纽约很多大报仅限于一个栏目的图片,到1890年止,很少日报有两栏以上的图画内容。但也有例外,1884 年总统竞选中,《世界报》的政治卡通人物一度占据了五个栏目。这之后,麦克杜格尔的卡通漫画就成了星期版上的固定内容。1890 年后,《世界报》已形成固定格式,第一版是卡通人物画像、街头景物、会议报道、人物漫画,事件报道的画面分布在其他版面。

第二节 新式新闻要素

一、新一代编辑

南北战争后,北部各州在国家的经济、政治生活中占据了支配地位,在美国没有任何城市的地位比纽约更重要。"话语权"在某些时候是一种声势,但更体现了一种权力,纽约拥有全美最集中的媒体,因而,也就掌握了话语权。它的报业不但代表了舆论的主势,也显示了其经济中心的地位。内战时期,曾以报道无所不在的消息而确立的报业优势地位在战后依然保持。报业同政治势力的分离越来越彻底,引人入胜的新闻报道使得广大市民阶层渐趋向往。对报业来说,经济实力的雄厚是其摆脱政治束缚的先决条件,在这方面,广告的作用举足轻重。报纸版面新颖、内容丰富,必然会吸引广大读者,从而得到广告商的青睐。报纸从政党控制中独立出来是其健康发展的重要条件。19 世纪 70 年代,美国报业传统一代的编辑核心人物,或是退休,或是死亡,大多度过了巅峰期。1869 年,亨利·雷蒙德(《纽约时报》编辑)去世;1872 年,詹姆士·戈登·贝内特(《纽约先驱报》)去世,同年晚些时候,霍勒斯·格里利(《纽约论坛报》)在经过处心积虑然而注定无法成功的总统竞选后亦含恨去世。他们都是便士报时期以来"个人新闻业"的巨头。

一名对上述三巨头颇为了解的精明的评论家用生动的故事总结了他们迥异的编辑风格。激进的共和党人大都不信任安德鲁·约翰逊总统(作为林肯时期的副总统,约翰逊曾是民主党人),他机械地采用林肯制订的重建计划,从而招致不满。一时间,"弹劾"声鼎沸。格里利表示反对,他认为,只要给他足够的绳子,约翰逊准会自己上吊。一天,格里利正在外地巡回讲演,约翰逊罢免了国务卿埃德温·M. 斯坦顿的职务,这招致共和党议员的强烈反对,因为斯坦顿曾向他们透露过约翰逊的计划,《纽约论坛报》遥相呼应,发表社论"弹劾即和平"。尽管格里历反对弹劾,但还是同意这篇社论的发表,这同报纸的风格一致,他不想因为个人原因,使公众舆论在关键问题上游移不定。这名评论家认为,如果贝内特遇到这种事情,盛怒之下,他会把与自己意见相左的编辑、记者全部解雇,并且公开发表支持自己观点的社论;雷蒙德不会解雇任何人,但报纸将停止再发表类似观点的文章。格里历的做法表明,尽管有自己的看法,但从报纸的长远利益计,他会尊重《纽约论坛报》的一贯风格。

19世纪末20世纪初是纽约新一代编辑渐趋成熟的时期。其中最著名的有E·L.歌德金(先在《国家报》,后在《纽约晚邮报》任编辑)、本杰明·戴(《纽约太阳报》)和小詹姆士·戈登·贝内特(《纽约先驱报》)等。工业化、城市化影响了新一代编辑的观念和实践,传统的影响亦不容忽视。例如,便士报的办报原则不但对当时的新闻业起到了革命性的冲击,它们的一些具体做法也被新一代的编辑们广泛采用,或是在原有基础上略加改进和提高。从某种程度上说,19世纪末20世纪初的报业就是便士报业的"改进版"。它利用一切可能的技术发明和工业革新,着眼点依然是深受大众欢迎的新闻和消遣报道。新闻报道占据了大部分版面空间,许多编辑依然通过表达强烈的个人观点使报纸具有鲜明个性。这时期的很多报业都具有大企业的特征,甚至商业经营成功,但最杰出的仍是那些读者们认为拥有非凡才干的编辑的报纸。

具有个人魅力的杰出代表是《纽约太阳报》的编辑查尔斯·达那。1868年,他买下《纽约太阳报》,通过自己天赋的写作才能和对事件的独特理解使报纸独树一帜。19世纪50年代,在同《纽约先驱报》的激烈竞争中,《纽约太阳报》失去了发行量领先的地位。达那接手该报时,其发行量已跌至43 000份,8年后,发行量回升至令人瞩目的131 000份。成功缘于达那流光溢彩的写作风格和对生动活泼新闻的关注,正如在第一期发刊词中讲到的:"《纽约太阳报》将开创凝练、清晰、简洁的叙事报道手法,努力把各地每天发生的事情以生动形象的方式向读者提供。"① 达那着意聘用年轻有才

---

① RICHARD O. Selling culture: magazines, markets, and class at the turn of the century[M]. New York: Verso, 1996: 69.

能的新闻从业人员,尤其是受过正规教育的大学毕业生,给他们提供丰厚的薪酬、适当的训练、足够的假期、宽松的环境,尤其难能可贵的是,达那允许他们任意选题,自由发挥,充分施展才干——前提是文章一定要吸引读者。《纽约太阳报》的写作风格在社论版上体现得最为明显,这一版面集中了《纽约太阳报》最精华的人员,也是达那投入精力最大的部分。从内容上看,它的每日"随笔特写"颇具特色。这时期比较突出的一篇文章标题——"圣诞老人在哪里?在弗吉尼亚,这里……"署名作者佛朗西斯·库奇,它是达那倡导的写作风格和内容的完美体现。

在对新闻的处理上,《纽约太阳报》同它的主要竞争对手《纽约先驱报》一样,关注谋杀、丑闻、闲言。尤其注重那些事关个人利益、非同寻常的报道,它们没有多少实际意义,但颇具情绪感染力。达那的城市版编辑约翰·博戈特对新闻概念的理解充分体现了这一点,他对年轻记者讲道:"'狗咬人'不是新闻,那太平常了,'人咬狗'才是新闻。"面对过多的指责,达那的回答是其自身新闻理念的绝好诠释:"编辑所要找寻的首要事情是新闻……即每天发生的任何事,有关每个人切身利益的事情……上帝允许这样的事情发生,我将义不容辞地报道它。"

除了写作天赋,在其他方面,达那并未取得应有的成绩。原因之一是达那晚年愈来愈愤世嫉俗,表现在社论观点上就是太过轻率甚至刚愎自用,因此,并未取得多大的舆论反响。例如,在1880年的总统竞选中,《纽约太阳报》支持民主党候选人温费尔德·斯克特·汉考特,认为其"是个好人,重250磅"。达那最擅长的评论技巧是充满睿智的嘲讽,他始终称R·B.海因斯总统为"惯于欺诈的海因斯先生"。通过各种文字技巧吸引读者的兴致,而读者一时又拿不准达那是玩笑还是认真。达那不是完人,在许多方面也显出自负甚至愚笨,但他仍被认为是19世纪末20世纪初早期的一流编辑,《纽约太阳报》也被认为是"报人的报纸"。

达那的强劲竞争对手E·L.歌德金[兼《国家报》编辑(1865—1899)和《纽约晚邮报》编辑(1881—1899)]是另一名有作为的报人,他对社论观点极为严肃。1870年,威廉·古伦·布莱恩特从《纽约晚邮报》退休,他的女婿帕克·歌德温继任编辑,1878年,又把报纸转卖给亨利·威拉德。不久,威拉德聘用歌德金为主任编辑。《国家报》《纽约晚邮报》无论在新闻采集的规模、发行量还是经济实力上都无法与《纽约太阳报》竞争,歌德金也无意于此。他对一般社会新闻的报道兴趣不大,更关注社论版的质量。凭借渊博的学识和犀利遒劲的文笔,歌德金极大地影响着公众舆论。著名哲学家威廉·詹姆斯认为:"在影响公共事务的舆论上,他具有很高权威。我们不能断定他比同时代其他人更具影响力,他不但左右了没有直接引用其原话人的意志,还决定了当前公众关注的焦点。"① 在他担任两报编辑期间,报纸订户从未超过 35 000 份,但大量有影响的人物,例如教士、律师、大学教授等,都是报纸的忠实读者,他们间接地充当了传递歌德金观念的角色。

歌德金出身上流社会,对城市中的普通大众缺乏同情心,但他是大多数社会改良措施的积极拥护者。他善于透过表面现象发现事情的本质——这种洞察力常人难以企及——并以清新的笔触,对公众关心的社会问题进行入木三分的分析。其文笔时而活泼、机智,时而锐利、敏捷,颇为引人入胜。有则故事讲到一位住在纽约偏僻郊区的老年妇女,当被问及是否孤独、寂寞时,她答道,每晚邮递员会把《纽约晚邮报》送到门廊里,"它会陪伴我过一夜"。②

这时期纽约新闻界的另一位重量级人物是小詹姆士·戈登·贝内特,他子承父业,接管了已具国际声望的《纽约先驱报》和超过 200 万美元的遗产。由于出身豪富之家,贝内特从小享尽溺爱,他养成了其一生奢侈挥霍的性格,在其担任《纽约先驱报》主编的 50 年间,仅用于个人消费的开支就达 3 000 万美元。1877 年,在与一名纽约社交界名媛订婚而举行的盛大宴会上,一向行为放荡的小贝内特竟酒后当众向壁炉里小便,从而遭到新娘家人的鞭笞,自感颜面尽失的小贝内特一怒之下,远遁法国,再没踏上北美大陆半步。在那儿,他遥控指挥《纽约先驱报》各项工作直至去世。尽管存在不少人性上的弱点,小贝内特在报业实务方面并非一无是处。他深谙的实务精髓,被视为《纽约先驱报》成功之秘诀。19 世纪 70 年代,在新闻覆盖面、报道深度、发刊速度、报纸发行量方面,《纽约先驱报》均名列前茅。同其父一样,小贝内特懂得大众期待什么。两则流传甚广的逸事充分说明了这一

---

① KENNETH S, JOHN T. Makers of modern journalism [J]. New York: Macmillan Publishing Company, 1952: 79.

② WILLIAM L R. The mass media and modern society [M]. New York: Holt, Rinehart and Winston, Inc, 1971: 92.

点。一次，纽约动物园内的几只兽类跑出，在大街小巷里乱窜，使市民惊骇不已。该报资助亨利·斯坦利找寻医师、传教士大卫·利文斯顿，据说他有驯服野生动物的本领，连续几周大肆报道。它总能抓住人们感兴趣的焦点所在。一名评论家对此有精辟总结："纽约的两条狗打架也比遥远中国发生的革命更具新闻价值。"直到普利策进军纽约，《纽约先驱报》仍然在报业各方面保持优势地位。1890年，《纽约先驱报》与小贝内特旗下的另两份报纸《纽约电讯报》《巴黎先驱报》（《纽约先驱报》的国际版）年赢利达100万美元。不久后，《纽约先驱报》开始走下坡路。1918年小贝内特去世，6年后，该报不得不与《纽约论坛报》合并。

19世纪末20世纪初早期的新一代编辑——例如达那和歌德金——有一个共同特点：在报纸中注入了强烈的个人特色，并将社论观点视为报纸最重要的功能。还有一些编辑，则沿袭了老贝内特的传统："自创新闻"远甚于报道消息。一些客观原因确实对报纸功能的转变起了作用——现代报业已越来越成为规模庞大、资金雄厚的商业实体。传统式的编辑一人当家，靠有限的政党经费资助，一个印刷车间，已不可能维持一家现代报业。对大量资金的需求，使得报业所有权、经营权的分离势成必然。这样，19世纪70年代以来，编辑群体日渐从报业主导向业务主导过渡。

二、广告新思维

在政党报业的极盛时期，政治家们视报纸为联系选民的工具，基于此，他们向报业提供经费，指导其运作，期望获得报业的政治支持。19世纪末20世纪初的制造商把报纸看作连接消费者的途径，对他们来说，报纸的重要性不在于其内容质量的高低，他们只关心发行量的大小，发行量大，意味着报纸接触潜在消费者机会的增多。制造商为扩大产品的影响力，希望在发行量大的报纸上做广告，提高产品消费的可能性。

19世纪末20世纪初日益增长的制造能力使得产品出现了盈余。现实问题是如何分流和销售这些产品，权力掌控在批发商手中。制造业主根据订单向批发商提供制成品。由于这时的产品大都没有品牌商标，批发商通常把一种商品归作同类，并以最低的价格获得订单。然而，一些制造商并不盲从这种陈规。制药专利行业的兴起表明，如果制造商们敢于冒险，他们就有可能对自己的产品有最终决定权。药品行业有自己的品牌，这使得制造业主可直接向消费者进行广告宣传。同时，消费者被广告以及药品的"神奇疗效"吸引，会向零售商要求所需品牌的药品。如果零售商不能提供更加有效的替代品，他们就只能向供应商——通常是批发商，或药品业主直接订购。药品专利形式是理想化的市场运作，因为它们独具特色，利润丰厚，也刺激着制造商们更大规模地投入广告宣传，拓展市场。

其他门类制造商从药品专利中得到启发，也开始制造自己"独特的"产品，并加上品牌以利于广告宣传。这样，在随后的几十年里，商标品牌与新产品的结合成为市场上的一道"崭新风景线"，也为其在报纸等其他媒体进行广告宣传提供了便利。

另一个极为明显的变化几乎同时发生在零售业领域。经营单一商品的商店，例如男装、女装、五金器具、银器等，由于其自身只是服务于很窄的层面，难以大规模在报纸上进行广告宣传。这种局面随着百货公司——由大量专门产品组成——的兴起大为改观。1853年，A·T.斯图尔特在纽约创办了第一家百货公司，随后，麦西在纽约、沃纳梅克在费城继续了相同的事业。这些百货商店相似的一点是价格统一：顾客不能任意还价，售货员也不能随意降价，一切都有统一的标准。此外，百货商店注重在报纸上进行大量广告宣传以扩大影响，吸引顾客。沃纳梅克就专门设立广告部负责宣传事宜。①

零售业的这种变化不但影响了广告业，而且影响了报业的发展。它刺激了报纸晚刊——内容主要针对家庭妇女——的发展，也推动了报纸周末刊——内容主要针对居家的妇女、儿童——的普及。

除了在制造业和分配领域的变化之外，广告业内部也发生了深刻的转型，最显著的是广告代理公司的兴起。在著名人物瓦尔尼·B.帕默、乔治·P.罗维尔、弗朗西斯·韦兰德·艾尔的影响下，广告公司对广告业以及报业的繁荣壮大都起到了推动作用。品牌产品、百货公司、广告代理的发展也促进了广告业的发展。尽管1873年出现了经济危机，造成全国范围的

---

① DAVID S, JAMES G S, JAMES B S. The media in America: a history[M]. Scottsdale, Arizona: Publishing Horizons Inc, 1993: 289.

经济萧条达五年之久,广告业的盈利仍然从 1867 年的 4 000 万美元增加到 1880 年的 17 500 万美元。① 报业适时地投入这项新兴的产业中来。

广告收入源源不断地流入报业保险箱,使编辑们从经济束缚中摆脱出来,这种束缚曾使得编辑们无奈地受制并服从于政党势力。然而,自由不是绝对的,自由的获得亦需付出代价,报纸经营者和编辑不久后发现,当广告商操纵一切,经济控制取代政治控制时,处境不见得比从前好受些。在东部、西部、南部频繁召开的报业编辑代表会议上,主题往往是发泄对广告商的不满,抱怨他们对回扣要求得越来越高,干涉广告版面的安排,滥用"读者启示",尤其令人难以容忍的是,当广告公司经营不善倒闭时,他们会拒绝支付所欠账单。这些经济方面的问题确实影响着报业,更重要的是,不断增强的广告势力对报纸新闻报道日益造成影响。

广告商的所为似乎表明,由于掌握了报纸的"生命线",他们就可以任意影响社论风格、新闻内容,尤其是当报纸报道涉及了他们的产品或他们的私生活时,广告商的反应就更激烈。广告对报纸深层次内涵、对新闻道德的非直接、无意识影响更加巨大。这些影响在当时是很少公开论及的,只有回眸这段历史时,我们才有可能意识到其严重性。

广告商们深知自己对报业经营的重要性,因而认为对社论导向、新闻采撷拥有理所当然的决定权,当报纸对竞选者的社论评价、对重大事件的舆论态度、广告税率与其观点相左时,广告商就会威胁并进行抵制。最终,报业的每个部分都受到了广告的影响。实际上,这种抵制时有发生,但多是个别现象,很少有大规模或全国性的,而且,抵制也很少是由于政治诱因引起。毕竟,在报业完全独立于政治后,广告商也希望报纸能有一定的政治立场。很少有大的广告商因对报纸的政治倾向不满而联合其他竞争对手对报业进行抵制。当然,当对某些具体事件愤怒难忍时,他们也会采取经济手段。例如,1877 年芝加哥铁路大罢工时,当地商人——很多是《芝加哥每日新闻报》的广告商——认为《芝加哥每日新闻报》肆意煽动公共情绪,支持罢工,强烈要求报纸停止刊登类似消息。报纸发行商威克多·罗森,编辑麦尔威

---

① NEIL H B. The economic effects of advertising[J]. Chicago: Richard D Irwin Inc, 1942: 57.

尔·E. 斯通顶住压力,毅然拒绝了这种无理要求。

随着时间的推移,广告对报业经营者和编辑的压力越来越大,部分原因是药品专利制造商的全国性影响。在美国报业发展历程中,这种事例比比皆是,人们已习以为常了,并且,它还会影响到报纸的内容,因为这种压力对报业的影响是很明显的,多年来也一直受到评论家们的指责。然而,从新闻业的整体规模来看,这种压力又是很微小的。

其他方面的变化对19世纪末20世纪初报业也有深远影响。早期商业部门经理对广告听之任之。随着广告规模的扩大,业务的增多,各报业多设有专门的广告部。他们的工作除了为报纸准备广告版面外,还要招揽广告客户。不久,广告部就招募大量人手(女性被排除在外),向零售商、制造业主、广告代理公司销售广告版面。这样,当报纸寻求更多广告赞助的时候,它们自身也就更易于在广告商的要求下低头。

这些要求大多是合理的。广告商想知道自己的花费所得几何,通常的办法是要求报业经理提供报纸发行量统计。接着,广告商们又施加压力,不只要求大略数字,而且是精确统计。长期以来,报业所有者忌讳且拒绝提供发行量统计,根本原因是他们并非主动寻求广告赞助,行为更像高贵的绅士。广告部在开展工作时发现,要出售版面空间,对方就会提出提供发行量的要求;现实情形逼迫报业经理不得不公开发行量统计。起初,为了击败竞争对手,赢得更多广告支持,各报业往往虚夸发行量数字,这在当时是极为通常的做法。1876年,19世纪末20世纪初的著名出版商弗朗西斯·W. 阿瑟认为,发行商要求了解具体发行量的要求是合理的,就像商人买了一桶面粉,他有权知道面粉的实际重量是多少。阿瑟把出版商们分为四类:

(1) 准确公布发行量的出版商,并可提供证据以资验证;

(2) 不愿公布数字的出版商,表面理由是如果要公布,他们就会公布最诚实的统计,因为同行的数字大多是伪造的,这样对自己很不公平;

(3) 有些愿意提供信息,但在实际操作中不可避免地夸大实际数字,当要求提供证据时,又总是借机摆脱;

(4) 完全错误地公布发行量,当要寻求证据时,他们就千方百计地加以掩饰。

有一些出版商确实能提供准确的发行量数字和确定的广告费用,即使在最诡计多端的广告公司面前也不会退缩。这些新式出版商在 19 世纪 70 年代才开始出现，到 19 世纪 80 年代已经成为报业主角。这一群体在西部居多，但东部很多城市，如纽约、波士顿、费城等都有一些诚实的出版商坚持自己的立场：准确公布发行量，规范广告价格。

广告的另一重要作用是影响报纸内容。报纸通常依赖"重要新闻"提高发行量，"重要新闻"是指那些能吸引各阶层读者兴趣的新闻，真正的新闻能吸引到难以预期的读者群。例如，激烈竞争的总统选举、马拉松式的集会游行以及耸人听闻的犯罪事实等。然而，这些重要新闻并不经常会发生，因此，报纸发行量会出现明显波动。有些时段确实缺乏有意义或人们感兴趣的新闻，这往往会导致发行量的明显下降。这种波动现象发生的另一层原因是大城市报纸销售更依赖街头零售而非固定订户。从广告商的立场来看，发行量的波动会导致生意不景气。在有重大新闻出现的报纸上刊登广告会收到更好的效果。但有的时候——没人知道会在什么时间出现——重要新闻的缺乏会使广告商达不到预期目的。报纸出版商和编辑总是千方百计填平"波谷"，使发行量大致维持在均衡的水平。从这一思维向度出发，我们可以理解报业经常会出现故意捏造的耸人听闻的新闻，甚至导致"煽情新闻"的泛滥。固定订户可以保证发行量，但 19 世纪末 20 世纪初的主要大报很少依赖固定订户。

为避免发行量"波谷"的出现，一个主要办法是增加"小型新闻"，即能吸引一部分特殊读者兴趣的新闻，这种新闻需要分部门组织经营，将新闻分门别类，分为体育、社会、娱乐、劳工、商业、法律等专题区。随着读者群的分散及广告商兴趣的变化，这一分类不断扩大、加细。某些特殊新闻往往从一个栏目扩大至几个栏目，随着报纸的扩版，甚至达到整页。广告是新闻发展的一种动机性力量。19 世纪末 20 世纪初的一名成功出版商认为："相对于那些夸大其词的一般性新闻，如果能关注一些特殊读者的特殊兴趣，报纸往往能得到良性发展。在一个竞争的时代，报业要生存就需要有自己的特色和个性。"[①]

---

① DAVID S, JAMES G S, JAMES B S. The media in America: a history[M]. Scottsdale, Arizona: Publishing Horizons Inc, 1993: 287.

三、印刷、摄影、电话：新式新闻技术的进步

由于公共教育的普及,19世纪末20世纪初的识字人数大量增加,他们渴望阅读更多的报纸内容,同时,报纸信息和广告类栏目也增长得很快,这直接造成报纸版面急剧扩大,早期的4版对开类型报纸已不见踪迹,取而代之的是12版、16版,甚至更多的版面内容。报纸发行量的迅速增长以及版面的扩大至少意味着一件事情,即报业生产需要更加机械化,需要更先进的印刷机、排字机,新闻人员分工更为细致,专业化更强。在这一动力的促进下,印刷术在19世纪末20世纪初发展到一个崭新的高度,在多个领域出现了新突破。

早期报纸通用的是木制手工印刷机,每小时仅印刷百余张四开报纸。1845年,理查德·霍改良了传统印刷机,制造出高速轮转印刷机,初步实现了报纸生产的机械化。到19世纪70年代,报纸印刷开始采用铸版术,浇注的铅版使图片、标题、广告等不再受分栏的限制,高速印刷机在大城市广为普及。随后,霍式印刷公司发明出"双层增补机",它包括两台同时工作的印刷机,通过一个运输杆,递次印刷不同的内容。1889年,霍式印刷公司又发明"六重机",可以每小时印刷48 000份12版报纸,或24 000份24版报纸,轮转印刷机已经被铸版和卷筒纸的印刷机取代,之后的60年规模没有根本变化。① 这一时期,还有专门针对小型报纸的特殊发明,使报纸印刷方便快捷,例如,DUPLEX印刷公司生产出"卧式网状机",极大地节省了人力消耗。

19世纪90年代,报纸印刷在色彩方面一改以前的黑白单调色彩而取得突破性的进展,彩色印刷的出现与新式新闻现象有着密切关系。起因是普利策的《世界报》杂志出版了连环漫画,印刷工人想给它着色。最著名的是理查德·奥特斯考特的《霍勒岗小巷》,主题是一个没长牙齿的小孩穿着一件夸张可笑的宽大衬衫,小孩衣服呈黄色,这个角色很快就被称为"黄孩子"。这种彩色连环画如此成功,竟极大地推动了报纸发行量,当理查德·奥特斯考特被赫斯特高薪挖走后,普利策寝食难安,千方百计请人继续这个

---

① GEORGE H D, The golden age of the newspaper[J]. Westport, Connecticut: Greenwood Press, 1999: 84.

题材的漫画。一时间,赫斯特和普利策都有名为"黄孩子"的漫画,这也成为两人报业竞争的一个重要战场,所谓的"煽情新闻"由此得名。

　　报纸折叠机的出现是稍晚的事情,虽然说轮转印刷机的快速印刷有利于报业的发展,但这给沿街叫卖的可怜的孩子带来痛苦,他们瘦弱的肩头不得不应付没折叠的宽幅报纸。在廉价报纸时代,《纽约太阳报》和《纽约论坛报》每张 15 英寸×20 英寸(1 英寸=2.54 厘米),当中对折一次。从那以后,报纸版面的增加主要反映在页数或厚度上。佛蒙特的《自由之声报》宽达 52 英寸,报童把它们扛在肩头时,前胸和后背往往都被遮住了。1883 年,霍式印刷公司新推出折叠机,从印刷机上出来的报纸都要经过这道工序,无论报纸多厚,都可以被整齐划一地折叠成四开张的尺寸,给报纸的保存和运输都提供了便利。①

　　当印刷技术不断取得突破进步时,排版技术落后了。《圣路易斯共和报》在 1890 年引入了最新式的印刷机,其效率比 1806 年的旧机器提高了 400 倍。而同期排版技术没有显著进展,每个连字号、每个字母、每个标点都需专门人员操作,手工排版日渐成为沉重的负担。1890 年,《芝加哥论坛报》宣称拥有一个"排字工人大厦",面积 7 000 平方英寸,可容纳 150 个工人同时排放字模。每人有专门负责的字模箱——一个字母或一个标点符号,"大厦走廊配有生活用品箱和褐色橡胶痰盂;每个工人都配有橡胶凳子"。②不管这些工作条件看上去多么优越,事实是每个排放字模的工人依然要付出繁重的体力劳动,自古登堡时期(15 世纪)以来并没发生本质变化。

　　使排版技术取得突破进展的是德国移民钟表匠奥特玛·默根塔勒,他从 1876 年起就致力于这方面的实验。其实,最早他是和一批志同道合者研究专门为法庭和国会所用的速记器,一直没有成功,他已准备放弃了,《纽约论坛报》主编怀特·雷德恳请他代为研究排版用铸条机,并提供丰厚的资金支持。怀特·雷德被认为是印刷工人协会的"敌人",他本意是想要机器取代手工,以减少工人罢工带来的麻烦。默根塔勒没让雷德失望。1886 年,

---

① DAVID S, JAMES G S, JAMES B S. The media in America: a history[M]. Scottsdale, Arizona: Publishing Horizons Inc, 1993: 234.

② DAVID S, JAMES G S, JAMES B S. The media in America: a history[M]. Scottsdale, Arizona: Publishing Horizons Inc, 1993: 236.

《纽约论坛报》首先使用了默根塔勒发明的简易排版机,雷德取名为"莱诺整行铸排机",经过整修,这种机器被推入市场。到 1897 年,90% 的报社都使用了"莱诺整行铸排机",一台机器可以做五个排字工人的活,大大提高了工作效率,这也是 19 世纪末 20 世纪初印刷技术领域的一个巨大进步。

报纸版面内容应该既有文字也有图画,既有黑白也有彩色,由于技术所限,图画仅是简易的线条画。内战前,插图片的报纸已经出现,但它们要依赖熟练木雕工人或电打字机的繁重手工劳动,只有有实力的大报才能负担得起。到 19 世纪 80 年代,线条画在蚀刻技术的帮助下,被复印到锌盘上,再转印到报纸上。这种机器进步不仅使插图本大量被应用于报纸,而且缩短了制作时间,比如,头天晚上的大火可以在早报上被图片描绘出来。19 世纪 90 年代,斯托芬·H. 霍根将照片成像技术进一步完善,使拍出的照片可以在报纸上完全复制,效果良好。斯托芬·H. 霍根的改良使 19 世纪 90 年代报纸上的图片大量涌现,"煽情新闻"的始作俑者利用这一技术在报纸上肆意刊登有关战争、色情、凶杀的照片,加剧了 19 世纪末 20 世纪初的新闻竞争烈度,这也成为批评家们所指出的新技术带给人们负面影响的重要例证之一。

印刷技术的进步,自然会带动相关技术领域的革新,例如,切割机、裱糊机等都取得了突破性进展。19 世纪 80 年代,电力驱动报纸印刷,机械控制代替了不稳定的手工制动,单体设计被用于整理报纸单位,高性能的墨汁抽水机问世,快速报纸传送、分拣设备也进入使用阶段,这些都极大地适应了报业迅猛发展的需要。

19 世纪末 20 世纪初报业技术的进步不仅发生在印刷车间内,编辑办公室也有创新现象。在亚历山大·贝尔发明电话机(1876 年)不久,报纸编辑就注意到这种新机器的重要性和便捷性,报社内部各部门之间、报社与报社之间、编辑室与新闻现场间都通过电话建立起了直接联系,电话日渐成为新闻界不可缺少的工具之一。编辑室内重要的发明还包括打字机,它有助于帮助新闻人员从手写的繁重劳动中解脱出来。①

---

① GEORGE H D. The golden age of the newspaper[J]. Westport, Connecticut: Greenwood Press, 1999: 84.

摄影技术的进步与报业的发展有着密切的关联。1837年,法国物理学家达盖尔首次向世界展示了银版摄影技术;紧随其后,1851年,英国雕塑家阿切尔引入了湿版摄影技术,这些技术的问世标志着摄影行业向现代化迈进了重要一步。然而,在最初的发展阶段,由于技术进展的限制,摄影技术并未在新闻业中得到广泛应用。镀金时代,小型便携照相机、闪光灯和高感光度胶片的出现,以及木版印刷被铜版印刷所取代等印刷技术的发展,使照片得以直接印制在报纸之上。这些技术的突破推动了摄影与新闻行业的深度融合,使摄影技术在新闻报道中的重要性得以凸显。与此同时,电影和广播的兴起引领了以大众化和娱乐化为中心的内容风尚。在此背景下,新闻业逐渐意识到新闻摄影的重大作用,并大规模地将其应用于拍摄娱乐明星的八卦新闻和丑闻报道中,从而将娱乐化推向了顶峰。

造纸技术在19世纪末20世纪初发展迅猛,那些探究19世纪后期新闻业繁荣原因的历史学家往往对此没有足够的评价。1893年,普利策的《世界报》10年庆祝日版面达到200页,这一举动着实让报业同行啧啧赞叹,但造纸业人士似乎更应为此感到自豪。① 政党报业时期盛行4页版面,其中一个原因就是纸张供应不足。在19世纪末20世纪初,造纸技术发展很快,价格不断下降,一定程度上降低了报纸的成本,这是报业繁荣不可或缺的因素之一。

新闻收集技术是报业成熟的重要标志,尽管他们创造的直接效益很难衡量。詹姆士·戈登·贝内特是最早意识到独家、专门采访重要性的报人,但他那个时代各方面条件尚不成熟。直到自行车、公交车、电话、打字机、电灯等现代化设施的普及,贝内特的理想渐趋变为现实,记者有可能及时赶到新闻地点,用最快的方式赶发出稿件。

印刷、造纸、通信、交通等领域的巨大变革为报业的大众化奠定了坚实的基础。自1870年起至1900年,美国报纸的印刷成本显著降低,由此带来报纸数量的迅猛增长,数目达到了原有水平的三倍之多。与此同时,报纸的售价也相应下调,日销售量更是实现了近六倍的增长。在1890年,《圣路易

---

① DAVID S, JAMES G S, JAMES B S. The media in America: a history[M]. Scottsdale, Arizona: Publishing Horizons Inc, 1993: 237.

斯共和报》引入更新型的印刷机后,效率比1806年的模型增加了400倍。这种由蒸汽驱动、可以每小时双面打印4 000页新闻稿的旋转式印刷机,有效地推动了报纸的定期以及批量发行。从1870年到1900年,以大众为受众的英文日报数量从489份增长至1 967份,报业取得了巨大的发展。

发明和创新是19世纪末20世纪初的主题。新闻界报人面对激烈的市场竞争,有志于采用任何先进的工艺以提高单位生产效率、节约成本。传统的印刷技术、造纸技术和排字技术到19世纪末20世纪初都有本质的提高。如果将1845年轮转印刷机的发明作为近代报业版面技术发展传统阶段的发端,那么,到19世纪末也不过短短的几十年,但这个过程却奠定了美国报纸今后发展的基石。"通过美国报纸技术条件的改变。新闻事业进入现代化时代的进程已经完成,无论如何,新闻事业的旧时代已经一去不复返了。"发明家们——以及对这些发明提出希冀的市场——的成就为报业的巨大变革提供了可能。然而,这些先进工具如何被使用?哪些价格便宜、页面厚实、"装饰"有绚丽色彩和插图的报纸能够更适应社会需要呢?抑或只是使得报业主更加富有?这是技术进步给时代提出的问题。

第三节　普利策与煽情主义

19世纪末20世纪初是新式新闻的时代,奠定了美国现代报业的基础。新式新闻又称煽情新闻,代表人物是约瑟夫·普利策,窥一斑而知全豹,透视普利策的特色,可以更好地理解19世纪末20世纪初的新闻风貌。

约瑟夫·普利策(1847—1911)的人生经历就是美国现代报业发展历史的缩影。他的独特人生——由一个不名一文的外国移民一跃而成为拥有2 000万美元(1911年币值)资财的美国报业大王,创造了足以令时人及后来者震惊的传奇。普利策努力使他的报纸变得有棱有角、不卑不亢。他的报纸讽刺自满、抨击懒散;他的报纸充满引人入胜的故事情节,迎合商人、工人和家庭主妇的口味;他的报纸展现出新鲜的生命力,这种生命力即普利策所推崇的"煽情主义"。在普利策眼中,世界是一个耸人听闻的空间,他认为:"既然神圣的上帝允许那些事情发生,我还有什么不好意思加以报道的呢?"他深信罪恶在于掩盖事实真相。他清楚地意识到,一家报纸一旦失去真实性,就会名誉扫地,失去读者。他负责的《邮讯报》到1879年底发行量达到4 984份,普利策还把版面改为8版。到1881年3月,其发行量上升为12 000份,在以后的18个月中,发行量又猛增到22 300份。1881年,《邮讯报》为普利策赢利85 000美元。

普利策成功地使一家濒临倒闭的报社走上了繁荣之路,并在圣路易斯的众多报纸中表现得最为独立与充满活力。尽管他通过揭露社会问题来增加报纸的销售量与收入,但他并不赞成愤世哲学,他后来说:"你可以写下最崇高的哲学思想,但是如果没有人来读它,那有什么用处?你应该首先发行几百万份报纸,那么在关键时刻,你就可以左右读者的心愿和选票。"①

普利策视纽约为发展开拓性报业的主要阵地。这里市场广大,市区有150万名左右居民,加上郊区的近100万人口,可以为报业提供庞大的读者群。普利策对便士报时期本杰明·戴和贝内特的经营理念——趋向大众有切身的体会,并结合时代特色,在自己的报业实践中加以拓展,为沉寂的报业注入了乐观主义情绪。1883年,他买下了当时还默默无闻的《纽约世界报》(后改为《世界报》),一年多后,发行量从15 000份增加到100 000份。至1887年,更达到250 000份,远远超越了居于传统报业领先地位的《纽约先驱报》和《纽约太阳报》,成为最具影响力的报纸。普利策的报纸开启了新闻业的新纪元,标志着美国新闻业步入全新的阶段。他被视为20世纪初期报业的领军人物、现代新闻业的先驱。

一、普利策煽情主义的特色

新闻即信息,具有直观性、时效性、时代性的特点,报业以新闻作为经营的对象。19世纪末20世纪初之前,纽约文化市场的情况是传统报业占主导地位,尽管日报和周报数量众多,但其新闻理念陈旧,报纸内容则显得过于冗长、版面程式化、缺乏创新与品位,进取心与活力不足,节奏缓慢,是"纯

---

① JAY B, JENNINGS B. Introduction to communication[J]. Siloam Springs: Brown Communication Inc, 1995: 78.

粹的唯物主义"。① 这种陈旧的报纸形式难以长期吸引广泛读者群,更难以跟上时代的需求。普利策收购《纽约世界报》后,迅速招聘了一批充满事业心、机敏聪颖的记者,安排他们花大量时间接触市井生活,以求发现有意义、有价值的素材,然后用丰富多彩的形式表达出来,再经编辑配加醒目标题。普利策报业成功的秘诀在于抓住了"煽情主义"这一表现手法。"煽情主义通过媒介手段渲染大众情绪,乃是一种通过描绘丑闻内幕、强调色情元素或详述犯罪过程,以激发读者感官刺激的新闻报道手法。"② 其本质在于以新奇性、刺激性、趣味性吸引读者。

在新闻学专业术语中,人们往往将其与黄色新闻概念等同起来,然而从美国大众化报刊发展的历史角度出发,这两个概念在词源、出现时间上均有较大的差别。

尽管美国大众化报刊的发展历经多个不同阶段,但总的来说,它们具有以下几个共同特征:首先,报道内容主要聚焦于名人私生活、性犯罪以及暴力事件的深入追踪,同时,对自然与社会灾害的报道也颇为积极。其次,在报道形式上,普遍采取了娱乐化的新闻报道手法,赋予事件以故事性的传播效应。这一娱乐化策略主要通过文字的生动描述、标题的夸张手法,以及对新闻图片和彩色照片的特殊处理等方式得以体现。

而这一策略由来已久,16世纪西方社会的街头小报便已采纳了相似的报道风格。学者格雷布等人的研究表明,这种新闻煽情的传统可以追溯到16世纪晚期的新闻书和新闻叙事诗。根据新闻历史学家让纳内的研究发现,早在1529年,法国就有刊登洪灾、地震及其他备受关注事件的小报。随着报刊大众化的进程不断推进,在19世纪30年代、19世纪90年代、20世纪20年代都引发过煽情主义新闻的热潮。美国煽情主义新闻的根源可以回溯至该国历史上最初的报纸《公共事务报》。它曾报道过法国国王不道德的性生活。到了19世纪30年代,为了吸引底层读者群体,扩大新闻覆盖范围,便士报的编辑们开始刊载充满"人情味"的社会新闻。他们还会通过巧

---

① BAYRD S. Mirror for Gotham[M]. New York:New York University Press,1956:205-208.

② 斯旺伯格. 普利策传[M]. 陆志宝,俞再林,译. 北京:新华出版社,1989:32.

妙的文字处理，使各种案件的描述有声有色，呈现出骇人听闻的效果。通过这种方法，报业出现短暂的繁荣景象。例如，《纽约先驱报》曾连番报道一娼妇遇害的恶性犯罪案，从而推动了其发行量的大幅增长。普利策随后接管《邮讯报》和《纽约世界报》，继承并发展了便士报的报道风格，同时在选题、布局和撰写等方面引入了创新与改进。这些努力使得煽情主义的报道在内容和形式上都变得更加多样化和生动。

（一）材料选择方面注重"三性"

1. 揭露性（讨伐性）

普利策利用报纸无情地揭露、批判损害公众利益的罪行。美国当代新闻界权威阿伯特·阿特休尔称这种做法为"煽情性的讨伐战役"或"讨伐性的煽情报刊"。[①]

普利策投身新闻行业后，对社会的阴暗面以及政府的腐败有了更为深刻的体悟。他所创立的报纸《邮讯报》和《世界报》，便是致力于将揭示和批判各类丑恶行径作为报纸的核心使命。翻阅他的《世界报》，人们无不感受到其对广泛存在的社会弊病的犀利抨击，比如其对纽约人寿保险公司腐败行为的公开曝光。该公司将投保者的资金违规转用于个人投资，从而获取巨额利润。《世界报》发布了一份报告，揭露了这家企业的贪腐行为，并将其诉至法庭，指控该企业通过设立高额基金向议员行贿，促使联邦政府对该企业展开审查，结果证实了《世界报》提出的指控。各类贪污腐败的公职人员都是普利策的打击目标，无论是总统级别的高官或是一般的普通职工，尤其值得一提的是，普利策曾围绕巴拿马运河公司一事与老罗斯福总统进行了为期两年的斗争。在1903年，垄断巨头摩根连同他的合作伙伴克伦威尔，以350万美元之价购买了破产的原法国德莱塞普斯巴拿马运河公司。为了说服政府在曾属于哥伦比亚的巴拿马省开展运河工程，他们向罗斯福的竞选委员会行贿6万美元。罗斯福在成功当选后，借机制造了巴拿马政变，并以4000万美元的价格从摩根集团手中收购了巴拿马运河公司。普利策在得知相关事实信息之后，迅速在《世界报》发表文章《谁得到这笔钱？》，对罗

[①] 阿特休尔. 权力的媒介[M]. 黄煜，裘志康，译. 北京：华夏出版社，1989：50.

斯福质疑，并强烈要求相关部门进行调查。罗斯福担心事情败露，反过来代表政府以诽谤罪名指控普利策，并扬言要将他关入监狱。纽约的法官对政府的诉讼进行了否决。尽管这一案件最终未有进一步的发展，但普利策展现出的追求正义的无畏精神却赢得了人们的敬佩。同时，普利策还通过报纸广泛而深入地揭露和抨击了赌博、卖淫、酗酒以及偷逃税款等社会恶习。这些行为表明，他成功地将揭丑除恶的精神融入其煽情主义的报道中，使得自己的报纸在众多媒体中脱颖而出，受到广泛关注。

2. 刺激性

普利策倾向于挑选那些能够引起轰动的新闻内容来迎合读者的偏好，从而激发读者的感官体验来扩大新闻报纸的发行量。他特别偏爱两种类型的新闻报道。首先是警察报道，或称犯罪新闻，普利策深谙公众对此类特定新闻有着强烈的猎奇心理，因而不断派遣记者前往各地进行深度调查，及时报道重大犯罪事件。他曾安排记者深度采访了恶名昭著的詹姆斯兄弟，细致展开这对强盗头目抢劫活动的报道，引起了读者的高度关注。同时，普利策还有意刊载对凶手的采访以及死囚面临处刑时的各种行为，如《科尼梯的最后之夜》一文的副标题写道："他猛摇牢门，大声呼喊"；《麦康基将被绞死》，副标题则是"在黑暗中拼命挣扎刽子手的是杀人犯"；等等。这些充斥血腥气息的报道无疑令人震惊，必然能对一部分读者产生刺激，激发他们的阅读兴趣。另一种则是色情新闻，主要涵盖有关社会名流和上层精英的风花雪月之事，比如某富商对厨师一见钟情，某贵公子玩弄女子情感后将其冷酷抛弃等。《邮迅报》曾跟踪报道了一个富翁的女儿，24岁的内利·黑兹尔顿。这个美丽且放荡不羁的女郎，先是与一名歌手关系暧昧，随后又对曾是总统候选人的老单身汉塞·蒂尔登暗送秋波，最后却嫁给了铁路局长的儿子。

针对一系列的艳情故事，《邮讯报》始终持续不断地报道，并对其发展过程肆意描绘与夸大。同时，《邮迅报》对于娼妓的报道也颇为频繁，一名记者在阅读了一份有关娼妓的年度报告后，撰写了一篇长篇报道，将妓院与娼妓的详细情况公之于众。这类新闻除了具备揭露功能外，其刺激程度不亚于犯罪新闻。

3. 趣味性

煽情主义在选题方面，不但追求揭露和刺激的成效，还尤为注重趣味性。具体而言,它倾向于选择那些轻松有趣且能够吸引公众注意的内容。首先,这类内容往往是一些具有可读性的奇闻轶事,例如,海洋生物之间的相互攻击。其次,爱情主题的报道同样受到了普利策的偏爱,他对那些充满传奇元素且引人深思的恋爱故事给予了大量的版面。例如,一个名叫亨利·利格特的香烟制造商的女儿爱上了出身贫寒的会计,但遭到了富有父母的强烈反对。普利策指派《邮讯报》记者潜入香烟商的家中采访了那位母亲,并发表了独家新闻《圣路易斯的巨额财产继承人违背父母意愿,自行选择丈夫》。同样,《世界报》也曾刊载诸如《婚宴上贺喜太早,刚当新郎就去坐牢》和《为她的财富所吸引》等类似报道,这些报道宛如廉价小说般的叙事风格,令人着迷,成功吸引了众多读者的关注。

(二)报纸版面处理方式新颖

版面安排指的是内容如何被组织和呈现的一种方式,即通过恰当的形式来充分展现报纸的内容特色。因此,这种布局方式也能反映出报社的运作理念。普利策所主导的报纸能够深刻地触动人心,这不仅仅源于其内容的吸引力,还在于他采取的创新性排版方式。总结来看,这种创新排版方式主要体现在以下几个方面。

1. 打破传统,将社会新闻、灾难新闻放在头条位置

之前,头条通常被政治新闻所主宰,虽然这类新闻对一部分读者具有吸引力,但大多数普通读者对其兴趣点并不高,这并不满足普利策追求煽情的目标。因此,他在报纸头版新闻的布局上进行了革新,优先安排那些耸人听闻的新闻报道。这种做法自普利策接手《世界报》之日起便得以实施,比如,该报首期就以报道一场发生在新泽西州的大风暴作为头版头条新闻。在普利策眼中,这才是当时大众最为关注的焦点,因为这一场巨大的风暴给该州带来了数百万美元的损失。再比如,华尔街发生一起跳楼自杀案,一名女仆被冤枉为凶手。普利策让记者详细报道此事,并将其放在头版头条,引发读者争相阅读。不仅是头版头条,其他版面的头条也采取了相同的做法。仍以《世界报》为例,它在另一版面的头条新闻是《恐怖的火光》,讲述了一场造成6人死亡、10万桶油被烧毁的大火灾难。其他新闻如《为兄弟身入狱》《花花公子喝花酒》《科尼梯的最后之夜》等,也各自占据了不同版面的头条位置。

普利策对报纸头版的调整,使得报纸的面貌有了明显的转变,更加注重煽情的特色,这种改革很快就得到了读者的热烈响应,所以《世界报》才会在他接管后的第二日就成为纽约人们热议的焦点。

2. 大量运用插图装饰版面

普利策报纸的插图有以下几种。

(1) 人物画

他的报刊是第一份启用人物画的刊物。这些插画最初源于重要人物的线条画。知名新闻学者埃德温·埃默里将其誉为"一次重要突破",之后便引发了其他报纸的效仿。在1882年,在刺杀加菲尔德总统的凶手被执行死刑的那一天,《邮讯报》刊载了一幅两栏宽的罪犯插画,标题为《今日出现在绞刑架上》,这种大胆的手法产生了惊人的效果,被视为煽情主义的标志。《世界报》周刊还时常发表一些配图特写,例如谋杀示意图、灾害素描等。

(2) 政治漫画

普利策将漫画融入报纸,主要目的是用来揭露总统选举中出现的各种丑行。他的漫画创意独特,含义深远。其中一幅讽刺共和党候选人布莱恩的漫画一度引发强烈反响。漫画描绘了布莱恩应邀到达富人宴会的场景,画面中布莱恩坐在满是珠宝的富人之间,与他们一同品尝"垄断汤""国会布丁"和"古尔德馅饼"。对于后方在乞求的失业工人、疲惫不堪的工人妻子和身穿破烂衣物的孩子们,他们则毫不在意。漫画下方配有文字说明,大意是:莱恩乞求富豪们为其竞选募集资金,在他们奢华宴享之际,他的家乡缅因州却经历了一连串的工厂倒闭事件,导致无数工人失业,工人代表强烈呼吁救济。通过独特的描绘方式,该漫画深刻揭示了布莱恩及其竞选活动背后的伪善和丑恶,引发读者的深刻共鸣。结果,布莱恩最终因无法获得广大工人阶层支持而在竞选中败北。

(3) 连环画

《世界报》自1889年起,定期出版一份四页的彩色连环画增刊,这标志着美国彩色印刷增刊的初次应用。同年的11月19日,该报的增刊首页展示了一幅名为《11点弥撒时的大教堂》的水彩画作,画面几乎覆盖了整个页面。到了次年,这份增刊的页数增加到了八页。报社的画家理查德·奥特考尔特贡献了系列色彩丰富的幽默连环画,讲述了一个身着黄衣、被誉为"黄色少年"的贫困儿童的故事。赫斯特随后挖走理查德·奥特考尔特,并在其《新闻报》上刊载"黄色少年"的故事,同样以"黄色少年"作为自家报纸的广告形象,与《世界报》颇为相似。于是,"黄色少年"便成了这两大报业进行"黄色新闻"竞赛的标志,并由此诞生了"煽情新闻"的说法。由此可见,《世界报》的连环画在当时社会产生了不可小觑的影响。

(4) 木刻

最初,普利策对于在报纸中采用木刻表示出了一定的担心,认为这可能会影响到报纸的整体格调。然而,随着时间的推移,他逐渐意识到这种担忧并无必要,并开始频繁地应用木刻画。这一改变显著推动了他的报纸发行量,呈现出如同炎热夏日中的温度计一般快速上升的趋势。

3. 改进标题的制作和安排

标题作为报刊的"窗口",其生动性和吸引力直接影响着读者的关注程度。普利策深谙此道。因而,他将创意标题的设计和布局视为煽情的关键策略,旨在通过独特的标题来捕获读者的目光。普利策在这一领域的探索和创新主要体现在以下两个方面。

(1) 精心制作标题

一是在标题中使用动词。传统的报纸标题常规避使用动词,因此显得较为僵硬。相反,普利策倾向于在标题中加入动词,明确地传达出其激发情感的核心主旨。如《受欺骗和被抛弃》(Duped and deserted)、《在教堂里接吻》(Kissing in church)、《大喊救命》(Screaming for mercy)、《公爵遭劫》(Duke meet Shis doom)等标题既自然又具有感染力,让读者眼前一亮,激发其阅读的兴趣。二是巧妙地运用问句形式。使用问句来呈现新闻的核心或读者感兴趣的内容,以引起读者阅读的兴趣,如《是女英雄还是罪犯?》(Heroine or a criminal)、《他变成什么人了?》(Who has he become)、《他是自杀吗?》(Was he a suicide)等。三是注意标题的音韵美。《世界报》经常刊用押头韵的标题,《血的洗礼》(Baptized—inblood)、《光棍邦恩的新娘》(Bachelor bang's bridal)、《小洛达的情人们》(Little lotta's lovers)、《背信弃义的牧师》(A preacher's perfidy)。该类型的题目简明扼要,读之顺畅易懂,能有效吸引读者阅读。而且,普利策还偏爱使用比喻、对比等技巧来制作题目。如《爱情与毒药》(*Love and poison*)、《是新娘而非妻子》(*Bride, not wife*)、《死亡乘风而来》(*Death comes in winds*)、《激情洪流中的受害者》(*Victims in the flood of passion*)等。

(2) 改革标题的安排

在内战之后,大部分美国报纸的标题依然采用一栏宽、两行高的格式,仅有极少数广告标题使用两栏宽的方式。然而,普利策为了充分利用标题的效果美化版面,并打破传统,大胆地采用了大字号和长篇幅的标题。一方面,这种方式着重强调了新闻的内容,吸引读者的目光;另一方面,它也创造出某种氛围,煽动读者的情绪和兴趣。例如,一篇批评共和党候选人布莱恩向垄断资本家乞求选举资助的新闻采用了一个贯穿七栏的大标题:《皇亲国戚的皇家宴会——布莱恩和大财阀》。此后普利策从大标题式样发展到采取通栏标题和斜体标题的布局方式。这种创新性的运用不仅增加了报纸版面的灵活度,也增强了报纸的吸引力。

(三) 独树一帜的语言特色

语言是新闻报道的外壳,它是报纸影响读者的主要途径。新兴的新闻样式要想吸引公众的注意,必须在言语表达上展现出独到之处,历史上一些卓越的新闻工作者也始终追求在文字使用上形成其独树一帜的风格。煽情主义的先驱也尤其注重这一点。普利策在新闻语言的运用上显示出了独到的创意与匠心,这不仅体现在他本身卓越的语言表达能力和鲜明的语言个性上,还在于他努力打造了一种创新的报纸语言风格以满足内容传播的需要。因此,在他的煽情主义策略中,语言的独特风格扮演着不可或缺的角色。

1. 犀利泼辣,一针见血

普利策的政治立场明确,他在曝光和抨击不端行为时总是流露出浓厚的憎恶情绪。因此,在报纸的措辞上,他坚决反对任何模棱两可、闪烁其词的表达,而强调表述必须直言不讳,一针见血。试看下文:

> 若邀众人协护此歌剧院,切勿于此摆弄那已然见弃、令人厌憎之贵族之态,此般事物实乃对美利坚自由人之侮蔑。

  我们知道有些人还会把这种陈腐俗套带到教堂里去。在那里，男仆和车夫列队站在走廊下或站在主人的入口处，这是何等威风的场面，当然，这些教堂都是由那些富人主办的，这种装腔作势的场面也不能算过分不当。

  但是，这里是歌剧院，还是让那些陈腐玩意见鬼去吧？①

  这段文章揭示了豪门贵族带着仆人去观看戏剧时的情景。作家坦然直接地讽刺了他们沉醉于虚荣的追求，以及明示身份的行为，饱含戏谑、愤怒和嘲笑的情绪，表达尤为犀利，完全不同于其他报纸含蓄迂回的表达方式。

  当与罗斯福针对巴拿马运河贪腐案进行唇枪舌剑之时，普利策向编辑们提议：在接下来的日子里，我们需要改变以往胆怯犹豫的态度，而去用有力的文字对抗有罪之人罗斯福。你们要准确命中目标，确保每天的新闻版块都刊发鞭辟入里的稿子。从以上字句，我们能明显感受到普利策对新闻文字的具体期望与要求。

  2. 绘声绘色，声情并茂

  普利策擅长运用感人至深的措辞，生动地呈现特定事件的进展，触动人心，从而引发深刻的情感共振。

  这种语言的特征主要体现在对贫困人群生活状况的报道中，特别在描绘孩子们在寒冷的冬日和酷热的夏天遭受疾病与饥饿双重折磨的惨淡画面时，赋予读者身临其境的感受。例如《婴儿是怎样被烘烤的？》《孺子尸体成行》《死去的和正在死去的孩子们》等报道。其中有一篇报道这样写道：

  孩子们的小脚好几天未套上鞋子了，而是用破布缠着以避严寒，稍大些的孩子则用破毯碎片裹住下肢……床罩已被撕破，聊作寒衣……有一家人一周全靠吃一只死狗活命。②

---

  ① TIMOTHY E C. Governing with the news: the news media as a political institution[M]. Chicago: the University of Chicago Press, 1998: 125-126.
  ② JEAN F. Voices of a nation: a history of mass media in the United States[M]. New York: Macmillan College Publishing Company, 1994: 126.

透过这种描写,寒天的悲剧情景生动地展现在纸面之上,令人无法抑制内心的哀伤。再如:

> 冬天凛冽的北风正在吹来,矿工们饥寒交迫,他们的妻儿也正在受冻挨饿。不让他们在这块富庶的土地上受苦遭难了。任何个人只要贡献出并不会成为他们负担的东西来,就能拯救矿工们出悲惨的命运。《世界报》愿接受十美分到任何数目的捐款帮助矿工。每个人都给一点吧!①

这段文字就是今天读来也能动人心弦。

3. 活泼风趣,兴味盎然

为了达到煽情效果,普利策坚决反对无趣、乏味的文字表述,不仅要求记者要使所有的内容都表现得生动有趣,他甚至将爱情元素融入戏剧评论之中:

> 想一想,一个非凡的姑娘,全身的血管里流动着真正的热血,漂亮的脸蛋稍稍昂起,红润的嘴唇微微噘起,她的全副姿态是渴望和等待。年轻人,想一想,当你接触到她那成熟而温柔的嘴唇时,该是一种什么滋味……让你扮演罗密欧与艾布特·朱丽叶小姐结为一对鸳鸯时,你有何感觉?②

普利策的煽情主义具有对新闻素材的精心挑选、报道结构的创新布局以及语言风格的大胆尝试三个特点。这使得他所主导的报纸不仅内容多样化,形式上也极富吸引力,从而为当时的新闻业发展树立了一个创新典范。

---

① BALDATY G J. The commercialization of news in the nineteenth century[M]. Wisconsin, Madison: The University of Wisconsin Press, 1992: 26.

② WEISBERGER B A, The American newspaperman[M]. Chicago: The University of Chicago Press, 1961: 68.

二、普利策煽情主义的积极意义及其局限性

（一）普利策煽情主义的积极意义

普利策的创新性煽情主义在当时引发了大量的争议，最主要的争论点在于煽情主义与"煽情新闻"之间的关联问题。有学者指出："普利策从事了一些与他的声誉不符的行为。他重新引入了19世纪30年代便士报时代的大众报纸上那种耸人听闻的风格。尽管此种手法自报纸创立以来便一直存在，但近年来从未有人如普利策般大规模使用。他的成功引发了效仿，这在新闻行业被视为一种有害的倾向，让普利策的建设性贡献显得无意义。"[①]确实，《世界报》的成功在纽约报界产生了轰动效应，不但《纽约太阳报》《纽约先驱报》争相效仿，甚至公认的高品位报纸，如《纽约论坛报》和《纽约时报》也颇受影响。煽情主义的影响遍及全国，《辛辛那提问讯报》《芝加哥时报》《旧金山观察报》等都是各地的旗手。煽情主义新闻的影响如此之大，以至于人们认为它应对19世纪末20世纪初社会道德水准的普遍下降负相应责任。更为夸张的是，普利策的煽情主义新闻报道方式，常常被人误解为其在古巴危机期间与赫斯特共同进行的"煽情新闻"报道。在那个阶段，普利策与赫斯特的报纸频繁以夸大的标题渲染战争中的残酷情景，滥用、伪造了一些西班牙士兵对古巴妇女施以暴行的照片。这样的"煽情新闻"不仅催生了美国对外的侵略性扩张战争"美西战争"，而且引发了后期"煽情新闻"的横行，使之在那个时期遭到了公众的普遍指责。

然而，早期的煽情主义报道与这种"煽情新闻"在内容以及形式上存在显著的差别。在内容上，普利策以曝光丑闻作为报纸的主要任务，并通过丰富而生动的社会新闻吸引了大量的中下层读者。弗兰克·莫特，一名美国新闻史的研究者，曾经这样阐述："其实，你我都对新闻中的情绪化内容有一定的偏好……读者群体普遍更倾向于那些具有刺激性的新闻，而对于单调无味的报道并不觉得感兴趣……那些对读者产生震撼或者新鲜感的新闻，无疑都可以被认为是煽情的。简单来说，那些能够引发人们情绪的新闻，就

[①] EMERY E, EMERY M, ROBERTS N L. The press and America — an interpretive history of the mass media[M]. Boston: Allyn & Bacon Press, 2000: 276.

是煽情的。"①因此,将普利策的那些引人入胜、充满刺激的新闻全都划入"煽情新闻"的范畴是不妥的。

普利策在新闻界的成就,从理念层面上看,归功于他加强了报纸内容的趣味性、刺激性以及揭露性。报纸的趣味性与刺激性增强,销售数量自然提升,而揭露性的目标也随之实现。为提升报纸的阅读体验,普利策倡导简明易懂的文字表达。同时,他提倡新闻的揭露性,以捍卫公正,推动社会变革。此外,他注重运用撼动人心的煽情技巧,以激发读者的感知。换言之,他以刺激性作为策略,实现了趣味性和揭露性的目标。这使得他的报纸具有积极和消极两方面的内容,而煽情主义也呈现了双面性的特质。从实践层面上看,普利策的成功与他对新闻学和社会状况的深刻了解、对社会运动的积极关心参与、对经营管理的娴熟息息相关,他引领报业在激烈竞争中不断改革,使其所主导的报纸终成在全美有影响的大报,称其为"美国新式新闻业的旗手"毫不为过。总结而言,普利策煽情主义在推动报纸发展方面,主要展现出以下两个方面的积极影响。

1. 提高了新闻的战斗力

普利策的新闻业务活动主要是在 19 世纪末 20 世纪初,这时的美国国富民殷,但远不是天堂。这是一个经济迅猛发展、由竞争走向垄断的时代,资本运作的竞争环境异常激烈,导致逃税、假公济私以及腐败贿赂事件频频发生。在这种背景下,法律体系也尚未完善,经济领域黑暗混乱,留下许多漏洞为不法之徒所乘。在 20 世纪初,美国社会正处于一种困惑和迷茫的阶段。当时的工业生产有着瞩目的发展势头,城市人口数量急剧上升,垄断资本大亨们夺取了巨额的利润,而贪腐的地方政府官员的行径愈发狂妄,环境污染和食品污染问题日益严重,贫富悬殊矛盾日益凸显……面对众多的社会难题,一场被称为"进步主义"的改革运动(进步主义时代指的是从 1840 年到第一次世界大战期间,一批有见识的人士致力于推动政治、经济和社会各方面的根本性改革)正在兴起。在当时的文学领域,出现了一种被称为"暴露文学"的新风潮,作品如厄普顿·辛克莱的《屠场》和西奥多·德赛莱

---

① TAFT W H. American journalism history: an outline [M]. Chicago: Lucas Brothers Publishers, 1968: 248.

的《嘉莉妹妹》，对当时的社会产生了深刻的震动；而于新闻领域，诞生了一批自诩为"耙粪者"的调查记者和作家，他们如同手握"粪耙"般揭开社会污秽的一面，以其犀利的笔锋指向了众多深藏于社会阴影之下的腐败现象。

与此同时，社会问题层出不穷。经过工业文明洗礼的美国经济繁荣，社会财富迅猛增加，发明创造不断出现，国民生活水平显著提高，但同时也引发了一系列社会问题。社会财富虽然大量增加，但财富却集中在少数人手中。1901年，1%的美国家庭却拥有几乎达到八分之七的财富；五分之四的美国人只能过着勉强糊口的生活，而一小撮富豪却生活富足。"少数人的财富都是靠剥削妇女和儿童积攒起来的。妇女为了养家糊口，为挣得每周仅6美元的工资而劳作。这个国家的年轻人为经济增长这个上帝做出的牺牲是骇人听闻的。"许多行业所面临的工作环境异常艰苦，众多低收入者居住环境糟糕，不仅脏乱而且弥漫着难闻的气味。与此形成强烈对比的是，大富翁范德比尔特一家在拥有70个房间的豪宅中享受避暑时光，而且被邀请到宴会的贵宾们的衬衣纽扣，全都是由钻石制成。①

普利策挥舞着反腐的大旗，对那些贪污受贿和腐败行为展开了猛烈的打击。他把一众罪行累累者送往法庭，让他们接受法律的审判和惩罚，这在一定程度上修补了法律的漏洞，保护了民众的权益，并有力地净化了社会环境，成为20世纪初期非常关键的一股舆论监督力量，具有显著的社会效益。

普利策的战斗精神对后世影响深远。在20世纪前半期，斯克里普斯等"人民勇士"在美国崭露头角。同一时期，美国新闻业迎来了一股"新闻揭丑时代"，诸多黑幕被揭露。在30年代至70年代期间，纽约和华盛顿的报纸上都有一种通俗易懂的专栏——"揭丑公司"，由知名记者主持，引发了社会的广泛关注。到20世纪初，美国的全国性杂志已经超过50种。揭露黑幕的人士和关注美国社会生活的知识分子，利用这些平台，将财富巨头对社会危害的真实情况公之于众。参与黑幕揭发活动的人员涵盖了众多领域，包括大学教师、改革倡导者、环保主义者、宗教牧师及政府官员等。这批精英分子向更大范围的社会精英施加了影响，涉及政策规划者、杰出学者、企业

---

① 游腾芳.大众传媒与公共政策创新——对美国进步时代黑幕揭发运动的再考察[D].桂林：广西师范大学，2014.

高层以及社会各界的意见领袖,从而在关键问题上发挥了决定性的作用。他们不只是唤醒了公共舆论,激发了大众的道德与责任感,为美国的社会改革营造了积极的舆论环境和扎实的民众支持基础,还令联邦政府感到震动。这推动了各类改革力量的凝聚,致力于在反腐败等问题上形成国家层面的共识。

可以说,19世纪八九十年代,美国大型报刊最显著的成就之一便是刻意引发公众对社会议题的关注。而讨邪伐恶是现代报业的一个重要职责。尽管资产阶级报刊出于吸引眼球的目的而报道丑闻,但这些揭示不当行为及批判性的报道却在遏制官员及企业家滥用职权和经济优势方面发挥了正面影响,对社会的发展产生了积极影响。

2. 丰富了新闻表现形式

普利策为报纸版面注入了活力。在他的领导下,报纸版面不再死板沉闷,打破了以往人们对版面固定的观念。普利策进行的一系列改革焕发着新意,其中最突出的就是他大胆地引入插图和对标题制作与安排的创新。大量的插图在普利策的报纸上出现,这是一种重要的革新。他采用各种各样的插图让版面显得更加生动有趣,清晰易懂。尽管在此之前的报纸中,偶尔也有插图的出现,但普利策是第一个系统性地将各种插图融入报纸中,并让插图担负起与文字同样重要功能的人。除此之外,他的标题具有灵活生动和口语化的特征,如大字标题和斜体标题,使得报纸版面展现出独特的风格。并且,普利策克服了新闻语言过于刻板、沉闷的劣势,其社论摆脱了原有文体的冗赘和平淡,巧妙地融合了讽刺、戏谑以及幽默,发人深省。其他类型的新闻报道也带有鲜明的语言色彩,既富含生动形象的描述,又充满了有理有据的论述,而这种简明扼要、口语化的表达方式源于普通的市民阶层的需求,因此深受他们的喜爱。

综合来看,普利策的煽情主义不仅挑战了美国新闻业的常规模式,而且拓宽了报纸的职能边界,增强了其娱乐属性,对整个新闻行业的进步产生了积极影响。

(二)普利策煽情主义的局限性

显然,普利策的煽情主义报道并非无懈可击,在实际运作中也显露出其一定的局限性。作为资产阶级的新闻工作者，他自然也需要遵循赢利的原则，报纸的销售额和收益必然成为其首要目标。因此，当他采用煽情主义的新闻手法时，可能会倾向于选取一些满足大众低级趣味的材料内容，例如，在新闻素材上过分强调具有刺激特性的主题。更令人不解的是，当《世界报》的销量受到赫斯特报业的威胁时，原本受到人们敬仰的普利策却失去了理智，不顾尊严，与赫斯特一同落入"煽情新闻"的泥沼。他利用美西战争即将爆发的时机，大量刊登煽风点火的新闻，意图借此增加报纸的销售额。在内容方面，他极力渲染西班牙统治者于殖民地古巴的各类暴行。《世界报》周末版着重描绘了西班牙士兵在街头残忍杀戮的场景。一则报道如此写道："所有的头颅自眼睛下方被劈成两半，有些人的眼睛被挖出，所有的尸体皆遭刺刀或马刀砍剁。"① 这种令人极度不适的描绘，时而辅以大型插图，促使观者感到胆战心惊。

此外，普利策还将煽情主义手法推向了极致。《世界报》频繁过度使用了跨栏标题和斜体标题。例如，1884 年 4 月 1 日，《世界报》的头版只由两个 4 行斜式标题组成，跨栏标题为：《西班牙有必要在接下来的几小时内决定是选择和平还是战争》，下方还配有一个占据 8 栏宽度的双行标题。而在 4 月 17 日的通讯栏中，"DECLARATION OF WAR"（宣战）——这个简短的标题，却以一英寸高的大字突显出来。曾经的《世界报》以揭示社会黑暗面、倡导社会变革为己任，如今却已被淹没在战争狂潮之中。这种危言耸听、史无前例的写作方式，开创了美国报纸"煽情新闻"的新篇章，引发了诸多不良影响。这成为普利策的新闻事业中一段沉重且不被人称道的历史，它揭示了普利策的煽情主义内含着"煽情新闻"的基因。新闻从业者被财富所诱，忽视新闻的社会价值，就容易把煽情主义陷入"煽情新闻"的深渊之中。

---

① EMERY E，EMERY M，ROBERTS N L. The press and America —— an interpretive history of the mass media[M]. Boston：Allyn& Bacon Press，2000：179.

第二章
"煽情新闻"的泛滥
——商业性、竞争性氛围下的报业

第一节 19世纪末20世纪初的社会思潮

19世纪末至20世纪初的美国被史学家们称之为"大转折的年代",在这一时期,美国社会发生了一系列的社会变革。1865年,内战结束后美国形成了社会稳定、经济发展所带来的长时期的繁荣局面。第一次工业革命让18世纪晚期的欧洲大陆成为全球霸主;而第二次工业革命,让美国迅速地从以农业为主的国家向工业化国家转型,使国内的经济和社会结构发生了至关重要的变革。乡村社会过渡到都市社会,自由资本主义向垄断资本主义转变,到19世纪结束时,美国不仅成功实现了当时全球最先进的工业化和城市化转型,而且迅速崛起,成为国际经济和技术发展的领军者。

社会意识是社会存在的反映,工业化、城市化、垄断化成为社会转型的主要方向,同时美国各种思潮和思想流派也层出不穷,构建起"文化昂扬之时代"。美国多元化的社会构成与复杂的社会环境决定了它从来都是一个社会思想多样化、观念活跃的国家。从美国内战结束后到19世纪晚期的镀金时代,各种思想流派并存,各种社会思潮相映成辉。而在竞相并生的诸多思想流派中,极端保守的自由主义成为主导思想流派,也就是所谓的社会主流思潮。理论层面的自由主义体现为以个人为首的价值观、社会达尔文主义学说以及经济自由法制,而在实务上则以强调政府在社会经济政策上的自由放任为其特点。总体而言,19世纪末20世纪初,社会上普遍鼓吹个人主义至上、以竞争求发展、经济自由主义、反对国家干预、主张维持现状的极端保守思想倾向,这种思想理念传播广泛、影响深远,从联邦政府的施政行为到大众市民的价值观念、处世哲学、行为准则无不深受其浸染。

值得一提的是,这时期的极端保守主义思潮与美国传统的保守主义有着原则上的差异。传统的保守主义与自由主义构成了美国政治传统的两大基石,传统的保守主义赞成社会稳定、反对社会变革、强调团结和忠诚、遵从立宪主义、限制"个人主义",这一主张是针对自由主义的平衡而提出的,其目的是"使自由主义不致漫溢到激进主义的极端"①,这一思潮也成为美国社会保持长期稳定的重要因素之一。而19世纪末20世纪初的新保守主义一反过去"限制个人主义"的核心旨趣,强调个人自由权利和人身自由不应受到侵犯,政府不应干涉人们的生活,极力反对国家干预,甚至借用诸如个人主义、自由企业等原本属于自由主义思想观念的词汇与口号来为其保守目的服务,具有明显的功利主义色彩和极强的自由主义色彩。基于此,布卢姆称这一时期的保守主义为"自由放任的保守主义"②,认为这一社会思想的转变是"政治思想史上最不可思议的颠倒之一"③。那么,美国社会为何会在内战后几十年间就出现与传统保守主义根本对立的自由放任的保守主义呢?

个人主义一直被认为是美国文化最显著的核心与传统,这一思想源头可追溯至独立战争时期,《独立宣言》的出台首次在宪法层面充分肯定了个人的权利和个人主义的价值观并使之合法化,"我们坚信以下的真理是不可或缺且明摆着的:所有人在出生时即具备平等的地位,被上帝赋予一些不容剥夺的基本权利,包括生存权、自由权以及追求幸福的权利。为了保护这些权利,人类在自身之间设立了政府,而政府的合法权利,源自受治理者的同意"。一般认为,19世纪中期,自由主义的理念主要限定于特定的政治领域之内,这一时期,美国资产阶级革命尚未取得完全的胜利,南方奴隶种植园主经济仍旧存在,美国本土的资本力量处于萌芽阶段,因此当时美国的工

---

① 温洋. 何谓美国的保守主义[J]. 美国研究参考资料,1989:4.
② CLINTON R, Conservatism in America [M]. Cambridge, Mass: Harvard University,1982:79.
③ 布卢姆,摩根,罗斯,等. 美国的历程:下册(第一分册)[M]. 戴瑞辉,吕永祯,吴聿衡,译. 黄席群,校. 北京:商务印书馆,1988:53.

业资产阶级为了抵挡英国资本和商品等殖民侵略,还必须依靠政府的强大支持。

美国的政治与经济格局因南北战争与大规模的西迁活动而得到全新的重塑。通过南北战争,资产阶级获得了最后的胜利,确立了其在全国的统治地位,为美国资本主义的迅速发展扫清了道路。这一时期,国内资产阶级已无须再依靠政府的保障和支持,相反,政府的各类法律条款成为限制资本行动的阻碍,这一变化也成为自由放任的保守主义产生的重要社会因素之一,正如马克思曾经说的那样:"只要资本的力量还薄弱,它本身还要在以往的或者随着资本的出现正在消失的生产方式中寻找拐杖。而一旦感到强大起来,它就抛开这种拐杖,按它自己的规律运动。"①与此同时,全国统一带来国内市场的急剧扩大,为美国资本主义的扩张奠定了基础,这一客观事实要求政府不得不采取较为宽松自由的经济政策来刺激资本家的创业积极性,从而促进社会经济的迅速发展。

追溯到镀金时代美国的放任自由主义思想,其根基可归于亚当·斯密所倡导的古典政治经济学观念,亚当·斯密主张的自然经济主义思想形成于18世纪中后期,其所撰写的《国富论》最早比较系统、集中地体现了自由放任、反对国家干预的思想。亚当·斯密生活时期的主导哲学派别是自然哲学,这个学派的思想源自古希腊的斯多亚派,认为"自然界的一切都是有序、有体系的,并且持续在运动变化中的实体"②。其本人的诸多作品都是从哲学的角度出发,着重采用哲学的途径对经济学领域进行探究与分析。自然哲学所强调的合理性、自然秩序的不容置疑的影响首次显现在经济学中的重农主义者身上。

这一派别坚信,只有在遵循自然秩序的环境下,即在这样一个思想体系中,个体主义才能实现其充分的发展。然而,在现实世界的具体秩序里,个体间的自由竞争很可能会遭遇挫折,经济上的矛盾而非和谐成了问题的根源。③

---

① 马克思,恩格斯.马克思恩格斯全集:第四十六卷[M].中共中央马克思恩格斯列宁斯大林著作编译局,译.北京:人民出版社,1958:160.
② 全增嘏.西方哲学史:上册[M].上海:上海人民出版社,1983:248.
③ 斯皮格尔.经济思想的成长:上册[M].晏智杰,刘宇飞,王长青,等译.北京:中国社会科学出版社,1999:160,194.

自然秩序构成了亚当·斯密分析经济问题的出发点,他在《国富论》中所描绘的自然秩序根源于人性,并且与人性相协调,展现了一种源自人的本质同时又契合人性的自然序列。

在《国富论》中,亚当·斯密主张人类的本性是自私自利的。他意识到资本主义生产方式的本质在于资本家对利润的追逐,"我们每日所需之食物与饮品,非源自屠宰者、酿酒师或面点师之慷慨,实出于彼等之自利权衡"①"将资本投入产业运作的个体,如果只关注从中获得最大利益,那么他自然会尽力促使他的资本投入的产业所生产的产品达到最高价值,换言之,能交换最大数量的货币或其他货物"②。根据亚当·斯密的观点,这种自私自利的态度源自人类的本性,因此是正当的。他认为每个人的行为都受其个人利益的约束,这种利己主义在他看来是一种合理而自然的行为方式。人们的行动由以下六个动力因素促成:自我关怀、同理心、追求自由、公平正义观、工作习惯,以及互换意愿。这些动机共同作用,塑造和影响着人们的行为和决策。

在《国富论》中,"看不见的手"获得了更一般的经济学意义。"在大多数情况下,个体并未有意识地去贡献于公众的福祉,也无法具体知晓自身对于这些福祉贡献的具体程度。他的主要关注点在于自身的安全感;他之所以如此努力地经营自己的事业,目的是最大化自己产出的价值,自然而然,他所关心的便仅是个人利益。于此过程中,他仿佛被一股隐形的力量所引导,去实现一个非他初衷的目标。这并不是说,由于这一行为并非出自真诚的意愿,就一定会对社会造成损害。实际上,在追求自身利益的过程中,他往往能够在不自觉中更高效地推动社会福祉的增进,相较而论,那些试图有意识地贡献于社会的行为反而未必能达到这样的效果。"③

这里的"看不见的手"指的就是自由竞争的市场机制。亚当·斯密认为,满足人们利己心的最佳途径是实行经济自由。在不违反正义和法律的前提下,每个人都应该享有完全的自由,可以按照自己的方式追求个人利

---

① 斯密.国富论:上卷[M].郭大力,王亚南,译.北京:商务印书馆,1972:12-14.
② 斯密.国富论:下卷[M].郭大力,王亚南,译.北京:商务印书馆,1974:27,240-241,227.
③ 斯密.国民财富的性质和原因的研究:下卷[M].郭大力,王亚南,译.北京:商务印书馆,1988.

益，并通过勤奋和资本参与同任何人或其他阶级的竞争①。为了维护竞争的公正性，亚当·斯密反对政府通过其权力来干预社会生活。他认为外来干预只会阻碍经济的自然过程，并不能根除源自自利行为的经济动力，因此也不可能完全消除所谓的"看不见的手"所带来的力量，政府和国家的角色应当专注于以下职能：保障国家安全、维护社会公正与秩序、提供必要的公共产品和服务等。

在19世纪上半叶，受到美国建国初期经济情况的影响，美国社会各界暂未对亚当·斯密的自由放任思想给予理论支持或付诸实践。然而，随着内战结束后资产阶级的崛起，他的经济自由主义理论开始在美国社会中发芽生长。资产阶级成为社会的核心力量，美国的政治经济环境也发生了深刻变化。亚当·斯密的自由市场经济法则逐渐受到资产阶级和学者的推崇，对美国社会经济政策的发展产生了重要影响。

一些美国早期启蒙思想家曾为之极力辩护，如托马斯·潘恩在1791年发表的《人权论》中就表达过类似的思想②。到了19世纪末20世纪初，经济巨头们从自由放任原则中找到了他们所喜欢的"理论"。他们认为经济发展有其特定的法则，这些法则是经济活动的主宰，不受个人主观意志的影响。这种所谓的经济法则被认为有利于经济巨头们获得最大的利益，因为它允许他们主导一切物质进步，同时也使他们可以推卸经济运作中的责任。

这种理论具有极大的灵活性，不容易被动摇。约翰·洛克菲勒曾经这样谈过，应当按照劳动者的付出来给予相应的酬劳，既不能过多也不能过少……我们无法通过强制手段去改变现状，亦不能改变隐藏在商业活动中之基本原则。作为钢铁巨头，安德鲁·卡内基在1885年的一次给学生的讲话中说："若你们在交易中缺乏诚信与公正，那么在人生中真正令人称道的成就将失其真义。"③在美国东部铁路合并引发法律诉讼时，铁路大亨庞

---

① 斯密.国民财富的性质和原因的研究：上卷[M].郭大力，王亚南，译.北京：商务印书馆，1972：252.

② 潘恩.人权论：第二部分[M]//潘恩选集.马清槐，等译.北京：商务印书馆，1981：229-231.

③ Trachtenberg A. The incorporation of American culture and society in the Gilded Age[M]. New York：Hill and Wang，1982：80.

德·范得比尔特甚至自信地宣称:"你们相信,如果我遵守纽约法律,我还能经营好一条铁路吗?"①

西进运动对美国资本主义的发展和资产阶级崛起、壮大的意义是非凡的,并且充分展示了个人主义的巨大驱动力。在这场横跨北美大陆东向西不断扩展的群众运动中,参与者主要是来自社会底层的普通人,包括自耕农、工人以及自由职业者等。这些人群积极参与了移民和西部开发的进程。在挺进西部的过程中,美国西部边疆的荒地不断得到开发,移民们大量种植小麦、玉米、马铃薯和棉花等农作物,畜牧业也得到较快发展,大平原成为美国的"牧牛王国"。19世纪中期,在加利福尼亚州发现的金矿迅速掀起了一场令人疯狂的"淘金热"。成千上万的农场主以及中部各州的拓荒者,抱着改变命运的强烈愿望前往西部。

19世纪50年代开始,美国已经意识到改变横贯大陆交通的必要。工业化是镀金时代的重要特点。工业要发展,交通和科技是关键。全美铁路网络的逐渐形成,进一步加速人口与物资等生产要素向西迁移,奠定了西部开发扩张的硬件基础。在西进运动中,魅力与机会并存的西部边疆无论出身、阶级,平等地为每一个愿意付出、具有才智的人提供舞台。在这个过程中,乞丐变成富翁,穷人变成富人,原本出身卑微的人也能"一夜之间"摇身变为地位显赫的石油大亨、钢铁巨头、铁路大王。该运动也赋予了美国民众对自由坚决捍卫、对平等不懈追求的民族底色,个人主义思维方式得到了进一步强化。拓荒者依靠自己的努力、勤劳与知识在无政府的状态下发家致富,逐步实现个人理想,边疆成为"产生个人主义的场所"②。

19世纪末20世纪初的美国,经济竞争势头正盛,垄断组织纷纷成立,各行各业焕发出新的生机。在这一过程中,人才辈出,大企业如雨后春笋般涌现,经济垄断化趋势日益显现。19世纪末20世纪初,由大企业家和金融家等强势人物主导的新垄断资本家阶层迅速崛起,成为保守势力的重要支柱,同时也是美国生活中具有控制性的、社会的、经济的和文化的力量。面

---

① TRACHTENBERG A. The incorporation of American culture and society in the Gilded Age[M]. New York: Hill and Wang, 1982: 259.

② 杨生茂. 美国历史学家特纳及其历史学派[M]. 北京:商务印书馆,1984:31.

对眼前的现实,这些人自然会欢呼雀跃,竭力维护自由放任的现状,强调个人主义和个人奋斗精神。他们反对政府和国家在国内经济活动中的干预,生怕这些干预会损害自由竞争这朵被视为"美丽的玫瑰花"的东西(约翰·洛克菲勒的说法)①,并期望通过此举进一步扩展财富。自由放任的保守主义在这一时期发展成为社会的主流思潮。这一思潮虽以个人主义为核心价值观,却与美国内战之前的个人主义有着本质的区别。个体权利和个人主义价值观充分体现在美国修宪条款中,国家建立的关键原则也容纳"放任、自由"这一特点。该原则含义丰富,主要包括两个核心内容:一方面是对私人财产权的认可,另一方面则是在最大程度上减少对私营经济活动的干涉。② 在经历反英殖民统治的独立战争后,美国宪法充分体现了民众对自由、平等及个人权益的深切向往。美国在确立民主共和制度后,对国家权力展开了新的思考,政府的角色已不再是君主或特权阶层的权益的代表,反而成为服务于全社会公共利益的实体。开国先贤如麦迪逊等人亦期望新政府在处理内部利害冲突时能够持守公平公正之立场,"各州将获更广之权限,此权限将循常规之序,涵括与民众之生命、自由以及财产……诸般对象上"③。

传统的个人主义所宣扬的自由、平等和有限政府等理念,经过保守主义者的灵活改造,被重新应用于复杂的工业国家民主体制中,以辩护某些经济行为。美国学者罗伯特·H.魏柏指出:"我们生于一堕落之世,众人常于传统之道德体系内作损天理之决。于此情状下,企业之成就往往被视为个人德行与不义之象征,此已成众人普受之释。"④甚至《独立宣言》也被用来为自由放任主义辩护。

最具讽刺意味的例子是1868年通过的宪法第十四条修正案,本意是为刚刚获得解放的黑人而设立的,规定"不得未经正当法律程序剥夺任何人的

---

① HOFSTADTER R. Social Darwinism in American thought[M]. New York: George Brazller Inc, 1959: 45.

② 中国美国史研究会. 美国现代化的历史经验[M]. 上海:东方出版社,1994: 23-24.

③ 汉密尔顿,杰伊,麦迪逊. 联邦党人文集[M]. 程逢如,在汉,舒逊,译. 北京:商务印书馆,1982: 238.

④ WEIBE R H. The search for order: 1877—1920[M]. New York: Hill and Wang, 1967: 133-134.

生命、自由和财产；在州的行政区域之中，同样不能否定向任何个体提供平等的法律护盾"。然而，保守派法官的解读将"公司"也纳入宪法所保护的"个人"范畴。1886年，最高法院的裁决进一步确立了"公司"作为"个人"的地位，并赋予它们享有宪法修正案保护的权利。① 这一修正案实际上成为大企业家和垄断寡头在非法竞争中的护身符，使得"在其历史发展的最初阶段，第十四条修正案在经济上的影响几乎完全有利于企业，对于获得解放的奴隶则几乎没有提供实质性的帮助"②。因此，保守分子们将传统个人主义所强调的个人自由与他们所倡导的经济自由联系在一起。

来自美国的政治学专家梅里亚姆曾阐明过这样一个观点：我们的先辈认为个人主义的根基在于对政府强权等同于专制主义的信仰，认为国家的增强必然导致个人自由的缩减。他们所奉行的个人主义理念，核心在于追求自由；而随着时间的推移，个人主义的侧重点逐渐转向了以工业化生产为核心的观念。③ 镀金时代中，以自由为导向的个人主义成为与财产甚至生命同等重要的不可剥夺与浪费的权利，诚然，在这一社会主流思潮的浸染下诞生了诸多影响社会乃至历史的强者与能人，但对于金钱的向往仍旧使这一时代蒙上一层"缺乏社会正义的觉悟，缺乏对文化进步的关注，缺乏对未来民主制度的期待"的面纱，"这是对于人在无约束自由环境下可能产生何种反应的一个极佳示例"。镀金时代的自由如同粗犷时代中"抢劫西班牙商船队的自由"。④

对19世纪末20世纪初的美国社会产生重大影响的另一个因素是社会达尔文主义，这种影响的根源可以追溯到1859年。当时英国生物学家达尔文发表了《物种的起源》，揭示了生物进化的法则，认为进化的机制在于大自然对生物后天差异性的选择，即在物种世世代代的生存斗争中，大自然倾向

---

① GARRATY J A. The new commonwealth：1877—1890[M]. New York：Harper & Row Publishers，1968：414.
② 施瓦茨. 美国法律史[M]. 王军，洪德，杨静辉，译. 北京：中国政法大学出版社，1989：105.
③ 梅里亚姆. 美国政治思想[M]. 朱曾汶，译. 北京：商务印书馆，1988：193.
④ 帕灵顿. 美国思想史 1620—1920[M]. 陈永国，译. 长春：吉林人民出版社，2002：781.

于使那些有益的变异得到保留,而使那些有害的变异遭到淘汰。然而不幸的是,这一人类认识史上具有重大意义的学说很快在欧美资本主义国家遭到阉割与歪曲。

在19世纪后期,资产阶级将达尔文对于生物竞争生存以及自然选择理念的应用,被视为保护资本主义压迫体制的关键思想武器。英国社会学家和哲学家赫伯特·斯宾塞创造了以"适者生存"为基本原则的普遍进化论体系,也被称作社会达尔文主义。斯宾塞的基本哲学观点是主张宇宙中存在着一种不可测的"永恒力量",并认为人类在社会发展中无法以主动的姿态介入,只能随着其演变进程流动,顺其道而行。在这个唯心主义的观点之上,他进一步阐述道,人类社会的发展历程与自然界生物的演化过程无异,在资本主义的社会结构中,贫困人群常被视为"劣者"或"不适应者"。"自然界的法则旨在淘汰弱者,从而为优秀者提供生存的空间。"[1]因此他极力反对政府制定济贫法及其他社会保障法律,认为国家对弱者的帮助不仅侵犯个人自由,而且把"弱者"和"劣者"留下来将会延缓社会进化的过程。在他主张的放任的个人主义观点中,社会竞争有利于成功者与失败者分化,最大的善就是让社会进步不受阻碍地自由发展下去,而干扰、歪曲和镇压则会造成很大的伤害。[2]

斯宾塞的社会达尔文主义理论为资本主义的压迫和不义提供了一个看似合理且道德上正当的借口,因此迅速成为有益于资产阶级把持的盛行观念。这一观点迅速嵌入资本主义思想观念的各个方面。然而,值得注意的是,尽管社会达尔文主义的起源地是欧洲,但它最初在美国被广泛接受。在美国流动性极强的森林和旷野中,个人的财富状况、荣誉感和羞耻感被归因于其勤勉的工作态度、勇敢无畏的精神、机敏的头脑和追求冒险的精神。个人主义和个人奋斗精神由此逐渐成为美国人的精神特征,并且那些通过"自我奋斗"成就伟业的英雄还成为人们的崇拜对象。这种热情与追求个人奋斗来取得成功的幻想,与斯宾塞所强调的生存斗争理念不谋而合。此外,斯

---

[1] 霍夫施塔特.社会达尔文主义:美国思想潜流[M].汪堂峰,译.上海:上海人民出版社,2022:41.
[2] 欣斯利.新编剑桥世界近代史:第十一卷[M].中国社会科学院世界历史研究所,译.北京:中国社会科学出版社,1987:142.

宾塞所预言的人类将最终"演化"成达到完美状态的设想,同样呼应了美国人对未来满怀希望的理念。

除此之外,19世纪中后期,随着工业化步伐的加快,自由竞争的加剧与垄断的出现,社会矛盾逐渐尖锐起来。而社会达尔文主义诡称人剥削人、资本家相互吞并都是"生存竞争"的表现,是人类无法干预的自然现象,这正好适应了美国资本家欺骗群众、压制反抗的农民与工人、缓和阶级矛盾的需要,成为垄断资本家们得力的思想工具。再加上美国信仰的神学与其特有的种族优越感与种族偏见等因素,共同造成了社会达尔文主义在美国的狂热泛滥。斯宾塞去世之际,他在美国的作品销量已突破36万册大关。与当时其他作家相比,这一销售成绩无疑是一个令人难以匹敌的辉煌成就。美国报界广泛报道并推广斯宾塞社会达尔文主义的文章和观点。

耶鲁大学的教授威廉·格雷厄姆·萨姆纳是社会达尔文主义的推崇者,他将斯宾塞的这一理论推向了高潮。他认为,自然法则是统治社会的原动力,人和自然界一样,必须经过弱肉强食的竞争才能改善自身处境,每个人才能在竞争中找到出路,而政府不应干预竞争。政府除了保护人们的财产外,一切应采取"全面彻底的不干涉政策"①;若国家干预经济事务,势必会破坏自然淘汰的有益影响,贫民窟和贫困是竞争带来的不幸,然而也是不可避免的消极后果,由国家出面干预来消灭贫民窟和贫困是方向性的错误②。他甚至说,"一切经验表明,自由优于国家控制,民事机构享有的自由越多,国家的控制就越弱,它造成的危害也就越轻"③。

社会达尔文主义的影响不仅局限于经济和政治领域,在法律界也产生了深远影响。美国当时著名律师詹姆斯·卡特认为,将社会达尔文主义引入司法实践可以解决产业领域的相关课题时,面对个人权益、自由和公正公平等问题的处理,法院常常基于"政府应尽量减少对个人事务的干预"这一

---

① RUSSET C E. Darwin in American: the intellectual response 1865—1912[M]. San Francisco: W. H. Freeman, 1976: 99.

② 布卢姆,摩根,罗斯,等. 美国的历程:下册(第一分册)[M]. 戴瑞辉,吕永祯,吴聿衡,译. 黄席群,校. 北京:商务印书馆,1988: 55.

③ COMMAGER H S. The American mind: an interpretation of American thought and character since the 1880's[M]. New Haven: Yale University Press, 1950: 201.

原则进行判断和解决。①对此,霍夫施塔特有巧妙的描述:"在南北战争结束后的数十年里,涉足学术领域的每个人都必须首先对斯宾塞的理论有着深入的了解。"②正是在自由放任思想和社会达尔文主义的影响下,美国的普通公民,特别是中产阶级普遍认为,拥有大量财富是神权的标志,救济穷人或者限制富人是对上帝意志的干扰。③资本应该受到协助而不应该受到阻碍,若国家干预经济事务,势必会破坏自然淘汰的有益影响,甚至对美国公民产生这样一种误导:政府对工业放任到什么程度,工业和贸易也就繁荣到什么程度。④

第二节 普利策与赫斯特的竞争

随着镀金时代城市社会的兴起,以报纸为主体的大众传播媒介应运而生。19世纪末20世纪初是社会转型的时代,也是一个商业竞争法则主导一切的时代。由于自由竞争的经济原则和市场机制因素的影响,这一时期美国社会的重要特征之一就是商品化现象泛滥——所有的东西(包括有形的和无形的)都成为商品,新闻亦不例外。同其他商品一样,最能适合大多数人需求的商品常常能带来高额的利润,而一个人拥有财富的多少是与其社会地位相称的,更是他成功的标志。这一不以人们意志为转移的市场经济法则有力地制约着19世纪末20世纪初美国新闻业的整体面貌。在这一社会机制的影响之下,各报业集团之间展开了激烈的角逐,其中以普利策报业集团和赫斯特报业集团两大报业巨头为争取读者和发行量所展开的竞争最有代表性,并产生了影响整个20世纪世界新闻史的"煽情新闻"现象。

---

① 梅里亚姆. 美国政治思想1865—1917[M]. 朱曾汶,译. 北京:商务印书馆,1988:102.

② 霍夫施塔特. 社会达尔文主义 美国思想潜流[M]. 汪堂峰,译. 上海:上海人民出版社,2022:41.

③ 吉尔伯特,吉姆. 美国经济史[M]. 司徒淳,等译. 沈阳:辽宁人民出版社,1981:600.

④ 梅里亚姆. 美国政治思想1865—1917[M]. 朱曾汶,译. 北京:商务印书馆,1988:193.

一、迥异的早期经历

1847年，约瑟夫·普利策出生于匈牙利马口小镇的一户殷实有教养的家庭，父亲是个有教养的犹太谷物商人，优渥的家境不仅给予了普利策一个无忧无虑的童年，并且让他从小就接受良好的私立学校教育，掌握了法语、德语等多种语言。然而，不幸仿佛一夜之间悄然降临，父亲的突然离世给家庭带来了严重的经济压力，公司也宣告破产，母亲被迫改嫁，普利策的生活发生了翻天覆地的变化。而这一年，普利策才刚刚11岁。由于和继父关系不和，加上当时欧洲地区战事频繁，他的两个叔叔都是小有名气的军官，因此，17岁的普利策毅然决然地离家出走，希望能够实现自己从军的志向。起先，普利策想当个奥地利军人，但因为年龄太小，身材瘦削，视力不济而多次遭到拒绝，于是他又前往巴黎、伦敦等地请求加入外国兵团，但普利策并没有被征用。然而命运也不总是强人所难，在德国汉堡，普利策遇见了一名因追求奖金而参与美国联邦政府的陆军招募之人，就这样，1864年，普利策随同一批欧洲移民乘船到了美国波士顿，并加入了林肯骑兵队参加内战。但普利策天生脾气古怪、性格独特、感情冲动、敏感多疑，因此他并不讨上司欢心，甚至有一次还因为暴怒打了上级军官，这样的举动在纪律分明的军队里显然是不允许的，为此他一度被关了禁闭。士兵们则常把他当作恶作剧或开粗俗玩笑的对象。虽然当时南北战争打得激烈，整个美国都笼罩着紧张的战争气氛，但普利策每天都重复着枯燥乏味的训练，远离战火，从未参与过正规的战斗，九个月的军旅生涯并未给他留下什么值得回忆的往事。

1865年，美国内战结束，在纽约领到最后一次月薪13美元后，普利策完全"自由"了，成为纽约市内拥挤不堪的退伍军人中的一员，身着破烂的旧军装在街头四处游荡，靠少得可怜的退伍抚恤金度日。退伍军人面临的就业竞争极为激烈，因他英语水平不佳，加之缺乏岗位要求的专业技能，普利策在纽约市场上几乎难觅职位。他曾经去过市中心公园，慵懒地躺在长凳上，怔怔地望着对面熙熙攘攘的派克大街。霍勒斯·格里历、詹姆斯·戈登·贝内特和曼顿·马布尔是那里的当代名流，而此时的普利策不会想到，自己的名声甚至资产在将来会大大地超过他们。普利策性格耿直而倔强，有时实在让人捉摸不定。在手头极端拮据的时候，还不忍放弃那种豪华的生活。他每周会在派克大街的法国饭店里住几天，还要到弗兰克福特大街皮鞋摊擦皮鞋。有一天，饭店侍从让他另择住处，因为他一身破烂不堪的蓝军衣有损环境。但让谁也没有想到的是，眼下的衣衫褴褛者有一天会神气十足地买下这家法国饭店，再把它砸得粉碎，原地重建一幢造价200万美元的摩天大楼。然而，眼前的困境让普利策难以应付，要是在布达佩斯，他可以过上豪华的生活，但他放弃了，而且丝毫不留恋，因为他讨厌继父。他本可以给布达佩斯的母亲写信求助，然而自尊心不许他这样做。对母亲的思念与深爱使他始终将母亲的肖像带在身边，在孤寂无助时的希望，那是他长久的慰藉。

为了生存下去，彼时心灰意冷的普利策将目光投向了圣路易斯，当时，圣路易斯是美国第四大城市，虽比不上纽约、布鲁克林和费城，但比波士顿、华盛顿和芝加哥都大。1870年，圣路易斯的人口达到31 864人，比1860年增长了一倍，人们对这个数字颇为得意。最为关键的是，在圣路易斯，德国移民占据了较大比例。对于广大讲德语的移民群体而言，这个地方被视为充满希望的新天地。他们具有经商和从政的天赋。当地的政论作家雷维斯写出了一本《未来世界巨城圣路易斯》，预言圣路易斯将会超过纽约、伦敦和巴黎。书中写道："因而我们要用未来的眼光看待圣路易斯以及她的高贵和强大……""圣路易斯城的黎明对我来说似乎是希望之乡"，普利策后来回忆道。普利策在圣路易斯城的第一份工作是为兵营照看16头骡子，"在以后的日子里，我工作中受过的任何苦都无法与此相比，一个人，如果没有从早到晚照看过16头骡子，他是不会知道什么叫辛苦的"。随后，他曾在建筑工地做过临时工，担任过马匹驾驶员，亦曾担任船上的甲板水手。不仅如此，他还有过码头装载和卸载货物的经历，甚至在餐厅尝试过担任服务员的职位。总之，为了维持生计，他做过所能找到的任何工作。普利策一直体验着社会底层人群的艰难生活，他深深理解他们的苦难，亲身感受到了上层阶级和特权贵族对他们的压迫，这种体验深深地影响了他的生活，彻底激发了他内心深处对民主与平等的强烈渴求。

改变普利策一生的影响因素有很多，然而使他彻底踏上新闻——他生命中最后的主题——的转折点则发生在图书馆的棋艺室里。普利策后来在圣路易斯的一家商业图书馆里找到了一份工作，空闲下来的他就待在圣路易斯的商业图书馆里学习,刻苦学习英文和法律。因为对棋艺感兴趣,他常常在图书馆的棋艺室里习棋或欣赏他人比棋。一次,当他在欣赏棋艺室的老手下棋时,他对于一着棋的独特见解令两名棋手震惊,随后他们立刻与他开始了交谈,而这两名弈棋者正是当时圣路易斯发行最广的德文报纸《西方邮报》的负责人。1868年,普利策被雇佣成为《西方邮报》的一名记者。"我,无名小卒、运气欠佳的人,几乎沦为流浪者,竟成为这项任务的承担者。这一经历宛如梦境一般。"普利策后来回忆道。而这一事件也将他从长期艰苦、肮脏、贫瘠的生活中拯救了出来,成为他日后创立报业王国的起点。

在《西方邮报》的工作对普利策来说并不轻松,他的英语仍然不太流利,并且缺乏新闻行业的工作经验,这个年轻、满腹热情的新闻记者经常成为竞争对手们取笑的对象。但普利策的坚韧和毅力彻底弥补了这些缺陷,他是个全身心投入工作的人,每天不知疲倦地工作16个小时,一副深度近视镜,一只手拿着厚厚稿纸,一只手拿着铅笔,疾步如飞,这一经典形象使他成为圣路易斯人们关注的焦点。尽管形象奇特,但他在获得有价值的新闻素材方面确有独到之处,爆炸性的新闻和政治见解频频见诸报端,甚至别家报纸只字不提的芝麻小事,他也不放过。由于之前的苦难经历,普利策在任职《西方邮报》期间的新闻活动大部分主要围绕着揭示腐败和罪行、保护民众的利益而开展。年轻的普利策每天为《西方邮报》提供专栏文章,他超乎常人的精力和不知疲倦的工作激情日渐成为报社不可缺少的核心力量。仅仅一年后,普利策就升任新闻编辑主任,并加大了对当地政府的炮轰力度。这一系列新颖的新闻实践活动,使其声望与日俱增。

随着名气的增大,普利策又惯性般地投入政治活动中去。在他看来,报纸其实是政治的奴婢,能够有效地传达自身的政策理念,同时也是政治斗争中的强大武器。1869年,在竞争杰弗逊市州议会议员时,普利策借助《西方邮报》广泛宣传自身的候选人条件,向对手展开激烈的攻势,结果完全符合他的预期,他顺利当选为州议员,正式进入政治生活。随后,他又积极参加了反对格兰特政府的自由共和党运动,在1872年选举格里历为总统候选人的活动中,普利策担任辛辛那提州委员会的主要秘书。这次选举失利后,普利策利用《维斯特利邮报》持股者士气低落之机,买下了平生第一份报业股份。然而,当普利策实现了踏入政界的愿望时,他发现自己在政策领域的影响力并不显著，大多数提案都石沉大海或遭到议会的否决，他开始意识到通过政治职位来改革社会中的腐败黑暗现象的这条路行不通。随后，他把《维斯特利邮报》的股份转卖给卡尔·舒尔茨和艾米尔·普利托利斯博士并获取了一笔不菲的收入。1874年，《密苏里国家报》因经营不善发布了被拍卖的消息。敏锐的普利策感到这是一次难得的商业机会，他迅速抓住，只以几千美元的价格就拍下了《密苏里国家报》，并在第二天就转手把经销权卖给了其他报社，最后还把《密苏里国家报》的设备都出售了。这些商业投机为普利策带来了一定的财富积累，他立志要创办一份专属于自己的报纸，这标志着他人生新征程的启航，同时也是他在新闻行业再次扬帆远航的开始。

相比于普利策跌宕起伏的人生，美国另一著名报业家威廉·伦道夫·赫斯特可以说一生都在被幸运之神眷顾。1863年，赫斯特在西部城市旧金山出生。他的父亲威廉·乔治是一名成功的拓荒者，通过开采金矿和银矿致富，同时还是加利福尼亚州的联邦参议员。他的母亲担任教师职位。生长于这种优越的家庭背景之中，赫斯特养成了对金钱无所谓的态度，以及追求冒险和刺激的大胆个性。赫斯特一生中都追求标新立异，确信适合别人的规则并不适合他。当其他富裕家庭的子女在接受正规教育时，他却跟着母亲在欧洲旅行，周游各国体验世界。1881年，在父亲的规划下，赫斯特开始了他在哈佛大学的学习生涯。在哈佛期间，赫斯特延续了他纨绔子弟的作风，挥霍无度，沉溺于跳舞、音乐和啤酒之中，因其放荡不羁的生活方式而在整个校园中声名大噪。但赫斯特似乎天生对新闻和商务具有兴趣和头脑。在哈佛期间，赫斯特担任该校知名讽刺性幽默杂志《讽刺文》的编辑和商业经理，并使该刊转亏为盈。他还对查尔斯·泰勒主办的《波士顿环球报》和普利策的《世界报》产生了浓厚兴趣，颇醉心于《波士顿环球报》那种耸人听闻的新闻，对普利策《世界报》的办报技巧更是欣赏不已。

不过，除了对新闻出版与管理尽心尽力外，赫斯特在哈佛眼中是个地地道道的"淘气包"，没少干些出格的事情，曾经在哈佛广场的大型啤酒聚会上向教授们寄送内刻他们画像的夜壶。1885年，格罗弗·克利夫兰当选总统时，赫斯特竟在他的刊物上大放厥词，校方因此令他暂时退学。仅仅过了几个月，赫斯特又开始在学报上恶意攻击教授，这一次，忍无可忍的哈佛终于勒令当时正在读大学三年级的赫斯特退学，对于这一惩罚，赫斯特毫不在意,但在离开哈佛后他并不舍得离开那充满向往与激情的新闻业,对报刊的兴趣早已超越了一切,他决心自己办报。为此,他拒绝去管理父亲众多的矿场,而是选择去自己偶像——约瑟夫·普利策——的《世界报》当实习记者。他先用了一年时间认真学习和研究普利策的办报方式——在赫斯特看来,学习普利策绝不是为了成为他的追随者,而是为了日后向他发动大胆进攻。他把普利策当作自己的假想对手,认为只有战胜普利策,才能满足他的成功欲望。

二、不同的报业人生

1878年,普利策买下了濒临破产的《圣路易斯快报》,当时这份报纸的发行量仅有惨淡的24份,他将《圣路易斯快报》与《圣路易斯邮报》合并成为《圣路易斯快邮报》,于是,31岁的普利策拥有了人生中属于自己的第一份报纸。这是真正具有普利策风格的报纸,他在创刊词中声称:"本报除了公众利益之外,我们不为任何政党效力;我们非共和党的表白者,只追寻报道事实真相;我们并未站在总统或国会的一方,而是秉持公正审慎地提出评价;我们会严厉指责所有的犯罪行为和贪腐现象……"报刊史学家布莱耶称普利策的这一办报方针为"美国新闻界理想的一次前所未有且最佳的阐释"。

的确,像它所宣称的那样,《圣路易斯快邮报》一开始就致力于各种贪污、腐败与黑暗的社会事件的揭露,刊登具有地方特色的改革运动以丰富版面内容。例如流行病预防、公共交通设施改造、抽奖活动、反对城市腐败等,并且执着地追求这些腐败事件的真相大白,为此普利策树敌无数,不得不经常随身携带手枪。为了使自己的报纸能够在与其他报纸的竞争中脱颖而出,普利策开始在新闻中增添大量的"煽情主义",而这一举措,为日后影响整个世界报业的"煽情新闻"的出现埋下了种子。

镀金时代美国城市的一个重要特点是异质性,外来移民占据了美国人口的绝大部分,雅各布·里斯称美国城市是一个"由各种异质因素汇集而成的稀奇古怪的大杂烩",是一个"混杂的群体"。[①] 这种动荡的局面表明美国

---

① BARTH G P. City people: the rise of modern city culture in nineteenth-century America[M]. New York: Oxford University Press, 1980: 8.

人之间并未形成一个稳定和谐的共同体,城市居民对他们城市生活的共同感受为现代城市文化的兴起注入了生命力,并且形成了一种大众性、通俗性的文化。不同于欧洲古老悠久的雅韵文化(例如戏剧、绘画、交响乐等),美国新兴的城市文化更多地表现为一种通俗文化,这种文化获得中下层普通大众的广泛认可,也为普利策的煽情主义提供了被迅速接受的可能。他聘请著名报人约翰·柯克里尔担任首席编辑,此人是19世纪末最早恢复和"发展"煽情主义新闻的人。柯克里尔虽没接受过正规学校教育,但是个天才作家,他精通办报的方方面面,包括印刷机械之类。他幽默、果断,阅历丰富,才思敏捷,是普利策的得力助手,与普利策的合作长达12年。《圣路易斯快邮报》上经常可见这样的文章:《一对通奸的夫妇》《教堂里的接吻》《爱上了厨子》等吸人眼球的标题与报道,不过这一时期普利策的煽情主义新闻还处于比较温和的阶段。

事实证明普利策的策略是行之有效的。在专业人士的管理下,凭借独立、负责的揭丑思想以及创新、温情的报业改革使得他主导下的报纸发行量日益攀升。至1882年,《圣路易斯快邮报》已成为圣路易斯的第一大报,发行量高达2.23万份,年利润也达到了45万美元。此时的普利策正值生命中最好的年纪,雄心勃勃,满怀自信,精力旺盛。留给公众的印象是学识渊博,涵养丰富。虽然他性格内敛,不善与人交际,但对有思想、有才能的人士非常热情。而普利策的报业梦想也不可能仅仅局限于《圣路易斯快邮报》,他将目光瞄向了东部的第一大都市——纽约。在这里,普利策进一步将其新闻理想发扬光大,并成为享誉世界的报业大王。

当时《纽约世界报》正处于下坡路阶段,普利策来到纽约时,报刊负责人杰伊·古尔德正在拍卖这份报纸。《纽约世界报》在19世纪70年代是一个影响力巨大的大报,最初是一份带有浓厚宗教色彩的日报。随后经历了多次易手,成为资本家们宣传和鼓吹股票事业的喉舌,但由于缺乏广泛的读者基础,多年来一直处于亏损状态。

古尔德接手该报的目的是控制由金融家们组成的西部协会,然而这一阴谋很快被揭露,他成为公众批评的对象,导致报纸逐渐衰落,哪怕将报价降至2美分仍然无济于事。但是,普利策却对该报垂涎已久,因为其拥有着一个对普利策来说致命的吸引武器——美联社特许证,这意味着报纸可以不受任何限制地采写新闻。虽然古尔德明白普利策会是自己潜在的敌人,但是每年4万美元的亏损还是让他急于出售该报纸,不过他却对普利策报出了50万美元的"天价"——一个远高于报纸真实价值的收购金额。1882年,经过长期谈判,普利策以34.6万美元的价格收购了《纽约世界报》,并将其更名为《世界报》,这标志着他正式进入了纽约新闻界。

1883年,《世界报》在读者面前崭新亮相,发刊词上的文字感情真挚、音韵浓厚,不但是普利策一生的座右铭,更向世人宣告纽约出现了一股崭新的势力,一股为美国社会底层人民带来福音的势力:

> 《世界报》的一切资产已归本人所有。自即日起,其管理方式将彻底转变,与之前的模式截然不同,雇员、措施和方法不同;宗旨、方针和政策不同;目标和利益不同;同情和信念不同;思想和灵魂不同……
>
> 在我们这个日益繁荣的大城市里,需要这样一种日报。这份报纸不仅售价低廉,而且内容丰富;不仅内容丰富,而且篇幅浩大;不仅篇幅浩大,而且充分发扬民主,真正致力于人民的事业,而不为有钱有势者谋利益。它将多登新世界的报道,少登旧世界的报道。它将揭露一切诡辩和无耻,抨击一切社会罪恶和弊端。它将以真挚诚恳的态度为人民的利益而奋斗。
>
> 为了上述目的和事业,新《世界报》恳请各位大力协助,并谨望有识之士不吝赐教。①
>
> 约瑟夫·普利策

彼时纽约报界竞争如火如荼,本杰明·戴的《纽约太阳报》、贝内特的《纽约先驱报》、里德的《纽约论坛报》和亨利·贾维斯·雷蒙德与乔治·琼斯的《纽约时报》等报纸都对部分读者有相当吸引力。纽约的报纸是否已经

---

① MOTT F L. American journalism: a history of newspapers in the United States through 250 years 1690—1940[M]. New York: Macmillan Company, 2000: 434.

达到饱和的程度？普利策并不这么看。一方面，他认为目前有影响的报纸大都是严肃的文学性刊物，为少数知识精英阶层服务，由于普遍缺乏改革思想，因而不受广大群众的欢迎；另一方面，稳重的市民又鄙视《新闻晨报》之类的廉价读物，只有学徒工和女佣人才对它感兴趣。而普利策理想中的报纸，应该具有令人惊叹的自由和改革精神，具有强烈的新闻性、真实性和趣味性，这样才能既吸引广大劳动群众又拉拢成群的白领中产阶级。

早期的《世界报》对新闻真实性与社会责任持有极高的重视度，并坚持其跨越阶级与党派的立场。在19世纪80年代，美国正经历着工业革命带来的快速发展，这一时期，广大劳动者遭受着严重的剥削与压迫。普利策借《世界报》之社论专栏，屡揭财团之勾结行径及其对财富之掠夺、对低收入人群生存环境之漠视。他不仅支持工人罢工之举，亦积极发布贫民窟婴儿死亡率等方面的数据统计，并号召公众为自由女神像的基座募捐。他持续报道纽约底层人民糟糕的住房条件，以及圣诞节穷人们没有面包吃的现状，还关注那些因中暑而丧生的贫困儿童，这些引起了政府当局的重视，并促使他们采取有效措施加以解决。与此同时，普利策高度重视新闻报道的真实性，他一再强调"精确度至上"，并指导旗下的新闻工作者，对政治家的腐败行为、凶手的恶劣行径可以用各种语言进行描述，唯一的限制是所有报道必须建立在事实的基础之上。普利策独立、责任、追求真实的办报思想引起中下层人民的强烈共鸣。除此之外，在报纸的售价方面也非常低廉，《世界报》在头版广告中宣布号称："这是全国独一无二，只需要2美分就能购得8版面的报纸。"于是，在普利策的领导下，《世界报》达到了惊人的发行量，每天的发行量将近4万份，刚刚萌芽的《世界报》瞬间从"新生"阶段跃升至"成熟"阶段，在发行量、广告业务乃至影响力方面均呈现出强劲的势头，催生了一轮深刻的新闻业变革。

《世界报》继承了便士报的特点。19世纪初便士报就通过绘声绘色的底层生活故事及社会新闻吸引广泛读者。通过这种方法，报业出现短暂的繁荣景象。因此普利策的《世界报》在报纸的选材、排版以及写作风格方面都进行了一系列的创新与改革，使煽情主义的内容和形式更加富于表现力。在选材方面注重"三性"，即揭露性、刺激性和趣味性。普利策曾十分坦率地说："刺杀加菲尔德总统事件当然最大地推动了我们的发行量，其次便是地方上执行绞刑的消息。人们一般不容易为一个体育新闻动感情,但是他们对社会上耸人听闻的消息却有极大的兴趣。"[1]对刺激性的追求使报纸着重强调对犯罪新闻和色情新闻的报道,对名门望族的风流韵事和妓女的故事频加报道。在趣味性方面,首先引入可读性较强的奇闻趣事。如不同宗教的奇异婚配、转呼啦圈的舞女等。其次是以爱情为主题的故事。普利策对婚恋题材情有独钟,那些具有传奇色彩和发人深省的爱情故事在他的报纸上占有很大的篇幅,如刊登的《婚宴上贺喜太早,刚当新郎就去坐牢》《爱上了她的钱》等,这类新闻像廉价小说一样,读起来引人入胜,颇能吸引读者。在报纸的编排上,不同于政治新闻占据头版头条的传统,《世界报》喜欢将社会新闻或者灾难新闻放在头条,并且精心制作标题,一改过去标题那种四平八稳的做法,追求活泼多样、富有情趣的特色标题。同时,为了最大限度发挥标题的作用,大胆使用大字标题和长标题,突出对比,渲染气氛,煽动读者的情绪和欲望。除此之外,《世界报》还大量运用政治漫画、连环画与木刻画等插图装饰版面,诙谐生动,颇为引人注目。

表 2-1 《世界报》的标题与语言风格改革

创新模块	具体表现	代 表 案 例
标题	多用动词	《受欺骗和被抛弃》(Duped and Deserated) 《在教堂里接吻》(Kissing in Church) 《大喊救命》(Screaming for Mercy) 《公爵遭劫》(Duke meets his Doom)
	提问式	《是女英雄还是罪犯?》 《他变成什么人了?》 《他是自杀吗?》
	押韵式	《血的洗礼》(Baptized—in Blood) 《光棍邦恩的新娘》(Bachelor Bang's Bridal) 《小洛达的情人们》(Little Lotta's Lovers) 《背信弃义的牧师》(A Preacher's Perfidy)

---

[1] 斯旺伯格.普利策传[M].陆志宝,俞再林,译.北京:新华出版社,1989:79.

续　表

创新模块	具体表现	代　表　案　例
标题	比喻、对比	《爱情与毒药》 《是新娘而非妻子》 《死亡乘风而来》 《激情洪流中的受害者》
语言风格	犀利泼辣， 一针见血	我们深知，一些人依旧会将这样的陈词滥调带入到教堂之中。但是，这里是歌剧院，还是让那些陈腐玩意见鬼去吧？
	绘声绘色， 声情并茂	《世界报》愿接受10美分到任何数目的捐款帮助矿工。每个人都给一点吧！
	活泼风趣， 兴味盎然	接吻犹如绿洲于沙漠之中，珊瑚岛于无垠海域之心，冬季中的草莓配奶油……

短短4个月内，《世界报》的发行量增加一倍，像"热天的温度计一样上升"，即使它的竞争对手们纷纷降价也无法改变《世界报》发行量持续飙升的局面。1884年9月，《世界报》发行量达到100 000份，普利策在市政厅门前鸣放礼炮100响，并给每名雇员颁发一顶丝制礼帽以示庆祝。1886年，它的发行量达到250 000份，普利策特地让人制作了银制奖状纪念这一事件。随着发行量的持续上升，报纸刊登的广告也越来越多。1886年，在14页报纸上，广告占60栏，《世界报》已然成为当时获利最丰厚的报纸。

赫斯特的父亲在西海岸旧金山发家致富后就购买了《旧金山考察家报》，在赫斯特离开哈佛后便接管了这份家族报刊。当时这份报纸销量惨淡，不过赫斯特的父亲也并不指望靠这份报纸赢利，愿意承受亏损，目的在于获取政治上的利益。然而，对于年轻的赫斯特而言，执掌《旧金山考察家报》象征着他在新闻界迈出了充满挑战的初步。赫斯特给自己设定的目标是成为"报业大王"，上班第一天，他就向员工宣布要打造让世界"发惊、发愕、发呆"的报纸。他不仅投入大量资金更新了现代化的印刷设备，用高薪招来成名的编辑、记者，并不择手段地编排了粗俗的噱头和耸人听闻的猎奇丑闻，甚至无中生有地捏造假新闻欺骗公众。在赫斯特眼中，"现代的大众报刊编辑并不在意事实，编辑需要的只是新奇，他并不排斥事实，如果它们也新奇的话，但他宁要不是事实的新奇，而不肯要不新奇的事实"。为壮大自己的报纸影响力，赫斯特全然不顾职业道德，采用一系列流氓手段压制阻碍自己的力量，如雇佣无赖强行发行报纸，捣毁对手的售报摊等，还要求父亲利用参议员的职权解除那些拒绝在他的报纸上刊登官方广告的地方当权者的职务。在赫斯特的带领下，接手《旧金山考察家报》一年后其发行量翻了一番，1893年已经达到7万多份，曾经连年亏损的报纸现在每年可赢利35万～50万美元。巨额的利润，不仅掩饰了赫斯特对新闻业的亵渎，也使他欲望越来越膨胀，赫斯特的目标是向东部进军，向纽约发展，挑战普利策。

1895年，赫斯特说服母亲变卖了750万美元的家产，同时携带之前赢利的巨额利润前往纽约，购买了《纽约晨报》。这份报纸由普利策的哥哥艾尔伯特创办，当时被人们称为"由呆子办给呆子看的报纸"，已经陷入绝境。不过赫斯特对此毫不在乎，他坚信世界上充满了"呆子"，而这对聪明人来说再幸运不过了。他将《纽约晨报》改名为《纽约日报》。在这份报纸的经营管理上，赫斯特沿用了《旧金山考察家报》的一贯作风，刊登耸人听闻的新闻报道，他偏好于报道凶杀暴力事件，例如《杀死小贝西的神秘凶手》《年轻姑娘为何自杀》《凶手投案，要求处以绞刑——触目惊心的供词》等。他还四处笼络人才，高价收买了普利策报社的科瓦尔诺在内的一大批才华横溢的记者、编辑、画家。基于以上操作，《纽约日报》的销量与日俱增。

赫斯特在报业地位基本稳定后，他的政治抱负逐渐显露。赫斯特年轻时便将参政作为未来的奋斗方向，他曾在与父亲的书信交流中表示："我的三个野心，正如你所知道的，是法律、政治和新闻工作，在有利的情况下我将努力使上述三者的联合成为可能。"① 为走近其竞争总统的政治理想，他计划参加层层的政治竞选。因此自1899年开始，他开始长达23年的竞选之路，他关于"国内政策"的社论可被视为其发表的竞选纲领。在这期间，赫斯特的办报策略与之前依靠"煽情新闻"追求销量不同，他将报刊作为其政治活动的"军械库"，借助报纸宣传自己的政治主张，有效动员社会舆论，扩大支持者队伍，原本的报刊内容也有所转变，较为严肃、真诚而积极的议题与

---

① HEARST W R, HEARST G. November 23, 1885, box1[C]// William Randolph Hearst paper, Bancroft Library, University of California at Berkeley, 1982.

讨论成为其报刊的新焦点。他坚信报纸有责任介入并纠正公共生活中的不幸与灾祸，主张公用事业实行公共所有制，消灭托拉斯，鼓励组织工会，实施累进所得税，主张妇女投票权，主张参议院通过普选来选举而不是由各州的立法机关选举，要求在全国范围内改善公立学校制度，要求把铁路、煤矿、电报等收归国有，极力主张对腐败政治家集团及其体系进行揭露。① 赫斯特的这些政治主张使他在很长一段时间内在底层民众中深得人心。这 23 年里，借助报刊宣传，赫斯特的政治生涯较为顺利，成千上万的选民拜倒在了赫斯特的魅力之下。当时专栏作家厄普顿·辛克莱曾认为，如果赫斯特能够竞选获得总统候选人提名的话，他的名字"将在我们的历史上与华盛顿和林肯的名字并列"，他认为正如林肯把美国从奴隶制中解放出来的那样，赫斯特将把这个国家从"雇佣奴隶制"中拯救出来②。

赫斯特曾在多场政治活动中崭露锋芒，然而他还是竞选失败了，其背后的原因则较为复杂。财政危机和竞争压力也因不断扩张的报刊事业逐渐显现。因此，1922 年，赫斯特决定将办报作为后续事业的核心。他开始探索一条既不同于"煽情新闻"的表面浮夸，也不同于过于严肃的政治"军械库"时期的道路，即"第三条道路"。这条道路旨在兼有轻松美观的外观和生动活泼的插图，也关注编辑的写作水平，提供简洁明了的新闻报道。同时，他将浓缩咨询与深度特稿和社论搬上报刊，力求在传媒界找到一条合适的"中道"。最终，这条"第三条道路"要让报纸的品质和名声成为新的亮点。赫斯特认为这种报纸在市场也会有一席之地③。这一时期，赫斯特的报刊重视新闻的非党派立场，反对"耙粪"批评，强调不偏不倚与温和，他要求采编人员"停止刊载政治上肆意谩骂的文字""我们可以在沃克作出荒谬声明时嘲笑他一下，但不要怒气冲冲地吵闹或骂人"。④ 之所以这样做，除了希望通

---

① 埃德温·埃默里，迈克尔·埃默里. 美国新闻史[M]. 展江，译. 北京：新华出版社，2001：250-251.

② SINCLAIR U. The industrial republic[M]. New York：Doubleday，1907：199-200.

③ HEARST W R, COBLENTZ E D. February 26, 1931 incoming box 3[C]// William Randolph Hearst paper, Bancroft Library, University of California at Berkeley, 1982.

④ EMERY E. The press and America[M]. New York：Prentice-Hall，1972：448.

过诚实无伪的态度与读者建立朋友关系之外,赫斯特还清楚地明白,不必要的攻击只会制造不必要的敌人。同时,他还强调新闻的优先地位,重视图片的新闻价值,革新报刊版面。在探索"第三条道路"的过程中,中产阶级开始爱上赫斯特的报纸,其个人在公众心目中的污名形象也有所改善。1933年,他的70岁生日,《时代》杂志发表了一篇文章说:"昔日专事传播丑闻的坏男孩——制造了一系列耸人听闻事件的天才,如今已卸下了他的罪名。"①

三、危险的十字路口:黄色新闻与普赫之争

美国社会、政治、经济和文化的发展离不开19世纪工业革命的兴起。受到自由竞争的经济原则和市场机制的影响,19世纪末20世纪初的美国现代报业主要呈现商业化、社会化和垄断化的特点。市场竞争日趋激烈,促使许多报纸在追求高额利润时依靠争取、讨好读者以提高发行量,关注的焦点从"最重要的信息是什么"转变为"读者想看什么样的消息"。它们不顾事实真相,采用各类骇人听闻的形式将大量犯罪、色情、丑闻和社会猎奇事件等刺激性新闻搬上报刊,内容上又进行夸大宣传。为了追求夸张醒目的视觉效果,版面设计使用通栏加黑大标题,标题内容极为煽情,以此来制造轰动效果。新闻报道的插图也极力追求花样性、冲击性,甚至滥用、偷窃和伪造图片,"整个报业正在演变成大百货公司",这类新闻被统称为"煽情新闻"。埃默里认为:"黄色新闻从最坏情况来说,是一种没有灵魂的新式新闻……把人生的重大问题变成了廉价的闹剧,把新闻变成最适合报童大声叫卖的东西。最糟糕的是,他们不仅不起社会领袖的作用,反而为犯罪和暴行开脱。"②

黄色新闻的出现,源于19世纪末普利策和赫斯特两大报业大亨的激烈竞争。早在1889年,《世界报》就定期出版了连环画专页。1893年彩色印刷机问世后,普利策立即将这一新技术用于改进《世界报》星期版。在世界新闻史上,普利策是第一个使用彩色套印技术印刷报纸星期版增刊的人。

---

① NASAW D. The chief: the life of William Randolph Hearst[M]. New York: Mariner Books Houghton Mifflin Company, 2001: 469.

② 埃德温·埃默里,迈克尔·埃默里. 美国新闻史:报业与政治、经济和社会潮流的关系[M]. 苏金琥,译. 北京:新华出版社,1982:270.

彩色套印技术的采用，使《世界报》连环画增刊如虎添翼。最成功的连环画家是《世界报》星期版编辑部的早期负责人莫里尔·戈达德雇佣的理查德·奥特考尔特，他在《世界报》星期版上刊载的《霍根小巷》描写了租住房中的市民生活。每张画的中心人物都是个穿着黄袍子、没有牙齿、咧嘴大笑的幼童。作者通过"黄孩子"在《霍根小巷》中东游西逛的行踪，巧妙地讽喻了世俗人情，展现了滑稽幽默，因此《霍根小巷》赢得了大批读者的喜爱，"黄孩子"也成为当时风靡全美的"名人"。为了与竞争对手《世界报》抗衡，赫斯特私下高价收购了《世界报》星期版的员工，包括连环漫画《黄孩子》的作者理查德·奥特考尔特。赫斯特这样的不当竞争让普利策起诉《纽约日报》，普利策为了继续发行《世界报》星期版"黄孩子"专栏不得不聘请新画家。两家报纸为争取读者们的关注，围绕着"黄孩子"展开了一场旷日持久的争夺战。"黄孩子"的画报似乎无处不在，使得纽约沸腾不已。"煽情新闻"由此走进读者的视野，其核心便是煽情主义新闻。

由于"黄孩子"引发的普赫之争从最初的价格战逐渐升级为相互攻讦的局面。1898年，美国和西班牙之间爆发了战争，标志着黄色新闻进入高潮。尽管不能说美西战争的爆发完全是赫斯特、普利策鼓动的结果，但"煽情新闻"在这期间的大肆渲染、喧嚣鼓动确实在一定程度上促进了战争的爆发。19世纪末到20世纪初的美国大财团碍于国内市场的垄断，开始将目光投向国外市场。1895年3月，古巴爆发了反对西班牙殖民统治的民族起义，冲突逐渐升级，纽约的所有报纸几乎每天都有关于古巴的报道，通过煽情内容揭露西班牙人在古巴的罪行。当时的美国刚刚从1893年的经济萧条中恢复过来，因此任何不稳定因素都可能导致经济形势再度恶化。此外，美国在外交上一直奉行"孤立主义"，这不仅是一种传统，也是政界和经济界人士的共识。1896年，一封由一名古巴革命政府成员偷来的信件被《纽约新闻报》公布。信中大肆侮辱美国总统麦金利，称其为一个"软弱的、迎合暴民的、卑劣的政客"，一个"懦夫和媚俗者"，自我"假想中的政治家"。此事公开发表并加以渲染后，深深戳痛了美国人的自尊心，也进一步加剧了美国人对西班牙的敌意。1898年，美国为保护在古巴侨民和财产的"缅因号"军舰在哈瓦那港口爆炸，造成266名官兵死亡。

消息经报纸传来，美国举国震惊。《纽约新闻报》在未作任何真相调查的情况下，在报纸上公开悬赏五万美金征求任何能证明西班牙人炸毁缅因号的证据，并大量使用通栏标题煽动情绪，"必战"二字排成一行横贯报纸头版全页。并且，他还"特意买了一艘快艇，将著名小说家戴维斯和画家雷明顿派去哈瓦那港"①。尽管雷明顿在信件中表明"这里一切平静，没有动乱，不会发生战争，我想回去"，但赫斯特却坚决反对："请留在古巴，你提供图片，我提供战争。"《纽约新闻报》就此次事件，不管是在每天报道的规模、范围和戏剧性方面都超过了《世界报》，甚至因为总统拒绝开战的呼声而对其进行抨击，因此其发行量也远超后者。受到赫斯特刺激的《世界报》也开始大力渲染和煽动，大量刊登关于西班牙在古巴暴行的报道和图片。这些报纸销量飙升，日发行量稳定在百万份以上。在战前几周，《纽约新闻报》的发行量达到150万份，而《世界报》仅略次之。最终，在赫斯特和普利策这两位新闻大亨的共同鼓动中，美国国会于1898年4月18日通过了对西班牙开战的决议。

美西战争作为一场军事行动，虽是在贯彻美国门罗主义外交理念，但在战争爆发的过程中，黄色新闻在塑造"民意"上的作用以及对政府当局施加的压力十分明显。报业巨头之间的黄色新闻大战不过是为了增加各自的发行量而已，但战争给人民带来的伤害却是真实存在且不可逆转的。这种为了营利完全违背人性道德的荒谬做法让很多优秀的报人极为失望，著名记者威尔·爱尔文、H·L.麦肯对新式新闻业被"煽情新闻"业代替的转变苦恼不解，爱尔文历数"煽情新闻"之邪恶，认为它"虚伪、谎言、不忠诚成分是主要的，而在收集新闻方面所谓的触犯个人隐私仅仅是第二位"。麦肯回忆道："新闻记者的社会地位高于普通马路行人，在警察之下……报纸本身是被动、无辜的，无党派的，绝大多数报纸所有者的终极目的是营利。"②

普利策是自己的报纸风格的创造者；而赫斯特是一个出色的模仿者，他不擅长原创，却可以超过创造者。对赫斯特来说，终其一生，他可能未必真

---

① 张昆.外国新闻传播史[M].北京：高等教育出版社，2016：145.

② FENWICK A. Quotations from Chairman McCann[M]. Urbana：Macmillan Publishers Company1974：16.

正懂得新闻理想,未必懂得新闻道德,但他深谙新闻价值,懂得如何最充分地利用新闻牟利。如果说普利策是一个不世出的新闻学家,那么,赫斯特则更是一个企业家,他完全按照19世纪末20世纪初最先进的企业经营管理理念经营报业,把新闻当作商品,从这一点上说,他是成功的。

早在赫斯特进军纽约以前,普利策已在这一全国经济、文化中心苦心经营10年有余,并在办报技巧、新闻报道手法上独树一帜,在实践中证明其可行性。此时的赫斯特完全是报业新手,无论在新闻采写、报业管理上都无法与普利策相匹敌,但有一点他深信不疑,就是应该处处模仿普利策的做法,并把他的政策再向前推进一二步。赫斯特笃信先下手为强,他深谙才华横溢的编辑、记者等对报业发展的重要性。早先,赫斯特的《旧金山考察家报》一直租用普利策《世界报》的"世界大厦"作为驻纽约办事处。1896年1月,赫斯特出高价收买《世界报》人员,一天之内,《世界报》星期版的编辑、记者及全体人员一起搬到了《纽约新闻报》办公室。比尔·奈(曾是普利策手下社论版主编)写信告诉朋友:"我即将离开《世界报》,转向《新闻报》,工资增加50%,真带劲……"其他著名人物还包括《世界报》的漫画家T·F.鲍尔斯、戏剧评论家艾伦·戴尔和其他一些人。这种大规模的进攻震动了派克大街,普利策十分被动,于是立刻把出租的房间收回,把赫斯特的人员全部赶出"世界大厦"。除了向普利策的编辑部发动突然袭击外,赫斯特还请来旧金山最好的编辑人员。《旧金山考察家报》的张伯伦被调到《纽约新闻报》担任总编辑。著名记者麦克尤恩·达文波特、安妮·劳利也被请至纽约,许多有才华的编辑、记者、美术家们难以抵制赫斯特的重金诱惑,纷纷到《纽约新闻报》任职。

在报纸的内容方面,赫斯特的《纽约新闻报》运用最简单的语言以吸引工人阶级,利用强烈的煽情性、刺激性和揭露性吸引读者。《纽约新闻报》上经常出现这样的标题:《亨利·詹姆士新作:描写无耻犯罪行为,名作家投身于黄色小说!》这是《纽约新闻报》为《金屋藏娇》一书出版写的标题。另外像《杀死小贝西的神秘凶手——狂风使儿童丧命》《年轻姑娘为何自杀》《凶手投案,要求处以绞刑——触目惊心的供词》《为了爱情女人怪事何多》都具有轰动性的耸人听闻效果。在《纽约新闻报》上,一条关于考古队发现古代化石的严肃消息,被标上《货真价实的美国巨兽和大龙》这样不负责任的标题。对于科学的医学新闻报道,《纽约新闻报》的编辑们也常用《请看新鲜的施药法:将药瓶靠近昏迷的病人即奏奇效》这类哗众取宠的标题。

赫斯特的煽情形式主要体现在以下几个方面:首先,他崇尚"英雄—恶棍"模式,将公众描绘为某个阴谋集团的受害者,腐化堕落的恶棍常由警察和官员扮演,作为揭露阴谋诡计与背后黑幕、拯救万千公众的幕后英雄,记者常成为事件的主角。其次,赫斯特极力渲染暴力与色情,大量刊登裸体女性和涉及奸夫淫妇的色情文章。他还频繁报道舞蹈女演员和其他穿着大胆、暴露的表演者,还为采访当红女演员安娜,特意花重金派遣三名记者远赴巴黎采访并开设标题大胆夺目的专栏,速写也是演员极尽性感的画面。最后,赫斯特的自我广告随处可见。

灾难新闻沦为其自我炒作的素材。如 1900 年 6 月,加尔维斯顿一场带走 6 000 人生命的洪水灾害,也摆脱不了被赫斯特大肆宣传的命运。他的三家报纸《纽约新闻报》《芝加哥美国人报》和《旧金山考察家报》各自派出带有报纸名称横幅的慰问专列前往加尔维斯顿,声称:"这将是一场比赛,看看哪列火车能最先将医生、护士和物资送到灾区前线。"显然,赫斯特更希望公众将注意力集中在他的三家报纸之间的竞争上,而不是灾区受灾人群的情况。

为了同普利策一较高下,并把许多新读者争取到报刊阅读圈里来,赫斯特所采取的近乎疯狂的煽情主义似乎过分地不可取。相比之下,连靠煽情主义"发家"的《世界报》似乎都要稍逊一筹,原本赖以成名的手法反倒不如对手应用得自如和彻底。普利策曾经为他的《世界报》使用耸人听闻的手法辩解,认为这种手法能够把读者吸引过来,使他们受到他那些经过精心撰写的、高质量的社论的影响,还可以使他们在《世界报》的其他版面上读到有分量的、有价值的新闻报道。与此相比,赫斯特的报纸就没有资格这么说,因为他的报纸除了耸人听闻、大肆渲染、高声叫嚣外,很难拿出有价值的报道,明显缺乏有力度的特写,以及让人深思、启迪人思维的文章。这就从一个侧面反映了赫斯特追求巨大发行量的经济目的而非政治理想观念。二者在煽情手法上应用的差别可以从 1897 年纽约市发生的一起凶杀案中窥见:1897 年 6 月下旬的一天,一具无头、无臂、无腿的尸体在纽约近郊东河上漂起来。

《世界报》

1897年6月27日，星期天

小男孩发现无头男尸，惊恐万状

有少年游去捞尸，以为里面藏有大奖……

从东河里捞起来该具无头男尸，引发一场难解之谜……

《纽约新闻报》

1897年6月28日，星期一

悬赏1 000美元

《纽约新闻报》悬赏1 000美元，奖励提供情报或者线索者，或者拿出能解决东河谋杀之谜的推理或者建议者。

该报明确地说明，该奖可以10种方式进行划分，因而将半个城市居民的都变成了业余福尔摩斯。

《世界报》

1897年6月28日，星期一

被害无头男尸之手

……

普利策的《世界报》拿出头版约四分之一的版面（1897年6月28日），登载一只断手（实际大小）的绘图，该图是根据《世界报》的一名摄影记者昨晚在停尸房里用闪光灯拍摄下来的图片"绘制的。

《纽约新闻报》

1897年6月29日，星期二

谋杀疑案找到线索

赫斯特头版上登载着一幅彩色图画，是包住男尸部分尸体的包装纸的插图和油布颜色之临摹件，借此可望拿取千元大奖。

《纽约新闻报》还画了一幅卡通,第一幅画的就是一个正在锯裸体男尸的男人。

如果你有个不喜欢你的朋友,那就把他宰了,再将他整整齐齐地锯成几段。你不必担心警方会有任何人来干涉,因为……

第二幅画的是一名身强体壮的警察正在拖一名妓女。

身强力壮的警察都太忙了,他们要逮捕一些腰部有嫩肉的肮脏女士。

《世界报》

1897年6月29日,星期二

《世界报》记者找到线索

昨天,数十名侦探、希望拿奖金的人和大批记者展开了大规模调查,这次调查突出了该屠杀事件令人惊恐的实质。仅此而已。

当天最有趣的,是由《世界报》的记者发现的一些东西。事情是这样的,星期六下午,就在东河无名尸体被发现的前不久,有一辆四轮马车从格林波特港乘渡船到了纽约,车上坐着两名男人,并有两个包裹。

《纽约新闻报》

1897年6月30日,星期三

《纽约新闻报》破解谋杀之谜,杀人者莱克太太,谋杀犯!

莱克太太购买过包裹该破碎之男尸的油布,该男尸以前是土耳其澡堂的擦澡工,名为威廉·古尔登索普,为莱克太太的情人……《纽约新闻报》记者找到了杂货店主,然后将其带到警察总部,店主当面向警方透露详情。

莱克太太立即受到有关部门传讯,立即予以逮捕……

《世界报》

1897年6月30日,星期三

普利策不愿向赫斯特投降
无头男尸案透出破案曙光

波因特大学得出结论，可辨认停尸房该无头无肢男尸之身份。
受害人疑为西奥多·西克莱姆……
侦探局发出全国通缉令，追缉发疯的屠杀者。

《纽约新闻报》

1897年7月1日，星期四

莱克太太将因谋杀古尔登索普而受正式起诉
在她身上已经找到伤痕，并显出精神混乱迹象——星期六晚，小艾米·米勒曾与她同床睡觉。她不愿一个人睡觉。

《世界报》

普利策不肯认输

1897年7月1日，星期四

谋杀案又布疑团
受害者早先疑为威廉·古尔登索普，本可以使真相大白，但证据中出现严重不符情形。
……威廉·古尔登索普本为一饮酒男人，然，据医生云，该男胃部并未找到任何酒精迹象。
警方深感束手无策。

《纽约新闻报》

1897年7月2日，星期五

为了确认其胜利，《纽约新闻报》将《世界报》所登头版头条之"谋杀案又布疑团"几个字大幅复制出来，然后在下面写上：

……《世界报》无计可施。如果说威廉·古尔登索普已成死人，那么,《世界报》亦会感到自己来日无多……

《世界报》企图吓唬这个国家最重要的证人……

《纽约新闻报》无意在《世界报》找不到消息的地方拿取新闻——本报无意"诋毁"《世界报》

《世界报》
普利策仍然不想拱手投降
1897年7月2日,星期五

辨尸工作全部推翻
……默雷希尔浴池之足医宣称,该尸之腿非威廉·古尔登索普之腿。

……该足医仔细检查过该尸脚趾。

随后,此足医毫不迟疑地说:"并非此人。"

此话为停尸房看守人对《世界报》记者亲口所言。

由于受到《纽约新闻报》记者的再次威吓,该名看守不愿再往深里谈……

《纽约新闻报》
1897年7月3日,星期六
《纽约新闻报》发现有名帮凶
全球追缉马丁·索恩
……该人职业为理发师。带德国口音。

《世界报》
1897年7月3日,星期六

普利策虽然被赫斯特完全干倒了,可是,他还是将战场转移出来,并抢夺该报竞争的头功。《世界报》如何行事?

该篇讲述《世界报》记者如何寻找蛛丝马迹,揭开了谜团,一举破除罪案之谜。

这是个简单的故事。《世界报》的两名记者,昨天与谋杀威廉·古尔登索普的那几个凶手星期六乘坐过的同一辆四轮马车,沿同一条道路追缉下去,一直追到新泽西州克利夫塞德镇近郊的一个茂密丛林……在此处,这伙犯罪者惊慌逃窜时,因命运之神的原因,一丛欧石南属植物挂住了一条手绢,是一条妇女用的丝质手绢。该欧石南属植物一直牢牢地挂住该手绢,直到《世界报》记者发现它为止。该手绢将成为其主人谋杀案成立的不可否认的证据……

《纽约新闻报》
1897 年 7 月 7 日,星期三
索恩已承认犯有谋杀罪
莱克太太为索恩之同谋犯,她引诱该擦澡工至林边小屋。

索恩事先藏身于该小屋,并在古尔登索普毫无察觉之情况下,举枪射杀之,然后将其尸体拖至浴盆。

该谋杀者在受害人咽气前按住他,以剃刀割断其喉咙。

尸体在浴缸内肢解,受害人之头颅装入熟石膏内,然后投入河中①。

"莱克太太因合谋杀害其前情夫古尔登索普而被判 20 年刑期;理发师马丁·索恩为莱克最新男友,1898 年 8 月 1 日,他在辛辛那提监狱的电椅上被执行电刑。"

当《纽约新闻报》宣布这一成就时,它的声誉直线上升,销路看好。赫斯特事后得意地表示,他的记者侦探队至少与任何城市的刑警队相媲美。这是赫斯特和普利策两大报系直接竞争的一个典型案例。双方都努力要侦破一桩谋杀案,并竭力夸大其影响。这是赫斯特报系和普利策报系直接竞争的一个典型案例。在这次贫民游戏中,可以说,赫斯特新开张的《纽约新闻报》完全打败了普利策的《世界报》。赫斯特为《纽约新闻报》发动的最新广

---

① MUNSON E S, WARREN C A. James Carey: a critical reader[M]. Minnesota: University of Minnesota Press, 1997: 156-158.

告攻势是这样的:"新闻就是新闻——晚报,跟平常一样,就是行动,而这时新闻的代表们却只好束手旁观,等待什么事情出现。"《纽约新闻报》的发行量不久火箭般直冲云霄,一举超过《世界报》的发行量,到19世纪末,其销量已经超过一百多万份。

普利策和赫斯特至少有一点是相似的:喜好政治和权力,在某种程度上把报纸作为宣传自己或自己政治主张的工具。例如,普利策支持总统候选人威廉·詹宁斯·布莱恩的许多政见,但不支持他鼓吹的通货膨胀的激进的货币对策;而赫斯特是一个银矿主,他反对金本位的币值是不成问题的。那时,布莱恩在保守的东部被人嫌弃,一些抱有政治偏见的人因为赫斯特对布莱恩的支持而投向赫斯特一边。在决定麦金莱和布莱恩竞选总统结果的那一天(1896年),《世界报》和《纽约新闻报》各出售了150万份,创下空前纪录。在其他保守报纸的社论文章总是歌颂或轻描淡写地批评这个时代的时候,《纽约新闻报》也像《世界报》那样注重抗议议会的丑恶,揭露腐败,反对古尔德时代的股票票面增值和垄断的罪恶。

但相比于普利策,赫斯特是一个在政治方面更加具有冒险精神的商人。1884年大选的成功让普利策顺利获得了国会席位,但出于对"作为新人坐在后排"和"无休止的、冗长的会议"的不满,以及石沉大海的提案,4个月后,普利策从国会辞职,将对政治权力的迷恋转移到了新闻事业之中,并且全身心地投入《世界报》的发展中去。尤其在美西战争之后,普利策产生反思,开始关注个人对于权力的追求已经严重影响到公众利益、社会发展以及报纸行业。他主动退出了黄色新闻大战,下定决心正面面对政治生活和国家公共事务,追寻最初的政治理想。他开始更加重视报纸报道的真实性与公正性。

对于赫斯特来说,经过20多年的竞选造势,赫斯特在政界已经拥有不可取代的地位,他开始退居幕后,成为一个成熟的政治掮客,穿梭于各个政党之间,对其施加压力进而左右局势。并且,赫斯特的报系帮助罗斯福如愿问鼎总统之位,他在政界的影响力更是非同寻常,成为两党候选人都不敢得罪的大佬之一。不过,由于赫斯特较为激进的政治举措还是让他成为民主党和共和党的共同敌人,在后期的政治生涯中更是不断面临来自两党、其他党派组织及社团的威胁,被勾勒成"公众的头号敌人"和"寡廉鲜耻的恶棍"

角色。因此,后世对赫斯特的"污名"评价与其冒险的政治精神也有着一定的联系。

四、"煽情新闻"的衰落

美西战争的结束标志着"煽情新闻"走向衰落的开始。美西战争之后,出于对战争的反思,以及自身饱受疾病之苦,身体每况愈下,普利策明显减少了备受指责的"煽情新闻"报道,《世界报》与《纽约新闻报》间的竞争逐渐减弱。而对另一边的赫斯特来说,麦金莱总统的遇刺事件则几乎葬送了其努力一生的心血——《纽约新闻报》。从1896年7月麦金莱担任总统以来,他一直是赫斯特报系攻击的目标。

1901年2月,肯塔基州长戈贝尔遇刺身亡,第二天,《纽约新闻报》刊登赞美诗:"穿透戈贝尔胸膛的子弹,在西部地方找不到,它很可能向这里飞来,把麦金莱装入棺木。"同年4月10日,《纽约新闻报》晚刊社论称:"假如除掉坏人和废除不良政府只有暗杀一法的话,那么现在是应该采取行动的时候了。"这种煽动性的言论使读者大为震惊。5个月后,一名暴徒果然刺杀了麦金莱总统,人们在凶手的口袋里搜出了一份攻击麦金莱总统的《纽约新闻报》。此事瞬间点燃了广大读者对赫斯特报系早已蓄势的怒火,西奥多·罗斯福总统强烈谴责凶手是被"煽情新闻"报纸煽动的,许多商业机构、社会团体纷纷拒绝订阅《纽约新闻报》,图书馆和俱乐部也采取相同措施,甚至连赫斯特的模拟人像都被吊在绞架上。一时间,《纽约新闻报》成为社会各界众口铄金的报纸,赫斯特的嚣张气焰深受打击,《纽约新闻报》甚至不得不改名为《美国人报》。

但若将黄色新闻浪潮的褪去完全归功于普利策的退出和偶然性事件就大错特错了,历史舞台上的潮起潮落总有属于自己的时代必然性,黄色新闻的落幕也可以说是历史的必然结果。

报刊原本应为还原真相、引导舆论的重要社会媒介。然而,黄色新闻的泛滥不仅破坏了报纸的首要职责,也动摇了新闻界长期以来奉行的真实性与客观性的准则。尤其是在美西战争之后,一些具有高度职业道德与崇高新闻理想的人开始对黄色新闻进行深刻反思和自我纠正。许多新闻从业者认为,"美国传媒界已经成为垃圾新闻的国度",并指出,"新闻界在多个方面明显超越了正当、庄重的界限,流言蜚语不再是无所事事或品行不端者的专利,而是一种可以通过勤奋工作和不择手段获取的交易品……"①

此外,随着社会的持续发展,美国在教育、艺术、文学等领域取得了显著进步,大众的审美水平也日益提升。在这种日益高雅文化的影响下,人们开始对黄色新闻传播的消极文化价值内涵不屑一顾。他们对公开展示他人隐私、捏造流言以骚扰明星和名人的做法感到厌恶。巴尔的摩教友派妇女曾在《竞争》杂志上呼吁开展一场"净化新闻界"运动,她们希望报界在面对犯罪或丑闻细节时能保持缄默,排除纯粹煽情式描写,至于插图和广告栏目,如果不是本着人性之善良目的或求医问病之良好意愿,就会误导缺乏洞察力的公众入歧途,这样,它们就不该在报端出现。虽然"煽情新闻"的编辑们大多不会重视这些温和的请愿,但至少说明大众已经开始意识到大多数新闻记者早已泯灭良知和正义感,他们骨子里是伪善的腔调和淫荡的风度。《纽约邮报》的编辑戈德金曾明确指出,黄色新闻业以其粗俗、下流、不顾后果的煽情主义精神,逐步侵蚀了优良品位和高尚道德的传统。这种新闻形式培养了生活中的不良习气,降低了读者的道德水准。戈德金警告说,这些新闻可能通过其冒失的言论激励某些人走向犯罪。②

此外,严肃报纸如《纽约时报》的兴起给予"煽情新闻"以沉重的打击。《纽约时报》由亨利·J.雷蒙德于1851年创办,雷蒙德为《纽约时报》确立的编辑方针是:客观、公正、冷静,他在发刊词中表示:"……我们绝不打算似乎是感情冲动地来写文章,除非某些事确实使我们冲动起来,并且我们将努力做到尽量不使自己感情冲动。"③雷蒙德的贡献在于他在报道社会大事中养成了一种类似于《泰晤士报》那种相当正经的作风,在《纽约时报》上登载个人攻击的文章是绝无仅有的事,它也极少以格里历所热衷的黑白分明的形式提出问题,力求用准确、公正代替想当然。历任《纽约时报》的主编都渴望把握新世代的阅读需求,其最大的魅力在于对传统的尊崇和对于新闻理想的绝对坚持。尽管《纽约时报》在黄色新闻盛行的年代因其严肃的风格而

---

① 斯皮尔伯利.媒体法[M].周文,译.武汉:武汉大学出版社,2004:286.
② 谢静.美国的新闻媒介批评[M].北京:中国人民大学出版社,2009:70.
③ 李磊.外国新闻史教程[M].北京:中国广播电视出版社,2001:296.

面临破产的风险，但在那个"内容为王"的时代，专注于内容的精耕细作终将获得读者的回馈。在19世纪90年代，当报纸遇到阿道夫·奥克斯时，他再次将《纽约时报》推向了报业领导地位的轨道上。

阿道夫·奥克斯的文字并不出色、华丽，但他的天才之处在于卓越的企业经营能力、稳健的新闻观念和领导新闻工作的才能。当阿道夫·奥克斯接手《纽约时报》时，该报的日发行量仅为9 000份，处于纽约十家主要日报的末位。阿道夫·奥克斯推崇报纸的品质胜于利润，他主张严肃的新闻报道方式，认为报纸是社会的公器，它肩负的使命感使它超越了仅仅作为一份生意的价值。在普利策与赫斯特还在以黄色为战场一争高低时，阿道夫·奥克斯却宣称他主持的《纽约时报》"应无畏无惧，不偏不倚，无分党派、地域或任何特殊利益"，并刊载"所有适宜刊载的新闻"。他拒绝使用耸人听闻的标题和登载黄色小孩的漫画，提出了与煽情性新闻截然相反的新闻理念即"只报道事实"：为商人提供股票和不动产消息、为专业司法人员提供法庭报告、为政治领导人提供条例公文摘要的一种信息性报纸。《纽约时报》在众多黄色新闻报纸中独树一帜。精明的人发现《纽约时报》简直是"商界圣经"。赫斯特认为这种严肃无聊的报纸人们马上会抛弃他，然而阿道夫·奥克斯悄无声息地增加了"图书与艺术副刊"和"周日杂志"，精美的装帧和有趣的内容立刻吸引了大量女性群体，经此，《纽约时报》站住脚跟，广告商也增加了。在价格上，他大胆地将售价由3美分降至1美分，这比《纽约新闻报》和《世界报》低了2美分，新发行人似乎并不怎么看重利润，也很少刊登广告，甚至拒绝大额利润的广告订单，仅仅认为这些广告不合格或有损办报动机。除了基本开支与股东红利外，他将全部获利投入编辑中，为此，《纽约时报》也收获了一批具有崇高新闻理想与职业道德的报人。优秀报人的出现将《纽约时报》推上了时代浪潮的最前端，关于泰坦尼克号沉船的迅速、真实、严肃的报道更是让《纽约时报》闻名于世，名垂青史。《每日镜报》的编辑保存了《纽约时报》关于泰坦尼克号的报道，说道："这份报纸是采访史上最伟大的成就，我们保存它，把它当作一面镜子。"1918年，第一届普利策新闻奖颁发时，《纽约时报》当之无愧成为获奖者。

在阿道夫·奥克斯于1935年逝世前，《纽约时报》已经与隔海相望的英国《泰晤士报》并称为"报纸中的报纸"。普利策的《世界报》已于1931年停刊,而赫斯特的报纸日趋衰亡。苏珊·蒂夫特与亚历克斯·琼斯在1999年出版的《托拉斯:隐藏在〈纽约时报〉后的权势家族》中对此评价道:"赫斯特、普利策、贝奈特利用报纸追逐的是金钱、政治权力与声名远扬,而阿道夫·奥克斯追求的则是受人尊敬。"

可以知道的是,任何时候,当一大部分人被现有的新闻传播机构长期忽视时,最终总会有别的新闻机构被设计出来以满足这一需要。黄色新闻中"耸人听闻"的报道固然满足了镀金时代混沌杂乱日子里庸俗、低廉、享乐的审美趣味需要,但煽情手法从来都不是维持报业生存的根基。当社会文化氛围成熟到一定程度时,报纸必须回归到真实、全面、重视新闻专业主义的道路上来,以适应阅读能力日益提高的读者,《纽约时报》就是完成这一循环周期的例证。

19世纪末20世纪初的美国,新闻自由开始浮现,但在社会精神文明的迷失中,自由往往被用作道德逃避的工具。报纸为了追求利润经常散布谎言和诽谤,这已成为日常权力追逐的一部分,广告商们也利用报纸传播消费主义思想。在许多大城市,因缺乏原则而导致的报业行为构成了文明社会的长期威胁。"煽情新闻"成为这种权力的典型体现,它们沉溺于夸大和虚构,声称通过塑造公众舆论可以毁誉任何公众人物、团体组织或思想流派的形象及其改革主张。普通公众对这种铺天盖地的媒体影响力缺乏辨别能力和抗拒能力,导致整个新闻行业在极端自由主义思潮的渗透中逐渐堕落和腐化。

19世纪末20世纪初的法律体系亦对此屡弱无力,无法对新闻媒体形成监督和约束力量,人们开始意识到对自由进行限制的必要性。伊利诺伊州在"煽情新闻"最猖獗的年代曾制定法令性措施"以保障市民免遭这些污秽'纸片'对他们品格的无端攻击。"而东部很多城市的公共图书馆和读书俱乐部也自觉把这两份全国发行甚广的报纸排除在外。《竞争》杂志要求诚信的市民对待黄色报纸像对待所谓道德遗弃者一样不屑一顾,使这些报纸自身感到羞耻而无立足之地。公众对黄色报刊这种极端现象的憎恶情绪,从实践走向学术思考,对于黄色新闻大战的反思逐渐盛行。现代商品社会在追求利益和遵守职业道德之间的矛盾被充分地暴露出来。民主社会的重要理论之一是人们有权选择负责任的政府,因此城市也有义务支持那些能够承担道德责任的报纸。对新闻道义、责任感的要求已呼之欲出，这是对新闻伦理的新思考。

1900年，亨利·沃特森指出：新闻界缺乏道德准则或自我约束系统和自我尊重，因此其工作或义务缺乏确定的标准。新闻从业者用很少的智力和能力来界定自己的视野；在他们前进的过程中，既没有记录过去曾到达的地方，也没有记录下自己的发现。① 有识之士大多主张有必要采取措施制止媒体污秽的肆意排放，这几股或明或暗的势力都是针对赫斯特报系的，但从实际效果来看，它们对赫斯特仿效者的影响远大于赫斯特本身。

无论从哪方面说，"煽情新闻"的衰落已经开始。到20世纪头10年即将结束的时候，已很难找到有明显"煽情新闻"痕迹的报纸了，即使赫斯特麾下——《纽约新闻报》例外——的诸多报业，也都失去了浓重的"黄色"。1947年，美国新闻自由委员会发布了《一个自由而负责的新闻界》调查报告，这是对新闻责任的重要阐述。施拉姆等人于1956年发布的《报刊的四种理论》问世，这部媒介社会责任论的著作，促使媒体进一步提升社会责任意识。在这一过程中，黄色新闻逐渐淡出公众文化视野。

普利策曾经深感后悔，因为他在与赫斯特的竞争中采用了一些"煽情新闻"手法。晚年的普利策常常反思自己对于权力的迷恋给社会、公众和报纸带来的消极影响，因此他主动退出了黄色新闻大战，重新踏上追求最初的政治理想之路。在其事业的后几年，曾一再要求编辑们重视高品位读者的需求："我们没必要——也不应该——像鲁莽的《纽约新闻报》那样做，不顾及公众舆论，不顾及公众的欣赏品位。"1903年，在一份备忘录中，普利策对编辑们讲道："不要有虚假、伪造成分，低调报道凶杀、婚恋、猥亵情节。提高头版新闻质量。"但他允许周末版在风格上可以欢快些，因为其目的是给全家人带来娱乐②。

普利策坦陈，他的新目标市场是那些欣赏《纽约先驱报》和《纽约时报》的读者，他希望在不失去现有读者的情况下，改变《世界报》的风格以吸引新

---

① 弗林特.报纸的良知：新闻事业的原则和问题案例讲义[M].萧严，译.北京：人民大学出版社，2004：325.

② MARION T M. Civilizing voices: American press criticism, 1880—1950[M]. London: Longman Publishing Group, 1991: 31.

读者。反映在报业实践上,这一设想就是要走一条中间路线,但他的编辑们认为这是很难企及的目标。普利策在晚年确实希望重视形象,以严肃、负责任的面目示人,对于新闻业的前景,他认为:如果一份报纸仅仅为取悦无思想的读者,或为一些表面现象而呐喊,这份报纸是不会有强大影响力和生命力的。报纸要真正树立权威就必须有自己的理想和信念,关键时刻,它必须勇于反对支持自己报业生存基础的读者阶层的利益[①]。

《世界报》后期,普利策的新闻事业朝着专业化的方向发展,新闻专业主义萌芽。1903年的春天,普利策向哥伦比亚大学抛出橄榄枝,申请创办新闻学院,将自己的遗产用来培养专门的新闻人才。1917年,在普利策逝世后的第6年,"新闻界的诺贝尔奖"——普利策新闻奖正式诞生,并激励着此后数百年间无数的新闻从业者。

在美国现代报业体系中,以公众利益为主,追求崇高信仰和受卑鄙心理左右、为个人私利计这两种观念间的紧张关系始终是困扰新闻界的难题,它也是19世纪后期以来媒介批评的主旨所在。虽然年轻时的普利策有过犯错的时候,但其晚年的行为为其一生的新闻事业画上了完满而精彩的句号。

第三节　对黄色新闻的反思

一、积极的颜色?颓废的颜色?

对于"煽情新闻",总体评价无疑是否定的。许多学者认为,煽情新闻是一种缺乏深度和灵魂的新闻形式,往往与低俗化和媚俗化联系在一起,令人担忧。然而,尽管如此,我们仍有必要深入思考其中的某些方面。

"煽情新闻"可以说是从政党报刊向大众报刊转型的突破性尝试。19世纪80年代,纽约成为美国最为典型的移民城市之一,每年约有50万名移民从世界各地涌入这里。由于人口的混杂和素质的参差不一,多数移民没有阅读能力或几乎看不懂英语,但为了在城市中生存下去,他们大多具有渴

[①] BRENDON P. The life and death of the press barons[M]. Atheneum:Atheneum Corporation Ltd,1983:451.

望学习的心理。传统的党政报刊主要读者群是社会上层的精英人士,普利策却立志于面向普通市民阶层,开拓一个崭新的报纸读者群,他将新闻报道的内容写得符合大众的口味,故事新颖、简单易懂,大量的图片让即使不识字的读者也能够从报纸中获得关键的信息,接近新闻本身。此外,黄色新闻以1美分的定价继承便士报的亲民价格,让报刊脱离昂贵身份。与以往相比,这种以读者为中心的大众化努力标志着时代的进步。它打破了信息享有权的精英主义观念,充分体现了民主的特征。虽然黄色新闻存在诸多问题,但它也对公民基本素质的提升产生了一定的积极影响。实际情况也验证了这一点:黄色报纸在一定时期内受到大众的积极拥护,主要原因在于报纸迎合他们的口味——尽管读者口味不一定都是正确和理智的,但作为大众的信息传播工具,满足大众需求理应是首要目标。那种以"精英"自居,高高在上,不屑与"群氓"为伍的办报出发点是不正确的。新闻工作者应该致力于以清醒的头脑从事大众化的工作,用责任的理念、健全的知识和充分的信息来满足大众的正当需求。在服务层面上,以报纸为主导的传媒从传播者中心制转变为受众中心制。这一转变改变了媒体对党派和政府负责的中心理念,开创了受众中心制的全新模式,为未来的新闻报道理念作好铺垫。

从"煽情新闻"采用的具体技巧来看,许多方法不应该予以简单否定。虽然黄色新闻因其"故事化"的报道手法而被许多人视为背离客观性原则,但这种风格要求新闻的发布内容要新意不断、简洁干净、紧凑利落,这也是后续记者的基础技巧。除了猎奇类的新闻话题,报纸还喜欢刊登如天气、广告等公共服务性的信息,读者的需要被广泛满足。美国报刊界巨大篇幅的新设计也就此开创。《世界报》的星期日版由20版增加到24版,在出版10周年纪念号时,版面数甚至达到了100版。更令人惊讶的是,到了25周年纪念号,版面数更是激增至200版。这显示了报纸在庆祝重要时刻时所采取的壮举和规模扩展。

此外,黄色新闻对标题的重视显而易见。适时使用大字号标题,在合适的环境下,可以起到画龙点睛的效果,这是黄色新闻特有的一种技巧。1897年,《新闻报》开始使用横幅标题,这是报纸中第一次使用横幅标题[①]。黄色

---

① 布莱雅.美国新闻事业史[M].王海,刘泉,译.北京:北京师范大学出版社,2014:297.

新闻常常在报纸的通栏标题上刊登自家的"重磅"或"独家"新闻报道,这一惯例已逐渐在新闻界形成。

此外,图片与插画在这段时期得到了极大的重视,并且这种做法一直延续至今,并随着时代的发展而进一步扩展,报纸步入读图时代。图片和标题在各类报纸中作用不断增强。"煽情新闻"故事化的处理手法也在现代报纸中得以传承。深度挖掘新闻事件、详细阐明事件因果、编辑组成生动故事,一系列方法使新闻内容和观点深入人心、影响深远。现代报纸的报道风格被这种方式深刻影响,因此,瞬间吸引观众的注意力、设计故事情节、让故事拥有持久吸引力以及让故事历久弥新,都成为现代新闻报道中评判一篇好新闻的标准。

黄色新闻重视普通阶层的生活,关注弱势群体,维护社会正义和劳动人民的利益。这些办报理念和方向是对媒介社会功能的有益尝试。黄色新闻应该是最早的黑幕揭发媒体形式,早在19世纪末,通过社会运动和对政府决策的批评监督,黄色报纸推动了社会变革,使报纸从信息发布的功能性产业转化为维护社会公平正义的公共事业。普利策和黄色新闻时代的领袖们大量刊登关于政府贪污、腐败和渎职等消息,这些报道对社会影响深远,激励了民众,也让官员胆寒。

同时,对于女性的关注和重视问题,黄色新闻也作出了重要贡献。在19世纪末之前,社会极少主动关注女性群体,很少有报纸愿意大量报道她们的事务。黄色新闻的兴起改变了这一格局,虽然报道多是负面形象,但女性被报道的频率大大增加。这直接引起了社会各界对女性问题的关注和反思。为进一步保障女性的安全和尊重,商场、宾馆以及图书馆等公共场所开始设立女性专用场所,甚至邮局也开设了专门为女性服务的窗口。这些举措不仅改善了女性在公共空间的体验,也标志着社会对性别平等问题开始有了更多的关注和行动。① 虽然黄色新闻煽情化、媚俗化的内容为人所诟病,但在某种程度上也是大众传媒娱乐性功能的一种预演和初步发挥。它增强了新闻的贴近性,增强了受众关注公共事务的热情,缓解了19世纪末

---

① 丘达克夫,史密斯,鲍德温. 美国城市社会的演变[M]. 熊茜超,郭昊天,译. 上海:上海社会科学院出版社,2016:94 - 95.

20世纪初中美国人迷茫、颓废、压抑和快节奏生活带来的心理郁闷。

实际上，对"煽情新闻"批评的主要原因是煽情主义过度发展和影响范围过大。在黄色新闻风暴的席卷下，当时全国 21 个报纸集中的城市里，约有一半的报纸是不折不扣的黄色报纸。波士顿、圣路易斯、旧金山和纽约是"煽情新闻"的中心。除了赫斯特的报系外，中西部的《丹佛邮报》作为最典型的黄色报纸而臭名昭著，《波士顿邮报》则是该市煽情报纸的代表之一，《费城问询报》以夸张性标题而惹人注意。一时间，"煽情新闻"泛滥全国[①]。

这样，与 19 世纪 30 年代对便士报的抵制相似，一场道德战继之而起，它由有教养的杂志发起，社会科学领域研究城市现状的学者和各类组织的成员相继加入，而欧洲来访者把新闻业视作这个新兴国家不成熟、未开化的伴生物。美国报纸是"各类消息的集合体——政治、文学、艺术、科技、时尚的，审讯类报告，引人发笑的奇闻逸事，各种传言，采访，丑闻等——这种风格会使有素养的人士大吃一惊，普通公众兴趣盎然、乐此不疲。"霍尔布鲁克·杰克评论说，黄色与世纪末颓废和觉醒的民族文化心态相一致，评论家们倾向于把"黄衣孩童"视作城市社会腐化的标志[②]，指出其格调低下、道德沦丧，加重了社会阴暗面对公众的消极影响，造成广泛层面的法治意识淡漠、阶级和种族仇视，公众思维判断幼稚化，缺乏正义感，虚假而伪善地许下动听的诺言，却不承担任何责任。

总之，在 19 世纪末 20 世纪初的大众文化领域，"煽情新闻"代表着与传统美德的背离，是与大多数市民阶层内心饥渴愿望相呼应的本能反应，它迎合或培养人类自身的一些邪恶嗜好，以便为经营者牟取经济利益，这种公然贩卖"正当毒品"的新闻现象理应受到谴责。

伊丽莎白·班克斯曾经是一个"煽情新闻"记者，但她认为这项工作毫无美德和意义可言。她告诫说，从事"煽情新闻"事业对妇女来说仿佛进入一个圈套，天长日久，它会磨蚀一个人的纯洁和灵魂。为了养活自己和家人，她们的工作使自己常常与丑闻和邪恶打交道，不得不放弃女性特有的踌

---

① MARZOLF M T. Civilizing voices：American press criticism，1880—1950[M]. London：Longman Publishing Group，1991：23.

② MOTT F L. A history of American magazines 1885—1905[M]. Cambridge：the Belknap Press of Harvard University，1957：196-197.

踌、拘谨、优雅和小心，从事这样艰辛而煽情的新闻事业对自身是一种蹂躏①。在班克斯眼中，美国黄色新闻的编辑是一群善于伪装的"骗子"，他们要求记者采用不道德的新闻技巧来为"煽情新闻""制造"情感故事，表面同情弱势群体、贫困无助的人群，但却刻意派出女记者采访社会上的邪恶现象，以达到煽情、吸引读者的目的。班克斯曾对一名女记者——乘坐下等舱采访来美国的移民，试图得到独家消息——说道："如果没有什么特殊（意外）事件发生，就不会有新闻。"这名记者详尽描写了船上肮脏难忍的卫生状况，但由于缺乏关于人物的煽情报道，稿件终被编辑拒绝。至于自述性报道及小说类描写的"煽情新闻"更是经常充斥报端，有一次一名记者去采访市长，可市长刚刚辞职，在主编的授意下，记者完全虚构了内容，并立即刊登出来。

没人否认这样一个事实，即"煽情新闻"已成为19世纪末20世纪初美国社会的一股重要力量——总体来说是代表邪恶的力量。理智而有教养的读者常常告诫要警惕"煽情新闻"的侵蚀，而且他们也把"煽情新闻"看作是"粗俗人中流行的粗俗时尚"。传统的精英报纸似乎也没能躲过这场"邪恶力量"的"污染"，"煽情新闻"业吸引了大量以前为精英报业服务的人才，他们中间有很多是报界的重要人物。在未点名评论自己熟识的一名编辑时，班克斯指出，难道他的眼光已远远超越了时代，在一生中最好的年代，他主持一份共和党报纸，有意无意地采用了"煽情新闻"的办报手段，表现之一就是经常发表"沙文主义"社论，揭露自己曾经选举出的共和党总统，并通过耸人听闻的大标题形式在报端披露出来②。现在这种情形对他们来说，若不是可悲，至少也是难以琢磨的。班克斯认为，如果传统、高雅报纸要与黄色报纸竞争的话，它们就必须投入大量资金来提高自身文学素养与人文涵养。

二、公众的问题

哥伦比亚大学哈里·派克教授指出，理想中的报纸应该是为受过一定

---

① WEISBERGER B A. The American newspaperman[M]. Chicago：The University of Chicago Press, 1961：145.

② MARZOLF M T. Civilizing voices：American press criticism, 1880—1950[M]. London：Longman Publishing Group, 1991：25.

教育、具备一定文化层次的读者服务的,这类报纸应该客观地评价公共事务,对重大政治事件的讨论应该公正,不能流于肤浅和偏激。这种观点代表了 19 世纪末 20 世纪初以降美国报业的发展趋向。他认为美国的公众并不都是追逐煽情主义的,相对于欧洲人来说,美国式的生活更加开放,美国人是生活在公众眼皮底下,而流言飞语的过度化倾向实际上源于传统的乡村生活。新闻报道中的煽情性也不过是美国人随意性的体现,因为新闻工作者不喜欢受传统约束,热衷于标新立异,尝试新形式、新方法。有读者曾经极力推荐一份不出名的、但办报宗旨正统的芝加哥报纸,这份报纸远离煽情消息,有醒目的大标题,但提供有质量的报道,发行量也很大。"如果公众真的喜欢铺天盖地的,他们为什么还要买这份报纸呢?"① 因此,从长远眼光来看,黄色新闻报纸竭力推销自己的努力是枉费心机,弄虚作假、夸大其词甚至金钱都不能保证报纸的永久发展。报纸的主要目的应当是教化公众,使他们具有足够的道德正义感、文化素养、理智的思维,这样,公众就会自觉地选择一份真正适合的报纸,而摈弃浮躁、虚假的报纸。就报纸本身来说,即使收取现有价格的三倍,它仍然是市场上廉价的商品,如果致力于提高新闻的质量,他们也不会成本昂贵。

但查尔斯·华那却不这样认为,他一直很关注美国新闻业现状,他指出,公众至少应该为"煽情新闻"的泛滥负部分责任,迎合最低品位社会需求的报业通常能够获得最大的发行量。正因为公众低级且庸俗的品位,黄色新闻才会如此盛行。《世界报》和《纽约新闻报》花费巨大人力物力倾力报道美西战争场景,以至连续 6 个月发行量保持在百万份以上,这一直是美国新闻史上"重彩"的一页。赫斯特报纸头版曾刊出对公众的提问——"你喜欢这场战争吗?"在民主社会里,无论宪法体制怎样,决定战争与否的权力应该掌握在公众手里。但现实是,这种权力被新闻界最邪恶的人士所利用,战争就这样爆发了,他们以其他大多数人的损失和牺牲为代价,换取自己报纸发行量的飙升。在美国历史上第一次,一股不负责任的力量,未受任何限制地

---

① VIVIAN J. The media of mass communication [M]. Winona: Winona State University Press, 1997: 56.

攫取了这种权力①。从某种意义上来说,"煽情新闻"记者是无辜的,他们的唯一目的是传播广一点,赢得金钱。社会上弥漫着战争的喧嚣气氛,议员们不敢以政治前途为赌注,他们只有赞成战争,这完全是美国政治生活中的新现象。公众的激情使战争如箭在弦,一个手上控制了几份报纸的流氓式人物,此时对国家的影响力,远远超过了政治家、军事家和知识分子。这次事件后,有识之士针对新闻界与政府之间的关系问题进行了深刻反思,从以后的实践来看,这种反思起到了效果。新闻隶属于社会文化领域的范畴,美西战争期间"煽情新闻"泛滥的现实是报业发展历程中很极端的例子,资深人士对着意推动"煽情新闻"的出版商进行了强烈谴责,包括支持他们的广告商和读者。因此,当麦金莱总统遇刺后,全国上下掀起了声势浩大的新闻审查制度的呼声,但歌德金对新闻界中的自由报道、自由论战仍极为推崇。

三、社会责任感的提出

垄断报团的出现加剧了报业间的竞争,同时黄色新闻对煽情手法的极端运用也愈加突出,通过欺骗公众的情感来获取关注。这种做法粉碎了那种认为人类理性趋向于追求真善美的传统自由主义乐观看法。传统的自由报刊展现出了许多弊端,尤其是作为被"商业阶级"控制的工具,导致了黄色新闻泛滥和"意见自由市场"的消失。在这种情况下,一些新闻工作者展现出了报人的良知,对黄色新闻进行了批评和抵制。尽管有些人主张将报纸置于政府控制之下,以实现理想化的民主政府,但事实上,大多数人认为政府往往存在邪恶的心态,因此不会信任政府掌控的报业。因此,报刊有必要通过自律来承担起社会责任。理想化的报业应该独立于私利、集团和派别利益,对每天发生的事件进行基于事实的清晰描述,不歪曲、不偏颇、不带情感色彩。这种观念成为社会责任理论的萌芽,指引着报业朝着更加公正和负责的方向发展。

不少评论家坚信"煽情新闻"不会持久。著名作家查理·B.科利认为,"煽情新闻"是特定时期随着技术的发展而出现的媒介"怪物",它是长期新

---

① MARZOLF M T. Civilizing voices:American press criticism,1880—1950[M]. London:Longman Publishing Group,1991:27.

闻表达无所限制、自由放任的必然结果,同时,也是美国人与生俱来的对新鲜事物的好奇心使然,总体来看,它的寿命至多维持十几年。随着社会的进步,文明程度的提高,对高质量报纸的需求愈加迫切,像物竞天择的生物界自然规律一样,黄色报纸终究要被淘汰出列,能生存下来的将会是适应时代需要的报纸。科利在"煽情新闻"最猖獗的时候预测到,"一股不可逆转的潮流"已然形成,虽然缓慢,却以不可阻挡之势摧毁着现在风头正盛的黄色新闻,这股清新之气有助于培养新一代记者成为真正的职业者,成为学者、绅士,而不是无聊的喧嚣者、业余侦探家、不学无术却样样精通的"发明家",只有这样,新闻业才会成为一种受人景仰的、崇高的职业。19世纪末20世纪初后期,社会科学领域第一次自发地提出社会责任概念,而作为议会听证委员会的正式形式提出这一适合现代新闻业的理念则是将近半个世纪之后的事情。

四、"报纸的审判"

19世纪末20世纪初,"煽情新闻"对于社会组织稳定根基的破坏效果是显而易见的。"煽情新闻"对政治、经济形势的控制不断增强,破坏社会组织稳定的根基,激化阶级矛盾。报纸对精英阶层、有影响的人士进行恶意攻击,使他们的行为昭示于天下,导致下层群体对上层群体产生嫉妒与憎恨。不同社会阶层间的交恶心态是20世纪末美国社会最危险的倾向,这一时期发生的平民党运动,工会组织的罢工、示威声势都颇为浩大,全国都陷入了混乱局面,而黄色新闻被视为招致社会群体之间不和情结的罪魁祸首。

"煽情新闻"对法庭的公正审判也产生有害影响,它不断腐蚀着司法系统。律师乔治·阿尔杰指出,控告证据一旦被报界得到,立刻就成为广为散布的消息,没有秘密可言,在法院开庭前,仿佛先要接受一场"报纸的审判",同时,也很难找到不受偏颇意见左右的陪审团人员。长此以往,"煽情新闻"报纸使下层民众和无知者想当然地认为法律并不是公正的,而是用金钱可以买到的,大公司可以控制法官的判决……国家司法体制已腐朽至极端,庄严的法庭变形为对弱势群体压榨的象征,而对财产权的保护更是以对人权的侵犯为代价的。再没有更大的伤害比对普通公众心理产生这种毫无根据、虚假的怀疑更可悲的了①。

黄色报纸的"审判"也并不总是批判性的。通常情况下,19世纪末20世纪初美国转型期的人文景观被认为是沾染了一层灰暗的色调,这与"煽情新闻"所刊登的不太雅观的报道息息相关——"耙粪"和"揭丑"让美国这一富饶的土地上贫瘠的精神被赤裸裸显露在大众面前。"煽情新闻"的终极目标、价值观念被与这一实践紧密相连的两人——出版商普利策和赫斯特——反复表述:服务大众,传递消息,教化民众,娱乐大众,揭露贪污腐化,无论它出现在美国生活中的哪一方面,尤其当其发生在美国权力结构中心时。

1878年,普利策在其《圣路易斯快邮报》的第一篇社论稿中宣称,他的报纸将"不为任何党派服务,只为人民服务",成为"真理的喉舌""摒弃偏见与党派争论,宣扬原则与理想"。

尽管没有普利策那样的豪言壮语,赫斯特也尊崇相似的信仰观念。他重视社会大众的利益,同情弱势群体的处境,并且不吝斥巨资为广大读者提供讯息和娱乐。像普利策一样,他也自视为普度众生的教化者,赫斯特对不公正现象的揭露不作任何伪装。他认为,自己的报纸不但要反映,而且要指导"具有全国性影响的运动,引导美国民众的新气象"。

1906年,一名资深记者对赫斯特进行了专访,并引录了赫斯特的一句名言,"我将试图重建美国的民主制度"。这些操作让那些即使对赫斯特恣意滥用煽情手段深为不满的评论家们也不得不认可这位颇具个性的报业主在调查性新闻方面的重要地位。W·S.斯旺伯格指出,在担任《旧金山观察家报》主编的前三年,赫斯特就发动了一系列社会公共运动,其中的几项极富号召力,尤其是揭露南太平洋铁路公司不道德势力的活动②。晚年的赫斯特虽然颇受自己曾经那些"不道德新闻"(bad news)——大量的犯罪事件、社会阴暗面的揭露——的指责,但他对此进行了解释,这一声明极为切合19世纪末20世纪初美国新闻记者的信仰体系:公众总容易被人性中本

---

① MARZOLF M Te. Civilizing voices:American press criticism,1880—1950[M]. London:Longman Publishing Group,1991:30.

② ALTSCHULL J H. From Milton to Mcluhan:the ideas behind American journalism[M]. Baltimore:Johns Hopkins University,1990:266.

真的东西所感动,爱情、冒险、悲剧、神秘等,世界并不总是晴空万里、阳光灿烂,这里也有狂风暴雨、雷鸣电闪,当我们描绘这个世界时,不仅要注意亮丽的风景,而且要表现出阴暗晦涩的一面来①。

总之,黄色新闻时代的新闻记者将自己视为社会的监督者和调查者,这也就是后来被称为"黑幕揭发者"的角色。他们关注弱势群体,坚持追求社会正义,致力于维护下层劳动人民的利益,并在报纸上大量报道政府贪污、腐败和渎职等问题。黄色新闻时代的报纸普遍具有鲜明的民间立场。普利策认为,报纸应该站在弱势群体的立场上,关注穷人的利益,并通过对政府决策的监督批评参与并推动社会改革。这种立场和使命意识使得黄色新闻时代的报纸在社会和政治变革中发挥了重要作用,促进了公众对社会问题的关注和讨论,也推动了政府的改革和反腐行动。

在黄色新闻发展的后期,政治家和大商人已然意识到"煽情新闻"的危害性及其对美国传统文化、主流文化的冲击,他们加入了精英知识分子阵营,对"煽情新闻"这种极端煽情主义特征进行彻底清算。但赫斯特本人并不认为自己的报纸是"煽情的"(sensational),其追求的是"惊人的"(striking)。亚瑟·麦克文——赫斯特《纽约新闻报》编辑——总结的"煽情新闻"的经典定义是:我们报纸的一个原则是,读者一看,就会发出"哎呀"的惊叫。每篇报道的第一段要表达憎恨、狂喜、浪漫、哀婉等强烈情感,重点是要"让女人获得情感,男人得到权力"的心理得到满足。"煽情新闻"宣称要服务于"沉默的大众",以保护他们免于强大势力的邪恶攻击。

的确,像普利策、赫斯特所表现的一样,"煽情新闻"在很多方面反映了美国传统价值观念——高度爱国主义、忠信、诚实、节俭、多愁善感。著名社会学家赫伯特·J.凯斯认为,黄色新闻的记者实际上是总结概括了大多数美国人的共同信仰:拥戴诚实、正直的领袖,反对官僚政治,希冀精英领导,对煽动鼓噪言论以及党魁争论的普遍厌恶。这实际上是"煽情新闻"——当它的发行量和读者达到一定程度,尽管采用煽情手法,招致谨慎的评论家的愤怒——所表达出的意识形态,而这些意识形态也成为日后很多进步主义

---

① ALTSCHULL J H. From Milton to Mcluhan: the ideas behind American journalism[M]. Baltimore: Johns Hopkins University,1990:266.

观念原则的缘起基础,凯斯称之为新闻记者们"持久的、不朽的价值",与进步主义时期的"利他、无私的民主"有颇多异曲同工之处。

但如果把整个 19 世纪末 20 世纪初新闻记者都视为煽情主义者,或把他们的新闻报道看作是人为杜撰的情节剧,那就大错特错了。本杰明·戴的《纽约太阳报》,阿道夫·奥克斯的《纽约时报》,斯蒂芬森的《商业广告家》以及其他报纸都对"惊叫"原则采取坚决摒弃的态度。尽管也追求经济利益,他们还是遵循惠特曼开创的文学及道德准则:理智而冷静地把社会真实的一面反映给读者。他们实际上是仿效富兰克林所树立的榜样,在寻求真理和正义的过程中,如果必须屈从于不道德和邪恶,宁愿舍弃诱人的经济利益①。斯蒂芬森是成名于进步时代的著名黑幕揭发者,作为惠特曼的衣钵传人,他要求他的记者们要"能够在错综复杂的城市生活中寻求并表达出美好的事物来",不仅要有生硬的铅笔,还要有见多识广的大脑、敏锐而犀利的双眼以及高度的社会责任感,比如一场火灾,看到的不仅仅是红光、一场杀人案,也不仅仅是一次罪行,而是要把这些升华到人性悲剧的高度。斯蒂芬森时常谴责普利策和赫斯特的公然愤世嫉俗行为,在美国传统乐观主义精神极盛的时刻,他认为新闻界的愤世嫉俗完全是装腔作势,对那些因从事"煽情新闻"工作而整天疲惫不堪的世故记者们不屑一顾。与斯蒂芬森一样,达纳对虚饰的、乏味的新闻作品不加掩饰地谴责,在他看来,新闻业是"文学的姊妹花",需要简洁、清晰的文体,并且注重细节的描写,这一方法也被晚年的普利策极力提倡。

塔尔德指出,"公众即'纯粹的精神上的集合体'"。"煽情新闻"以迎合大众对低俗趣味的普遍热衷心理为写作目的,以不断俘获大众猎奇秉性为手段,进一步开拓新闻娱乐的消费市场。它并不是一种对时代精神主流的反映和探索,也不能有效传达对 19 世纪末 20 世纪初所处的生存环境的尖锐思考,它至多是一种旨在加强新闻消费功能、扩张市场空间的商业经营行为。在这种娱乐化的过度追求中,首先感到可悲的是新闻媒体对 19 世纪末 20 世纪初精神深度的漠视。它使新闻成为一种表象化、平面化的精神符

---

① BALDATY G J. The commercialization of news in the nineteenth century[M]. Wisconsin, Madison: The University of Wisconsin Press, 1992: 34.

号,无法折射出报人对自身存在际遇的深切体察,更无法体现报纸对人性品质的深度追问。拒绝深度,拒绝理性,甚至拒绝价值判断,这是"煽情新闻"报道的致命后果,并最终导致大众审美趣味的粗陋化、时代艺术价值的短命化、社会内在精神的苍白化,堆砌出粗制滥造的文化垃圾和虚假的泡沫经济。但同时,我们应该看到的是,作为人类新闻发展史上的一个必然经历的阶段,"煽情新闻"所开创的优秀的办报理念和编辑手法、所承载的广泛的媒介社会功能都为后世提供了有价值的范本,其对特定时代中民主的进步、公共生活的提升、大众精神的改造是无法在历史长河中被任意抹去的。

第三章
边疆报业的开拓
——边疆语境下的报业

第一节 边疆报业的肇始

1783年,英国承认美国独立后,美国通过战争和购买土地等手段,从最初的13个州扩展到49个州,领土面积扩大到建国初期的10倍之多。废止了英国殖民当局制定的禁止居民西进的敕令后,许多来自东部的居民开始跨越阿巴拉契亚山脉向西进军。

如果以1748年弗吉尼亚州俄亥俄土地公司的成立作为西进运动的初始阶段,那么在南北战争爆发之前,西进运动已经延续了近一个世纪的时间。在这一过程中,美国西部地区发生过3次大规模的社会变动。受限于当时的经济和技术状况,美国西部的广阔地域在内战前的开发水平依然相对较低。从人口数量来看,1810年,阿巴拉契亚山以西地区的人口仅占美国总人口的1/7,但在接下来的10年中迅速增长,到1820年已占到总人口的1/4。这些移民主要是矿工、牧民和农民。到了1860年,密西西比河以西的广阔地域占据了美国现有领土面积的一半以上,但其人口数量仅为450多万,这一数字仅占到全国总人口的14.43%。东西部地区的经济差异尤为突出,直至1870年,西部地区的工业劳动力只占全国的不足1/10;即便在农业方面,西部地区也仍然明显落后于东部地区。从密苏里河的西部延伸到落基山脉,南起得克萨斯的南部到美加边界的广阔平原,基本上是一片未开发的荒地,直到19世纪的上半段,这片区域仍然被地理学者称作"美国大沙漠"。然而,在内战后的30年间,随着美国由东向西的自由移民、领土扩张以及西部大开发的西进运动如火如荼地展开,荒芜的边疆瞬间转为承载希望的土地,成为美国新生的象征。杰斐逊曾预言美国的未来在乡村,"那些在土地上劳作的人们是上帝的选民"。农民和自由的土地能为美国带来丰硕的果实,"城市里的群氓仅仅是政府的附属物,就像人身上永远的痛处"。在他的首任就职演说中,杰斐逊把自己的观点阐发为对西进的赞扬:"我们国家有充分的土地资源供后代们拓殖。"[①]他通过购买路易斯安那践诺了自己的信仰。

西进的人们渴望了解周围、东部及欧洲的重要的信息。他们不仅仅希望知道哪些新移民来到,哪些老朋友离去,还希望将西部的自然风貌、开发进程等消息传递给东部……受到西部地区地广人稀、交通运输不便等自然条件的限制,报刊成为沟通西部移民与外界的桥梁。

边疆报业,又称西部报业,随着美国西部大开发的进程从零开始崛起。《加利福尼亚星报》的编辑爱德华·克利夫兰·坎布尔曾经这样总结加州淘金热时期的报纸:除了加利福尼亚,世界上没有其他地方的报纸能够如此广泛而独特地发展。这些报纸使用六种语言出版,代表九个国家、八种宗教、七种政党,报道涵盖了完全不同的政治观点、道德观念、法律、医学、文学、商业和农业等领域。

一、作为精神载体的西部理念

美国的西部观念来自欧洲,赋予了西部或西方某种象征性的含义和思想。在他们看来,西部可以给一个民族带来灵魂的拯救和身份的再生,西部象征着天启的抉择,可以涤荡一个民族的灵魂并使之重生,在那里,人们可以自由无虑地幸福生活。[②] 随着清教徒的迁移,这种观念被移植到了北美大陆,在不同的历史阶段与美利坚合众国的使命紧密相连,并释放出巨大的能量,西部观念已经逐渐成为美国文化特征之一。"西部"没有明确的地理

---

① SLOAN W D, STOVALL J G, STARTT J D. The media in America: a history [M]. Arizona: Publishing Horizons, Inc Scottsdale, 1993: 147.

② BARITZ L. The idea of the West[J]. American Historical Review, 1966, 66(3): 636-640.

界线,康涅狄格州的居民把本州的西部也称作"西部"。美国独立时拥有大西洋沿岸狭长的独立 13 州。1783 年,英美的《巴黎和约》将阿巴拉契亚山脉和密西西比河之间的领土划分给美国,但当时这片区域还未真正归属美国。1803 年,杰斐逊总统从法国手里买下了路易斯安那,这片辽阔的土地成为西进运动的重要渡口,美国也就此进入了西部扩张的时代。

本书将 1803 年以后美国获得的本土的西部地区,界定为西部。特别是指落基山脉西侧的地域,涵盖了 11 个州,分别是蒙大拿、怀俄明、科罗拉多、新墨西哥、犹他、亚利桑那、爱达荷、内华达、华盛顿、俄勒冈和加利福尼亚。美国西部则是以得克萨斯州为中心的中西部地带,即加利福尼亚州和得克萨斯之间的区域。辽阔的西部地区呈现出显著的差异性,太平洋各州和内陆各州在地形、气候、资源方面存在很大的不同;人文环境也大相径庭,例如,犹他州的摩门教教徒、俄勒冈的农场主和附近的矿区居民在信仰、风俗、价值观、文化品位上很难找到共同点。但我们仍然将其称为广义的西部,包括 1803 年购买的路易斯安那地区,1818 年《巴黎和约》划归区域完成归属,1845 年吞并的得克萨斯地区,1946 年并入的俄勒冈地区,1848 年和 1853 年获取的新墨西哥地区以及 1848 年夺取的加利福尼亚地区。

数据表明,在有关北方实力的统计中,西部在其中占据了重要的位置:它涵盖了 22 个州中的 11 个(包括 2 个中立州)。在当时北方拥有的总铁路里程达到 22 503 英里(1 英里=1.609 344 千米)中,西部拥有 12 489 英里的铁路线,这超过了东北部铁路线总长。这些数据显示,西部在政治上与东北部的结盟是北方能够在美国历史上最大的战争中取得胜利的重要因素之一。①

著名的清教徒、马萨诸塞殖民地总督约翰·温斯罗普(John Winthrop)在 1630 年曾写道:自从基督教根植于人类以来,事物发展的常规方向总是由东向西的……我们救世主的预言家马太在《圣经》中已经指出了福音传播的这种路径。② 这是一条"不可折断"的预言"金链"。③ 温斯罗普在这番话

---

① 何顺果.美国历史十五讲[M].2 版.北京:北京大学出版社:285.

② NASH G D. Creating the West, historical interpretations, 1890—1990[M]. New Mexico: University of New Mexico, 1991: 202.

③ WINTHROP J. A model of Christian charity in puritan political ideas, 1558—1794 [M]. New York: Edmund S. Morgan, 1980: 90-91.

中阐述了这样一个思想：上帝的使命是由东向西转移的，现在这个使命即将落到移民北美的这些人的头上，而且这项使命被视为一项"不同寻常的工作和目标"。① 美国独立后，随着向西部不断扩张，各种利益集团为了不同的目的积极参与了西进运动的宣传，鼓励移民到西部定居和开发。例如，《1850年妥协案》规定西部领土是否实行奴隶制应由当地居民投票决定后，北方和南方的各州都掀起了向西部移民的热潮。辉格党要员贺莱士·格里利在《纽约论坛报》上提出了口号："年轻人，到西部去！"虽然西部地区相对独立，边疆居民手艺高超，但他们仍然需要依赖东部地区提供的关键原材料和物资，例如打字机、纸张和印刷机等。同时，由于地理位置原因，西部居民还需要通过各种渠道从东部输入他们生产或生活中必需的各种物品。西部的居民同样希望能够将他们的产品推向东部乃至国际市场。总之，即便在最偏远的西部区域，这些地方与其他地方在经济、人口和文化方面的联系仍然非常紧密，而报纸成为这些联系的主要媒介。

在19世纪末20世纪初的美国，工业化和城市化首先在东部地区兴起，但这一进程也引发了一系列不可避免的社会问题，使得一些美国精英开始认为东部地区已经失去了实现其神圣使命的资格。他们沿袭了清教主义的传统，认为美国东部是一个堕落和罪恶之地，并对其黑暗面表示强烈的反感和批判。亨利·戴维·梭罗在《西行求自由》中表达了他对西部的向往："朝东我不自在，西行则感到自由。在那里没有商业的引导。很难相信在东部的地平线之后会找到美丽的景色、宽阔的荒野和自由……但我相信在西部的地平线上一望无际的森林延伸至太阳落山之处，而且在那里没有城市喧嚣干扰我。我们走进西部便走向了未来……每当夕阳西下，总是激起我西行的欲望。"② 梭罗认为西部代表着美国的未来和理想境地。

拉尔夫·沃尔多·爱默生也认为西部是原始和纯洁的地方，是可以找到美国精神和爱的使命的地方。爱默生将西部看作是实现美国神圣使命的

---

① WINTHROP J. A model of Christian charity in puritan political ideas，1558—1794[M]. New York：Edmund S. Morgan，1980：90-91.

② THOREAU H D. Westward I go free[J]. The American Frontier，A Social and Literary Record，1965：24-25.

地方。① 他将西部视为理想中的美国："这个崭新、可望不可即的美国，在西部我(终于)找到了。"② 沃尔特·惠特曼坚信，通过踏上前往西部的探险之旅，人类终将重返他们的精神家园。在他的诗集《草叶集》里，他把美国民众的使命与上帝紧密地联系起来，并强调这些使命最终会在西部得以实现："亚当的后代们来到西方……（他们）来自上帝，来自圣人，来自英雄……"③ 惠特曼视美国民族为上帝的选民，并相信他们在这个世界上履行着上帝所赋予的责任。

总之，在19世纪末20世纪初，美国的精英群体通过对西部地区的向往，表达了他们对东部地区的厌倦和对理想状态的追求。他们将西部视为一个可以实现美国神圣使命和理想的地方，一个充满自由、原始和纯洁的地方。

西进运动在美国历史上扮演了重要角色，塑造了美国民众独特的民族品格和边疆精神。这场运动带领大批拓荒者前往西部广袤的土地，利用新的水源和地理条件，开辟了农业、畜牧业、矿业和交通运输业等多个领域，为美国经济的发展奠定了基础。尽管西进运动的生活充满艰辛，但这种环境培养了拓荒者们勤劳、坚忍和无所畏惧的精神。根据美国人的信条，他们认为每个人都有机会追求幸运和成功，而这些人绝不认为自己比其他人更优越。西进运动不仅开垦了大片土地，还为移民们提供了发财致富的机会，锻造了他们勇敢和坚强的意志。西进运动铸就了美国民众的独特民族品格。

（1）无拘无束但富有责任感：拓荒者们在边疆生活中体现了无畏的精神，同时也对家庭和社区负有责任。

（2）雄心勃勃、胸襟开阔且极富创造力：面对未知的挑战和艰苦的环境，他们展现了雄心勃勃的进取心和创造解决问题的能力。

（3）崇尚个人奋斗及成功，敢于冒险，乐于助人：拓荒者们相信个人努力和冒险精神是实现成功的关键，同时也乐于为社区和他人提供帮助。

---

① EMERSON R W. Journals and miscellaneous notebooks[M]. Wisconsin：The American Jeremiad, University of Wisconsin, 1978：182.
② EMERSON R W. Works[M]. Boston：Edward Waldo Emerson, 1963：72.
③ WHITEMAN W. Leaves of grass[M]. Boston：Cliffton, J Fernes, 1960：312.

（4）追求民主自由，热爱财富，积极乐观：西进运动的精神深深根植于美国人对自由和民主的追求，他们乐观向上，时刻准备着追求更美好的生活和事物。

这些特质成为美国国民精神的一部分，也为美国的社会、政治和文化发展注入了持久的影响力。西进运动不仅改变了美国的地理面貌，也深刻地塑造了美国人民的意识形态和价值观念。

二、地方主义情结下的边疆报业

"边疆是培育了美国独特民族性的政治和社会实验室。"[1]弗雷德里克·杰克逊·特纳对西部的崭新解释道破了西部边疆在19世纪末20世纪初对整个国家发展的深远影响。在19世纪的整个时期，西部地区被视为美国的安全阀，正如格里历所强调的，每个人都有权自由地西行。当一个人在东部地区感到难以为继、丧失信心，或者对城市的喧嚣生活感到厌倦时，他可以考虑到西部去碰碰运气。当大家共同经历困难和共同面对挑战时，他们通常不计较风俗习惯、特权等级或价值观的差异而团结在一起。事实上，自19世纪以来，美国人处于不停地流动中，被称为"轮子上的国度"。大批篷车不断地西进，无论自由自在的单身汉，还是举家西行、未知目的的前行者。那些渴求财富的人们想象着加利福尼亚和阿拉斯加的幻境，男女们不断地打探从远方传来的信息，外面的世界到底变成什么样子了？他们的功绩是贯通两大洋，与欧洲和自己的过去彻底断绝开来，以新西部开拓美国的未来。

内战期间，兴起了移居西部的浪潮。一方面，是源于《宅地法》政策的实行；另一方面，相对于正在经历战争苦难的东部和南部，西部相对安全而繁盛，因此，成千上万的拓荒者远赴太平洋沿岸地区。有许多人，特别是密苏里和肯塔基等边疆居民，对战争非常不满，斥之为愚蠢，或者无心参战，或者由于游击队的骚扰而脱离了战场。对他们而言，遥远的边疆正好是一个远离战乱的避难所。因此，西部开发浪潮不是减弱了，反而因为内战爆发而加

---

[1] HIGHAM J. Writing American history[M]. Bloomington：Indiana University Press，1970.

剧了。据估计，单是1864年一年，就至少有15万名移民从密苏里河农村逃往西部，其中许多是去矿山的。据记录，同一年还有7.5万人通过奥马哈前往西部，他们携带了2.2万吨货物、3万匹马和骡子，以及7.5万头牛。①

另外，1864年，国会通过了《促进移民法案》，并在美国国务院下增设了一个专门的移民局，分配了联邦财政收入的一部分资金，并派遣一部分联邦雇员专门从事招揽外籍劳工的工作，为外籍劳工进入美国提供便利。② 这是一个美国积极鼓励外来移民的重大变化，对美国社会产生了深远的影响。

一是外来移民弥补了美国市场劳动力不足，促进铁路建设。战争与西部开发的双重影响，美国劳动力短缺。多一个移民来到美国，美国就多一份劳动力，美国的工业、农业发展就多一份力量。移民劳动力在铁路的大规模修建上表现得较为突出。根据历史记载，内战期间，美国政府出于军事和经济考虑，于1862年启动了一项雄心勃勃的计划，即同时从东向西和从西向东建设一条横贯美国大陆的铁路系统。这一工程旨在加强国家的统一和促进经济发展。据统计，东段铁路建设的主要工作由约3.8万名爱尔兰工人完成，而西段则主要由1万多名华工承担。这些工人们在极具挑战性的条件下，通过不懈的努力和艰苦的劳动，共同铺就了连接美国东西部的重要交通干线，为美国的西进运动和经济繁荣作出了卓越贡献。这一历史事件也展示了不同文化背景下工人们的合作与奉献精神。③

二是促进了美国西部的发展。19世纪移民大规模向西部迁徙，成为美国经济发展中至关重要的一环。自美国独立战争以来，移民们开始涌入西部，但大规模的西进运动是在南北战争前后逐渐形成的。从殖民地时期到内战前，美国移民政策的发展特征日益显现出严格的限制和联邦权力的增强。无论是前期盛行的鼓励政策，还是此后日趋严格的限制政策，都表明了殖民地与后来出现的州和联邦在争夺外来移民管辖权、税源及劳动力上的斗争。因此所谓的"自由迁徙"的观点，不过是一种学者和政治家所构建的

---

① 查尔斯·比尔德，玛丽·比尔德.美国文明的兴起[M].杨军，译.北京：北京时代华文书局，2017：1472.
② 格林斯潘，伍尔德里奇.繁荣与衰退[M].束宇，译.北京：中信出版集团，2019：188.
③ 邓蜀生.美国与移民——历史·现实·未来[M].重庆：重庆出版社，1990：27.

神话而已。① 内战之前，移民进入美国的大门并不是想象中的那么"自由"的一件事情。1864年，美国《促进移民法案》的颁布，是美国移民政策的重大变化。《宅地法》和《促进移民法案》的同时生效，促进外来移民大量涌入美国西部。

19世纪20年代，西部边疆的土著和外来移民在边疆报业所发挥的文化辐射作用下逐渐融合成一个对美国价值观高度融合的整体。这种融合打破了政府掌控传统报业的局面。一旦西进的居民决定定居，他们就会创建自己的社区，并期望从一个充满活力的报界获得最新消息。社区的报纸充当着将散落的人们紧密联系起来的桥梁，它是西部边境居民心中的精神圣地。西部的土地非常辽阔，农场和牧场与当地社区相距甚远，只有通过报纸，农场主和牧场主才能与外界建立一些联系。社区的报纸甚至起到了类似公告牌的作用，其内容涵盖了各类广告、新闻、天气预告以及自然灾害等信息。在没有报纸的情况下，一个稳定且长久的社区难以存续，而报纸的编辑在边疆地区无疑是一个有影响力的角色。尽管大多数编辑的运作模式和新闻观念都取之于东部，但在发展过程中也逐渐融入了西部特色。在边疆开发的初期，由于缺乏政府的组织结构，为了维护公共法律和秩序，当地的居民有责任联合起来，形成一个和平维护组织，而在这个过程中，当地的报纸起到了关键的组织和领导角色。毕竟，冲突所带来的危机不仅对报纸的正常运作和发行产生了影响，而且对整个社区的共同利益也是无益的。在这种情况下，报纸就成为地方社会生活中一个不可缺少的组成部分。从某个角度看，报纸是所在社区道德和正义的象征，编辑们的自觉工作是把报纸的未来与社区的发展联系在一起。"其他城市的报纸会刊登任何有关我们社区的消息？""不会"，"他们会刊登你所在社区受到关注的信息吗？""一个字也不会有。"② 显然，在美国西部，报业主对于有关自己社区的内容格外偏爱。

边疆社区的形成是社会契约理论在实践中的应用：在社区建设过程

---

① 万澍."自由迁徙"的神话：内战前美国移民政策研究[D]. 长春：东北师范大学，2016.

② CLOUD B. The business newspaper on the Western Frontier[M]. Rono：The University of Nevada Press，1922：35-36.

中,自由的人们自由地联合,在这里,正义和道德成为最强大的驱动力。美国西部的居民们通过这种合作精神创造了一个新的生活方式——西部社区。人们真正关心的不是华盛顿的"告别演说"或欧洲的干预,而是他们所在的社区明天可能会遭遇的情况。报纸上对地方的观点反映了这个国家的发展历程,其深层原因从编辑们对西部的观念中可见一斑。由于邮政服务进展缓慢且充满不确定性,报纸成为当地居民了解外界的唯一途径。报纸的"人际沟通功能"在西部体现得甚至比东部更加明显。鉴于邮递报纸是免邮费的,编辑们总是努力提高信息量。报纸在加强美利坚合众国的统一和民主观念上的影响不容忽视。由无数个体组成的编辑群体,将手足般的情谊连接起来,他们从事着致力于推进美国的民主,致力于推进整个国家和她的人民向着无限憧憬的边疆行进的事业。

此外,出于地理隔阂、交通不便等因素的影响,报纸作为西部地区对外宣传的窗口,在服务本地社区的同时也起着东西方信息交流的纽带作用。边疆报业积极运用乐观主义的文风,强调西部地区的美好和丰盛,吸引大量东部居民加入西进的移民潮。例如,1854年,《纽约时报》特约记者奥姆斯泰在他的文章《得克萨斯之行——骑马游历西南部边疆》中生动描绘了德国移民的生活:我们经过一座棕色小屋,房顶上有一个十字架塔楼,那是一座路德教堂……德国移民们的生活过得很顺心,也很满足。西部报刊大量渲染西部地区的自然物产丰饶,把伊甸园般的边疆生活想象不断向外输出,西部生活被描绘得充满幸福、希望和自信。在艾奥瓦和堪萨斯的农场社区,在科罗拉多和怀俄明地区的牧场,在内华达、加利福尼亚乃至阿拉斯加的淘金热潮中,报纸的内容都洋溢着繁荣和活力。编辑们的情绪与他们所描述的场景一样充满着乐观。边疆地区对他们来说,就像一块待雕琢的璞玉。乐观的态度总是伴随着对未来的坚定信心。从东部地区的历史经验来看,工业化进程并不意味着所有的福祉都会降临。当一些社会的阴暗面,例如贫困、犯罪、失业和盗窃开始浮现时,边疆地区的居民正对一个美好的未来充满期待。在他们的宗教信仰中,悲观和失望被视为"非美国的",他们所居住的社区展望着一个宽广、自由且没有界限的未来,"对未来的乐观向往是美国文明的最真切体现"。普通居民中的自信、乐观情结是边疆新闻理念的核心反映。随着时代的渐进,边疆地区也遭受了战争的冲击、工业化的贪婪和人性间的暴行,但边疆地区的纯真本性矢志不渝。著名的小说作家和新闻记者马克·吐温将这个充斥着剥削和倾轧的时代称为"19世纪末20世纪初",尽管马克·吐温本人自己,仍然坚守着普通边疆居民一般的乐观信仰。

三、边疆开拓中的报业

美国西进运动的进行极大地促进了边疆报业的发展,报业的逐步兴盛又进一步促进了西部的开发。边疆报业的主要作用是吸引更多的移民和稳定社区的发展。随着铁路和邮政系统的完善,报纸连接起更多的偏远和中心社区,使之联系得更加密切,西部城镇和报刊都呈现繁荣发展之势。这类报刊尤其在边疆居民的公共舆论生活中发挥着组织者的角色。

边疆报业又称西部报业,它是形成于18世纪、兴盛于19世纪初的美国西部的一类报纸。这类报纸规模小,受众少,难以成为主流报刊。但是这类报纸对于形成公众舆论发挥了很大的作用,使得西部地区成为美国政治中的一支新力量,从而引起了人们的关注。它刊登的主要内容除上文所述的渲染西部自然风貌和西进美好生活以吸引移民加入外,还包括阐述西进的意义、鼓动西进、为西进提供信息服务和表达西进者的愿望和意见。在这一时期,边疆报业的兴起与西进运动密切相关,其在边疆开拓中的重要意义主要体现在以下几个方面。

1. 服务西进运动

首先,边疆报业提供了重要的移民指南服务。伴随着西进运动的快速扩展,大量专为移民设计的书籍、手册和出版物应运而生,这些被统称为"移民指南"。这套移民指导手册深入地解答了移民们所关心的各种问题,包括从如何抵达西部地区、如何维持生计、了解当地的法律制度到西部社会的特点等,为移民提供了非常实用的建议。例如,罗伯特·拜德牧师在他19世纪30年代出版的《密西西比河谷见闻:移民与旅客的西部指南》一书中,详细阐述了乘坐轮船旅行的各种优势,并给移民提供了如何避免与运输公司代理人发生纠纷的建议。

其次,"移民指南"为移民提供了在西部谋求生计的方法。这包括生存技巧、如何建造住房、如何获取食物以及其他生活必需品的获取途径。例如,1832年出版的《密西西比河谷的历史与地理》详细描述了当地居民建造小木屋的方法,而德国移民戈特弗雷德·杜顿则分享了种植和打猎如何帮助他们解决生活所需的情况。

再次,"移民指南"向移民介绍了美国西部的法律制度。这些内容由西部报刊提供,帮助移民了解各州和领地的法律规定,以及他们的权利和义务。1814年的《国会法案》要求所有联邦法律必须在两家以上的报纸上刊登,这进一步推动了法律信息的传播。土地公司也经常通过移民广告和指南介绍有关西部的政策法律,为移民提供了必要的法律知识。

最后,"移民指南"介绍了美国西部社会的特点,帮助移民了解当地的文化、价值观和社会风貌。这些指南描绘了西部人的性格特征,如他们的冒险精神、独立思考和行动的能力,以及粗犷的外表,这些都帮助移民更好地适应新的生活环境。

综上所述,边疆报业通过提供翔实的"移民指南",消除了西进者的诸多疑虑,促进了大规模的西进运动,为美国西部的发展作出了重要贡献。

2. 表达移民诉求和意见

在西进移民的西进生活中,他们面对着许多挑战和思考,这也导致了他们对这些问题的观点和立场的形成。这些观点和主张通过各种方式如演说、报纸、书籍和小册子等来传达,它们已经成为西进运动传播的重要组成部分。

首先,西部移民主要寄望联邦政府能够驱逐印第安人。虽然美国的西部地区是印第安人祖先的土地,但是渴望土地的西进移民不断侵占印第安人的领土,引发了印第安人的激烈反抗,甚至得到了英国的支持。因此,西部移民强烈要求驱逐印第安人,并与英国势力作斗争,这些诉求和斗争在报刊上有所反映。

其次,他们要求降低土地的购买价格。1796年,《公共土地法》将西部土地划分为至少640英亩(1英亩=4 046.856 422 4平方米)的大块,并以每英亩2美元的价格出售,这显然对富裕移民有利,但贫穷的拓荒者对此强烈不满,要求降低土地的购买条件。《纽约论坛报》等报纸广泛传播了这种愿望,并推动了1862年林肯政府通过《宅地法》的立法。

再次,随着西进运动的不断深化,移民们也在寻求进一步向西方拓展他们的领土。自1843年俄勒冈热始,西部的各个州都在积极推动把整个俄勒冈地区纳入美国的版图。同时，美国西部和南部州也积极推动吞并得克萨斯墨西哥地区。在1844年的总统选举中，民主党的候选人詹姆斯·波尔克提出了"重新夺取俄勒冈并合并得克萨斯"的竞选口号，赢得了西部和南部地区的广泛支持，并最终成功当选为总统。

最后，来自西部的移民也提出了对联邦银行的限制、债务减免、铁路建设以及交通运输发展的要求。例如，肯塔基州的民主党党报《西美守卫报》曾对合众国银行的掠夺性政策进行了猛烈抨击，并主张减轻债务以及推行救济债务人制度。

总体而言，西部移民以直率和激烈的言论风格表达自己的意见和愿望。西部报刊由读者投稿、积极参与读者言论，这是它们的显著特点。这些报刊在塑造边疆居民的公共舆论中扮演了重要角色，为他们提供了广泛而自由的交流平台。随着这些报刊的发展，西部地区的公众声音逐渐汇聚，形成了一股不可忽视的力量。

在与西部其他城镇和东部城市的竞争中，报纸作为其所在城市的文明推进器和改革者，以所在城镇的形象出现。当纽约州开始建设艾尔运河和国家公路时，《匹兹堡公报》警告居民要当心，因为这可能会把匹兹堡变成一个沙漠村庄，"当纽约这些伟大工程完工的时候，它也把我们每个人的神经都紧张起来了"，纽约和巴尔的摩通过这种方式窃取了西部的贸易。当然，为了提升边疆的生活水平，西部报业与东部地区之间的感情是错综复杂的，"我们用自己的特产与东部兄弟交换奢侈品、工业制成品，同样，在文化产业的交流上，双方也能互惠，在信息、新闻资源的沟通上，我们不会让东部兄弟失望"。

虽然报纸以其所处的城镇为荣，但其内容很少涉及当地的新闻报道。原因很简单：在一个范围不大的城镇里，通过口头方式传达的信息速度远快于通过印刷媒体，而个人之间的书信交流也比报纸上的信息更为透彻。因此，报社的主编经常选择社论、散文和信件作为报纸的主要内容。19世纪早期的报纸当地新闻多是有关印第安人的威胁、牛仔的传奇经历等，此外，政府公告、社区的启事占据报纸的多数版面，其他版面内容则是同各地（包括西部其他地区或东部各报）交换的新闻，尽管有些消息的时效已耽误几周甚至几个月，但对边疆居民来说，它们还是"新"的。随着西进运动的盛行,边疆报纸日趋接近现代意义上的新闻媒介。与东部不同的是,许多新闻稿件是匿名的,或以农场主、订户、加图①、汤姆这样的笔名落款,主题包括有关西部的政治改革、教育、天气状况、宗教、笑话、传说、诗歌等。

广告的版面设计在西部报纸中占据了重要位置,并展现出与东部主流报纸不同的边疆特征。在那些偏远且待开发的边疆地区,广告板经常发布吸引契约佣工、出售廉价土地、以优厚条件吸收开发资本、介绍当地风物特产等信息。某些广告刊登以货贷款信息,即用木柴、毛皮和农产品来交换各种商贸服务。加州纺织行业的崛起就是得益于报纸广告所带来的商机。此外,还有众多的广告专栏具有更强的针对性,例如面向年轻女性教授针织、手工艺、识字的专门学校。此外,还有广告费比较贵的法律广告、专利药品广告、伐木许可和住宅销售等广告。报纸主编经常采用这种方式招徕广告商或促进报纸发行量的提高。

19世纪末,法语、汉语、德语、西班牙语、犹太语、意大利语报纸在旧金山成立36家报社,这是基于西部边疆地区是一个多民族融合环境的基本现状建立起来的,目的是适应各自独特文化需要、维护共同利益。实践证明,外语报纸在相对闭塞的边疆也可以焕发生机,如在加州,单是德语报纸就超过了100家。与其他的西部地区报纸相似,许多少数族裔报纸存在的时间相对较短,且规模并不庞大。但也有例外,在19世纪80年代,由捷克移民在大平原地区创建的报纸逐步壮大到了相当大的规模。捷克裔犹太人爱德华·罗塞特在内布拉斯加首创捷克语报纸,他成功利用太平洋铁路修建的机会吸引广告商投资;六年后,简·罗斯基买下该报并发展成为有14家连锁机构的报业集团,影响遍及西北各地。② 很多少数族裔报纸的目的是帮助自己居民更好融入主流社会,通过学习语言、皈依基督教、淡化本民族习俗,加强与当地人口往来,有些做得很成功。

边疆报业的编辑们都面对一个共同的难题:究竟是积极地推动他们所

---

① 加图有多种含义:① 19世纪末20世纪初西部边疆常用姓氏;② 罗马政治家Marcus Porcius将军称为"老加图";③ 罗马斯多噶派政治家Marcus Porcius,老加图的曾孙,称为"小加图"。

② KESSLER L. The dissident press: alternative journalism in American history[J]. Newbury Park, Calif: Sage, Newbury Park 1984: 28-30.

处社区的发展呢,还是忽略某些环境上的不足;或者如实报道那些丑恶的行径,来吓走新移民?不论如何,报纸的编辑们都应该有解决这些复杂问题的办法。结果是,绝大部分的编辑都是通过推进社区的改革来摆脱这一困境,包括提供公共教育、慈善互助、有益的娱乐设施。在那些粗暴的矿业社区中,报纸编辑们积极推进了公共法规和条例的实施,这不仅是促进文明形态的第一步,也是确保当地居民能够长久居住的重要举措。在开始关注长期的定居点之前,编辑们很少关注犯罪事件的报道。19 世纪早期,阿尔伯克基①的报纸对当地发生的连续六起斗殴事件无动于衷,他们甚至认为这些内容没有报道的价值和必要。② 为吸引更多家庭到边疆固定定居点,编辑们一再强调完善当地法律体系的重要性。《落基山邮报》对当地的一些不文明举动提出了批评,如纵马在公共场所出入、聚众赌博、滥用炸药等;科罗拉多州的《矿区导报》则威胁要将违反公共规则者的名字刊登于报端。当然,边疆地区报业编辑也是非常细心和理智的,为了给初到的定居者留下好印象,他们很会注意对不满现象的抱怨和呼吁,提高当地法律规范之间的界线。

在那些主要依赖贵金属开采和牧群交易的城镇中,编辑们往往不欢迎改革者,酒吧、赌博、卖淫,以及对暴力的容忍通常会有利于当地经济的发展。编辑与酒吧等私营业主之间的关系相当微妙。编辑希望他们所在的社区能展现出文明和健康的氛围,而私营业主则完全是为了吸引客户,不考虑其他因素,甚至他们自己就是冲突的双方。此外,大量的私营企业主成为主要的广告客户,有评论家曾批评西部的报纸中充斥着大量的酒类广告。这群业主通过广告赞助等手段在报纸上赢得了好名声,有些编辑甚至为了版面经济利益向私营业主寻求交易。事实上,许多边疆报纸编辑对于这种乌烟瘴气的环境无能为力,对带有黑社会性质的酒吧、舞厅,以及赌博、卖淫行为不闻不问。例如,尽管政府多次颁布了禁酒法,但矿区的报纸很少进行相关报道。这样做的主要目的显然是为了保护当地各方面的经济利益。如果

---

① 新墨西哥州的中部城市。
② SLOAN D, GSTOVALL J, STARTT J B. The media in America: a history publishing horizons[M]. Arizona: Inc Scottsdale, 1993: 188.

严格执行政府法令,广告商、读者人数都会受到影响。

西部报纸在发展过程中逐渐形成了有别于东部报纸的独特特征。首先,出于吸引移民的考量,它在语言色彩上极具煽动色彩和乐观主义,题材内容多以令人心动的西部伊甸园为主。其次,出于盈利考量,写作手法较为简单。西部移民和知识水平相对东部较低,选择通俗易懂的语言和与生活息息相关的素材更能保证可观的发行量和订阅量。再次,内容质量不高,专业性相对较差。边疆的城市化与工业化进程缓慢,受众对新闻的要求不高,新闻从业者也缺乏系统的理论指导和行业规范,随意性较高。最后,新闻资源的整合能力差,报业主之间形成一种消极的竞争关系。这主要是由于在西部很大一部分的新闻源于其他地区,传递较慢,因此西部报社的独家性和及时性尤为重视。例如《联合报》为保证新闻来源的独家性和及时性,其记者甚至会乘着木船出海,在蒸汽机船靠岸之前到达电话机前传送新闻。这种激烈的竞争模式使得新闻资源无法做到报社间的整合分发,难以实现合作共赢。随着边疆报纸发行量和影响力的扩大,更多的人开始了解西部,促进了西部的进一步开发。可以说,报业的成长与西部的发展是相伴而生的,繁荣的城市是报纸得以生存的基础,脱离城镇谈报纸只能成为空想。

第二节　边疆报业的发展

外来家庭汇集到新的疆域是边疆报纸诞生的基本条件。在美国独立之后,随着移民向西迁移,曾经荒凉的边疆迅速变成了充满希望的土地,并被视为美国新时代的标志。19世纪的美国被称为"轮子上的国度",大批的大篷车持续西进,这使得西进的民众渴望获取周边的资讯和东部的消息。他们常在交通路口和铁路枢纽处聚集,不仅是想了解新移民的到来和老友的离去,更希望能够获得一份辗转迁移的报纸。报纸不仅是连接东部和西部的桥梁、连接城市和乡村生活的纽带,它还是过去与现在的连接器。

最初,报纸和城镇几乎是成对出现的,地方报刊总是在一个城镇兴起后不久甚至同时创办。各地的报纸虽然在内容、体裁上不尽相同,其目的却大多一致。首先,报纸的创办瞄准了居民对消息的需求,报业主期望将这一受众群体转化为报纸的订户,从而获取利润;其次,报纸承担着为新兴城镇招揽新移民、扩充劳动力的功用;最后,部分报纸还有政治宣传、宗教传播等目的。

1846年,俄勒冈市促进协会创办了太平洋沿岸地区的第一份报纸——《俄勒冈旁观者报》。该报为半月刊,其编辑和印刷人员均由俄勒冈市促进协会雇佣。同年,加利福尼亚的首份报纸《加利福尼亚人报》在雷蒙特创刊,该报虽然为小型报且仅印一面,但在数月时间里,该报已传至旧金山并受到了订阅者的欢迎。1849年,加利福尼亚发现金矿,更多的报纸在以加利福尼亚为中心的西部涌现,至1860年,加利福尼亚的报纸总量已高达百家。为了抢占移民的订报市场,《纽约先驱报》《纽约论坛报》等东部各大报纸也出版了加利福尼亚专刊,并被其他报社所效仿。19世纪50年代初期,东部的报纸及新闻资讯大多依靠轮船运往西部,随着新闻时效性竞争的加剧,汽车、马匹等信息传递形式相继出现。多数东部报纸的加利福尼亚专刊搭乘每月的最后一班轮船绕过合恩角送往西部,即便耗时三周到达西部后的资讯已称不上及时,但多达万份的报纸仍能迅速销售一空。在电报和铁路开通后,这一局面方得以转变。

在人口稀少的地区,报刊扮演着先驱者的角色,比大多数人口更早进入新的疆域,与最早的移民一道努力建立新的社会,引领文明走向未开发的地区。例如,贺莱士·格里利著名的口号"年轻人,到西部去"首次在《纽约论坛报》上出现。新闻从业者们必须克服重重困难,才能创办一批批先驱性的报刊。为了能使报纸办下去,获得足够的发行量和点击量,新型印刷商的首要任务就是要建立一个社区。它们似乎一开始就在替并不存在的城市做宣传,希望人们去那里建立一种生机勃勃的生活。当这片地区已经汇集了足够多的固定居民时,意味着这个地区存在一定量的读者群,因而吸引印刷商在此设置报刊点。这些报纸向全国各地招徕移民,它们可能是最早的全国性宣传媒介。与满足社会某种需求而创作报刊的旧社会不同,在西部边疆,报纸则为了激发人们的某种希望。在淘金热时期的加州,报纸扮演了多重角色,成为西部社群建设的重要推动力量。这一时期,淘金热导致了大量报纸的涌现。事实上,圣弗朗西斯科的报纸数量超过了波士顿和伦敦。

报纸在当时的加州社群中扮演了宣传者的角色,通过报道和评论引导公众关注重要事件和社会议题。它们也是联络者,连接着遍布广阔地域的人们,促进了信息的交流和社区的形成。同时,报纸还充当了记录者,翔实地记录了淘金热期间的种种历史事件、人物故事和地方发展。此外,报纸在商业上也起到了衍生品的角色,通过广告、公告为商家和个人提供了宣传、交流的平台。在淘金热时期,铁路网的建立和电报电话及新的印刷技术的出现与使用对推动西部开拓、移民进程功不可没,也是报业主抢占新闻资源的有力武器。加州淘金热潮的大肆宣传以及铁路的扩张和新传媒技术的出现,是边疆报业繁荣发展的重要推力。

一、加州淘金热

加利福尼亚是美国西部的一个州,位于太平洋沿岸,如今有着 41 万平方千米的土地和近 4 000 万人口。然而在 1848 年之前,加利福尼亚仍是一片荒地,美国和墨西哥的战争刚刚结束,双方签订的瓜达卢佩—伊达尔戈条约使加利福尼亚成为美国的领土。此后,这里迎来了来自东部、中部、南部的大批移民。加州人口的迁入很大程度上受到当时的淘金热影响,大量的淘金者涌入西部寻找金矿。

1848 年,詹姆斯·威尔森·马歇尔在萨克拉门托河附近的锯木厂发现了黄金。这一重要发现不仅激发了美国的淘金热情,同时也掀起了一轮关于加州黄金价值的写作热潮。当时,各种小册子和信件都在热议加州的黄金,人们夸张地说加州到处都是黄金,只需弯腰就能找到。在这场写作热潮中,报纸发挥了重要的传播作用。尽管当时加州只有两家报纸,但它们的报道不仅限于本地或西部,而是引起了整个美国乃至全球报纸的关注和报道。

最先发出报道的是加州本地的《加州人报》,但对于詹姆斯在萨克拉门托河发现了黄金这一事件,《加州人报》并没有给予太多的笔墨,只是发出一篇题为《发现了黄金》的报道。这篇报道最初在当地并未引起多少关注,《加州人报》的竞争对手《加利福尼亚星报》甚至对这一消息表示怀疑。但令人意外的是,随着更多的人携带淘金工具前往萨克拉门托河畔、旧金山和蒙特雷帕克,报纸才重新关注这条新闻。《加州人报》在金矿被发现整整两个月后再次发表报道,标题为《金矿又被发现了》,"据金矿区的知情人士透露,淘金活动方兴未艾,需要大量的铲锹和镐头。许多人已经带着极其激动的心情动身来到矿区,形成了一股淘金热。受到淘金热的影响,商人和技工关闭了店铺,律师和长官离开了办公桌,农民扔下了庄稼,所有人都抛弃了家庭"。

热烈的淘金浪潮下,东部报纸也没有忽略对这一事件的报道。起初,中部和东部的报纸对金矿的真实性持怀疑和否定的态度。《纽约太阳报》对于人们所发现的金矿持怀疑态度,认为那仅仅是云母,并警告读者:"那不是闪闪发光的金子。"《圣路易斯团结日报》发表文章称,淘金热不过是一个彻头彻尾的骗局,只有那些愚蠢或受骗的人才会上当。但不久后,詹姆斯·波尔克总统在1848年12月评价道:"在这个地区发现丰富的金矿是非同寻常的一件事。"不相信边疆报纸报道的人最终相信了总统的话。两天之后,费城造币厂对从加州通过茶罐传递过来的230盎司黄金样本进行了详细的化学分析,证实了有关金矿发现的相关报道。直到这一刻,东部报纸才放松了所有的警惕。一家报社宣称:"西班牙理想中的黄金国终于被发现了。"另一家报纸则宣告:"我们即将迎来黄金时代。"还有一家报社说道:"基督的再临或千禧年的来临都不及这个茶罐所引发的兴奋。"很快,淘金热席卷全美,吸引大批美国人向西涌去。

相比于以往任何一次针对西部的宣传运动,加州淘金热的报道,对投机商、移民产生了更大的吸引力。淘金热时期,人们疯狂的状态也促使了边疆犯罪率的提高,报纸在其中扮演了社会记录者的角色。总体而言,边疆编辑倾向于选择正面的新闻来吸引移民,并通过呼吁公共政策来扭转社会不良风气。当时,宣传是边疆报纸的主要新闻价值。正是对西部淘金热的宣传,促使了西部的发展和整个美国社会的融合。可以说,报纸对西部边疆社群建立的前置角色是宣传。

二、铁路扩张

铁路的修建是西进运动的基础性条件。第二次工业革命的进行使得炼钢技术有了较大的进步,钢材制造成本下降,工艺日益成熟,为大规模的铺路筑桥提供了物质基础。同时,联邦和各州政府为铁路行业提供了资金上的支持和政策上的便利,促进了美国铁路的顺利修建。1869年,联合太平洋铁路和中央太平洋铁路在犹他州完成接轨,标志着美国第一条横贯大陆的铁路大动脉的建成。内战前,美国全国的铁路里程仅为3.5万英里,且均在密西西比河以东,内战后,美国铁路迅速向西延伸。19世纪末,美国建成了五条横跨东西的铁路干线,铁路线总长更是接近20万英里,美国建成了交错纵横的铁路网络,连接起全国的城市,带动着西部边疆的发展和全国市场的形成,促进着西部边疆城市群的崛起和美国城市化整体、纵深的推进,同时也推动了边疆报业的繁荣发展。

在美国东西部铁路联通之前,报业经营者所需要投入的运输和设备成本巨大。一名镀金时代的报业主曾说:"我没想到经营报纸的费用这么大,从印刷、运输到广告都需要不断的资金投入。"对于报业经营者来说,首先考虑的是购置必备器具:印刷设备、打字设备、墨辊①、铅条②、桌椅、橱柜等都需购买,这是一笔巨大的投入。

在铁路通车之前,印刷设备的运输成本往往超过机器本身。印刷机是报业中的核心设备,尽管其体积相对较小,主要由木材制成,但中等大小的机器也有几百磅重。在19世纪70年代初期,华盛顿州普遍使用的印刷设备(可印制15英寸×21英寸的页面)的重量大约是1 500磅(1磅=0.453 592 37千克)。加上其他关键设备,这种简易印刷机的重量高达一吨,非个人之力所及。同时,西部地区使用的印刷机主要是由东部制造的,这些设备的运输需要绕过合恩角运到西部太平洋沿岸,然后再由牲畜运输到美国中部的山地地区,一路艰险,自不待言。《圣地亚哥先驱报》从新奥尔良购买了一套印刷设备,历尽千险运到目的地后,却发现关键部件在途中丢失了;《海林那论坛报》的机器要经过大片沼泽区;《博伊西新闻报》的设备要经过旧金山、哥伦比亚河,沿途几千里。

鉴于运输的费用过于昂贵,西部地区的部分报业经营者为了降低总体成本,不得不选择使用二手的印刷工具。显然,这批过时的二手设备可能会出现各种故障。例如,部分印刷模具缺乏字母"W",因此印刷商只能用两个字母"V"来代替;1869年《落基山新闻报》创刊时,由于缺乏必要设备,全篇没有","和小写"k";印刷商沃特·科尔顿回忆印刷《加州人报》时说:"那些

---

① 一种通常用硬橡胶制成的在压印纸张前给印刷用的活字涂墨的圆筒。
② 一条使铅字的行隔开的细金属条。

铅制字母生锈且杂乱无章,都得仔细辨认,有时,还不能满足需要,例如,缺少墨辊和铅条。"印刷方面出现的实际困难不一而足,不尽言述,这些简陋的设备限制了边疆报业的发展。在早期,小城镇的印刷业者钟情于价格实惠且安装简便的手动印刷机,但这可能会降低工作效率,印刷一张报纸的时间长、成本高,而且单位时间内的印刷数量是有限的。

19世纪70年代以来,随着工业革命的深入推进,多条横贯大陆的铁路开始运营,边疆地区的印刷条件得到了显著的改善。印刷机从手动操作升级到蒸汽驱动,打字设备也变得更加先进。利用蒸汽作为驱动力极大增强了打印能力,传统的蒸汽印刷机能在1小时之内完成每周的印刷任务。奥克兰的报纸行业普遍使用的双动圆筒印刷机可在1小时之内打印出3 000张纸,这种高速的印刷技术是前所未有的。俄勒冈报人使用的连续滚筒印刷机每小时可印刷12 000张。1890年更迅速的印刷机每小时可印刷48 000纸张。可以说,铁路网的建立对西部地区的印刷条件有了很大的改善,客观上推动了边疆地区报业的蓬勃发展。

三、新技术的出现

早在19世纪上半叶出现的"便士报"就以其低廉的价格收获了大量的读者。第二次工业革命后,随着印刷技术的发展和照片印刷术的出现,报纸的印刷成本下降,其大众化属性进一步强化。为了处理越来越多的信息,报纸的编辑工作日益繁杂,新式编辑部应运而生。与此同时,作为新闻的主要来源,记者在报社中扮演着越来越重要的角色,新闻采访活动较以往也有了大幅度的增加。报业主对于社会技术的革新是很敏感的,大部分报业主也倾向于主动应用新兴技术来提高报纸的竞争力。在印刷条件改善之后,无线电技术的突破和电话的发明也极大地促成了美国西部传媒业的现代化进程,时空局限的打破引发了信息传播行业空前的变革。

1832年,美国的萨缪尔·摩尔斯创造了电报技术。1844年5月24日,摩尔斯在华盛顿国会大厦的联邦最高法院会议室内,向距离巴尔的摩市40英里远的地方发送了历史上第一份长途电报。此后,电报开始在商业、政府、报纸和私人通信领域广泛应用。电报在墨西哥战争期间显示出显著效果,彻底改变了新闻报道的方式。这种革新为报纸注入了新的可能性,使其不再局限于之前的政治和文学机关报的形式。①

南北战争本身促进了电报的发展。1861年，第一条贯穿美国大陆的电报线贯通，到了1869年时，电报线已经遍布了整个国家。散布大约5000英里、纵横交错的电报线确保了新闻报道的即时传送。公众不再需要等待数星期来了解战役的最新消息。有了电报，记者能够在战斗数小时之内将新闻报道送到编辑手中（而且，有时战争仍在激烈地进行着）；通过"号外"，编辑能使读者迅速地获得消息。电报和"号外"的联合意味着报纸报道战况速度的加快。② 南北战争期间，战争一线的记者需要通过电报传送各战役的最新消息，且战争的特殊性质使得报道和报道的传送速度快慢变得尤为重要，这种需求让电报技术有了一定的发展。

电报技术的进步对西部报刊的重要性在于，它使得西部能够快速、及时地接收来自东部的消息。在18世纪早期，"那些迁徙到西部的人们渴望了解家乡的动态。他们常常聚集在火车站的月台上，不仅仅是为了打听路人的消息，也迫切希望第一个获得大城市报纸的信息。沙龙的老板订阅了大都市的报纸，以此吸引老顾客的光临"。③ 这种情况随着电报的发展发生了巨大的改变。"电报在1861年就使驿马快信制过时，也让当地印刷的报纸能够报道全国和世界各地当天发生的事件，包括内战中每天发生的残杀。"④电报让西部与东部报业之间的边界逐渐消融。随着印刷术的发展，一条通向近代巨型新闻事业的道路摆在美国人的面前。

同时，电报技术的发展也极大地促进了边疆地区的报业繁荣。19世纪50年代，处于内地的辛辛那提和圣路易斯两地均有数家日报发行。辛辛那提有《辛辛那提公报》，1815年创办，起初为周刊，1827年改为日报发行；《辛辛那提商业报》1843年创办。圣路易斯的著名报纸有《密苏里共和党人

---

① 查尔斯·比尔德，玛丽·比尔德. 美国文明的兴起[M]. 杨军，编译. 北京：北京时代华文书局，2017：1244.

② 斯隆. 美国传媒史[M]. 刘琛，戴江雯，苏曼，等译. 上海：上海人民出版社，2010：234.

③ 斯隆. 美国传媒史[M]. 刘琛，戴江雯，苏曼，等译. 上海：上海人民出版社，2010：255.

④ 戈登. 美国增长的起落[M]. 张林山，刘现伟，孙凤仪，译. 北京：中信出版集团，2018：123.

报》，前身是 1808 年出版的《密苏里公报》；《密苏里民主党人报》于 1852 年创刊。五大湖泊地区人口的迅速增长，使芝加哥和密尔沃基成为重要城市。1833 年芝加哥第一份报纸《民主党周报》创刊，并于 1840 年改为日报发行。《芝加哥论坛报》创办于 1847 年，力量日益壮大，成为芝加哥的主要日报，并于 1861 年与《民主党周报》合并。密尔沃基最早的周报是 1836 年创办的《密尔沃基广告报》，它是《威斯康星新闻报》的前身；1837 年创办的《密尔沃基哨兵报》1844 年改为日报，成为该市第一家日报。

不仅如此，边疆地区也采用了新的通信技术，比如应用电话来传递信息。这也进一步证明了办报者在传播新闻、运营报纸中也在关注最新消息、关注社会变化，这是办报活动带给他们的深刻影响。值得注意的是，电话是作为新兴的传播媒介应用在社会之中，并且与已有的传播媒介——报纸相结合，体现出媒介对于社会的重要影响。电话是西进运动后期新出现的一种传播方式，但由于电话也是一种人际传播方式，且电话出现的时间很晚，在西进运动结束前还没有普及，因而其影响也极有限。

第三节　边疆报业运营

19 世纪以来，美国经济在发展过程中一边留恋乡土温情和秩序的民粹主义，执着于"农业神话"，一边又拥抱资本主义、城市化的进步主义，呈现一种价值割裂状态。新闻业的发展与经济发展相辅相成，也经历了分化整合的过程。

西部边疆的报纸在繁荣发展的同时，也面临着来自读者、广告商、政客、特殊利益集团等各方面的压力，他们在内容、定位、风格、版面设计等诸多方面的需求和看法各不相同。广告商深知，通过对报纸宣传经济效益可以实现其目的，而报业主则清楚印刷哪些内容可以获得最大的利益。当面临来自各方的压力时，不同的报业给出了不同的反应：有些坚守新闻自由和独立报业的优良传统，有些在强大的美元面前选择妥协，更多地倾向于在这二者之间寻找一个折中的路径。

读者兴趣往往是报业实现新闻价值的根基，也是报业经济利益的支点，他们的喜好往往直接决定了报纸的发行量和订阅量,也直接决定报刊盈利与否,以及是否能生存下去。大多数读者渴望当地新闻,至少在19世纪70年代,很多边疆报纸缺乏对当地新闻的报道,或是对此缺乏兴趣,或是采访技术和技巧不足,或是他们认为当地新闻更适于口头传播,不必见诸文字。① 当然,这并不表示边疆报纸忽视"噱头"新闻,边疆报纸发行人也深知争论报道能促进报纸销路,扩大发行量。

报业主对于自己所在社区的消息有格外的偏好。虽然他们对经济潜力有着明确的认识,但很难接受这样的手法,一方面是因为担忧可能会吓退新移民;另一方面,由于边疆地区独特的环境和文化传统,他们不忍心让煽情和流言玷污其原有的纯洁。

一、读者群的形成

报刊的主要收入分为两个部分:第一是卖报纸的基本收入,第二是广告收入。而读者群的大小直接影响这两部分的收入,读者群扩大,既可以增加发行量,又能吸引更多的广告客户。确定稳定的读者市场是决定边疆报业成败的最基本和最重要的因素。最初,为吸引家庭来到西部定居,美国西部边疆报纸会以夸张的方式宣传本地的美好生活,并且灌输乐观主义精神,促进城镇化发展。例如位于俄亥俄河和密西西比河交汇处的小城镇,当地居民认为在美国大陆上没有任何一个地方比自己所在的城镇更具备"成为一个内陆贸易城市更好的前景"②。相对来说,吸引读者并不是难事,他们是客观存在的群体。居民有时需要被鼓励或哄骗,使他们能自行购买报纸。报业经营者深知,对待报纸应当如同对待商品一般,而作为一个商人,自己需要始终关注并维护市场的规范和秩序。为了实现这一目标,他们运用了多种不同的战略和方法,在本地以及其他地区成功地吸引了大量的读者群。

为提升业绩,使报纸能够取得长足发展,报业主会积极劝导居民进行订阅。报纸经营者普遍强调市民有责任支持报纸,因为报纸对于确保城市的

---

① SLOAN D, GSTOVALL J, STARTT J B. The media in America: a history publishing horizons[M]. Arizona: Inc Scottsdale, 1993: 188.

② ARTHUR M, SCHLESINGER JR, MORTONW. Paths of American thought [M]. Boston: Houghton Mifflin Company, 1963: 258.

繁荣起到关键作用,而城市的繁荣为每个市民带来福音。报纸在外地代表着城镇的形象。当地的经济情况、资源和特色等信息都是通过报纸传递给外界的,美名远扬,城市的发展也就得到了保障。他们强调新闻价值中的"接近性"——读者会更加关注与自身密切相关的新闻。那些愿意订阅大城市报纸的读者只关注表面现象,而边疆报纸是针对本地,关切本地居民身边事的自己的报纸,理应得到大家的支持。由此,我们不难看出,边疆报业主已经产生"运用新闻价值来经营报纸"的意识和倾向,报业经营中展现出一定的专业化特征。

19世纪80年代,一名爱达荷州报业主发现报纸发行量有下降趋势。于是,他发动了感情攻势,提醒居民自己是在"最艰苦的季节里经营报纸"。丹佛的《落基山脉先驱者报》通过具体事实告诉读者:"订阅报纸仿佛商业投资,它带来的回报要20倍于在交通运输、矿山开采、时髦酒吧、公共教育、教会等的投资。"《夏安族人领导者报》在经营困难时号召读者对促进城镇繁荣的报纸提供"真诚的援助"。

报纸在推进其所处地区的进步中起到了关键作用,具体方式是发布本地的新闻并在全国范围内发行。这不仅为其他的报纸提供了转载的便利,同时也为那些怀有西进之志的人提供了了解边疆情况的机会。报纸的业主希望读者不仅能自行订购报纸,还能为亲友购买报纸。这样的宣传策略确实产生了积极的影响,尽管有些居民不识字,但他们仍然会购买报纸寄给远方的朋友,将其视为书信。《犹他新闻报》曾登载消息,10个移居本地的居民为他们在东部的朋友购买了报纸。在俄勒冈,《政治家报》以本报在其他各州的可观发行量而自豪,实际上,这大部分是由本地人出资购买的。①

其一,边疆人性格秉直。当报业主察觉到居民不配合报纸工作时,他们会非常直接地表达出不满情绪,特别是当居民订阅外地报纸时,更会激起报业主的勃然大怒。有些读者虽然订购了东部的两到三份报纸,但对购买本地报纸并没有兴趣。一些报业主抱怨说他每次只能将八份报纸送到附近的市镇,却大约有五十份外地报纸在当地销售。

---

① DOUGLAS W S. The Calico print: Pioneer Newspaper of the Mojave Desert[J]. The Historical Society of Southern California Quarterly, 1960, 42(3): 227-238.

报业主通过阐明报纸对社区的贡献，用自己的良好愿望、聪明睿智、高尚的道德感来吸引读者，同时，他们也会谴责只看报纸而不订阅、不购买的读者。由于边疆地区的特殊性，居民可以随意进出报社、印刷所，这不但有碍正常工作，而且居民看过了报纸，便不再购买，这就影响了发行量。之后，报社决定禁止非工作人员出入。

其二，报业主高度重视报纸的发行工作，劝导居民订阅绝不是报业主扩大发行量的唯一途径，其扩大发行量的方式与当地人口数有密切关系。在人数较少的小村镇，报业主会采取上门游说的形式，提升居民对报纸的支持度；在一些大的城镇，报业主往往选择聘请专业代理商负责发行工作。究其原因，是居民点本就人烟稀少，那么分散的居民点会对报纸的集中发行和传播形成阻力。但是采取挨家挨户的游说方式会产生较高的人力雇佣成本，并且对于业余和兼职代理人员的管理也是一大问题，他们的游说能力水平无法保证。这实在是一项艰巨的工作。1880 年，斯托克顿迎来了首个报业经营者，他坚信一个只有 100 名居民的小村庄是不可能支持一家报纸的，除非有铁路经过，吸引更多的居民。因此，他雇佣专人来说服附近的科尔法克斯地区的居民购买报纸，并为他们提供特殊的邮寄服务。瓦拉地区的《华盛顿政治家报》甚至派遣了代理商前往附近的矿区劝说矿工订阅报纸。据记载，一场游说行动成功带来了超过 200 个订单。业余和兼职的报纸发行代理人员比比皆是，特别是那些经常有机会到邻近地区走动的人，如医生、治安官员等。

华盛顿州的一个发行代理机构前往波桑德地区开展业务时，却意外地发现当地的居民更偏好另一家报纸。深入地分析和权衡之后，这家发行代理机构转投他处。在一些较大的城镇中，报业主通常会雇佣专业的代理商来负责报纸的发行。位于内华达州的《边疆事业报》聘请了旧金山的托马斯·伯恩斯代理公司来为其服务。这家公司主要负责从波特兰至洛杉矶的 24 家报纸发行的广告业务。可能觉得仅聘请一家代理公司不够，《边疆事业报》还聘请了萨克拉门托的代理机构来为自己服务。一家位于旧金山的企业负责管理和代理本地以及纽约和芝加哥的多个报纸相关业务。盐湖城的《犹他新闻报》不但在犹他州有 38 家促销发行机构，还在加州、内华达州、艾奥瓦州以及纽约市、圣路易斯市设立报纸促销场所。某些潜在的订阅者在购买之前希望先看到样本,因此,报业主在正式出版之前会特别提供一些赠品,这也是在特定情境下为了提高发行量而不得不实施的策略。采用奖励机制也极大吸引了订阅者的注意。1868年,在华盛顿的奥林匹亚镇,所有提前支付3美元订阅《回声报》的人,都可以获得一幅铜版雕刻或平板画。《芝加哥编年报》为预定两年报纸的读者奖励一辆缝纫机,其他报纸提供的奖励包括猎枪、帽子、腰带等。奖励计划通常是精心制订的,随着募集订户数量的增加,奖励金额也逐渐增加。① 可见,小村镇的报纸发行多采用原始、粗放型的经营模式。

如果在大城镇创办报刊,那么聘请专业代理商会更加有利于报业的经营。一是代理商的专业性可以在一定程度上保证发行工作的质量。二是专业代理商聚集了一定数量的报纸发行代理人员,即对人力资源有效整合,便于集中管理。三是制定更加市场化的统一规范。报刊聘请发行代理机构为自己服务,替代了小乡镇的个人雇佣方式,可以在总体上降低雇佣成本,也使报纸的经营与管理趋于成熟。可以看出,大城镇的报纸发行趋于采用精细、集约型的经营方式。

实际上,从小村镇到大城镇的经营模式的变化,是与社会经济增长方式密切相关的,都是由原始走向精细、由粗放走向集约。这是由于报刊产业是由经济的重要组成部分决定的,同时也体现出报刊产业与经济社会的发展是相适应的。随着城市化进程的不断推进,小乡镇会变成大城镇,首先带来的是经济领域的改变,随即影响到报刊产业。

其三,报业主深知,要提升社区知名度,扩大报纸发行量,只有靠自己的努力,因此十分热衷于在促销手段上进行创新。例如,《洛基山新闻报》为当地年纪最大的老年人提供了免费的报纸服务;在19世纪80年代,《旧金山编年报》为了提高其发行量推出了缩影版本,尺寸约为5英寸×7英寸,内含最新的订阅资讯;在一些特定的日子里,比如著名出版商查尔斯·德扬的忌日(遭政敌暗杀),该报纸都会出版缩略版以作为纪念。许多报家选择通过猜谜语的方式来吸引读者的兴趣和好奇,这也是他们常用的策略。1888

---

① CLOUD B. The business of newspapers on the Western Frontier[M]. Rono: The University of Nevada Press, 1992: 37-38.

年,《旧金山观察家报》发布了一系列数字游戏,要求学生在特定的下午将答案提交给报社,可领取一个铅笔盒作奖励。最终,原先预定的10 000个铅笔盒全部被抢购一空。另有一次,《旧金山观察家报》资助了杰出的学生前往巴黎参加世界博览会,这一行动也引发轰动,扩大了该报纸的知名度……一些报纸通过为长期订户提供奖品或组织抽奖活动以提高订阅量,也有报纸通过社会捐助提升自己的影响力。这些形式的创新都对扩大报纸的发行量产生积极效果。事实上,边疆地区报业的多样化促销手段得益于与东部报业的密切接触,从而有所学习和创新。

其四,报纸的订阅成本会受到多种不同因素的综合影响。例如,全国或地区的经济状况、与中心城市的远近距离等。这反过来影响了人力成本和报纸成本的支出。有趣的是,这些开销在各个地区都展现出了惊人的一致性。在19世纪60年代,边疆地区的周报费用稳定维持在每年5美元的水平,而日报的费用则是每年16美元。19世纪70年代,随着淘金热潮的再度兴起,很多地方报纸价格随之上涨。19世纪70年代后期,价格又趋于正常。① 在20世纪末,随着报社运营成本的下降,各大报纸通常选择降低价格以满足读者需求,发行量显著增长。然而,由于报纸之间的竞争日益加剧,报社的盈利并未明显提升,在1880—1890年期间,边疆地区的报纸订阅费上涨了62%,而其发行量仅增长了一半。到了19世纪90年代的后期,为了维持其在市场上的份额,报纸业开始逐步采纳更为现代化的企业管理策略来处理报社的各种事务。

最后,从边疆地区人口学的视角也可审视发行量的增长。据统计,1850年,西部各报的总发行量相当于人口数量的4%,1860年则达到43%,1870年达到61%,1880年是53%,这一统计要高于全国的平均数。

1850年,在边疆地区有11家报纸,其中7家位于加州,1家在墨西哥州,还有1家在俄勒冈州,它们的总发行量达到了6 903份,平均每一份报纸的发行量约为628份。在这一时期,西部各大报纸的发行量主要是基于这个标准,从俄勒冈州的每报平均547份,到加州的每报平均668份。经过10

---

① THORN W J, PFEIL M P. Newspaper circulation: marketing the news[M]. New York: Longman Publishing Group, 1987: 147.

年的时间,西部地区 138 家具有代表性的报纸的平均发行量为 1 599 份,各州间的变化幅度稍大,从新墨西哥州的 575 份到犹他州的 3 000 份。在 19 世纪 70 年代,西部各州的日报和周报的平均发行量约为 1 790 份。在 19 世纪的 80 年代,相关的统计数字下降到大约 1 296 份。19 世纪 80 年代的萎缩现象部分原因是广告商希望得到更为精确的统计数据,但与此同时,报纸的发行量增长速度仍然明显超过了同期的人口增长率。日报发行量在 19 世纪 70 年代增长显著,主要原因是边疆城市化的发展和社会对信息的极大渴求。

根据统计数据,1850 年,《犹他新闻报》首次出版时只有 225 名读者;到了第二年,数量增至 700 名;而在 1856 年,这一数字是 4 000 名。在 1870 年的时候,《犹他新闻报》的周刊发行总量高达 5 000 份,而当将日报与半周报的总发行量加在一起还有 3 000 份的发行量。在 1880 年,该报纸的总发行量为 8 200 份;在接下来的 10 年里,它以 50% 的增长率递增;到 1890 年,其总发行量增至 12 000 份。

总的来看,西部地区的报纸发行量大大超出了人口的增长速度。在 19 世纪 60 年代,西部地区的人口增长率为 72%,报纸的发行量增长率为 128%。在接下来的 10 年里,由于西部城市的迅速扩张,日报的数量以 90% 的速率增长,而人口的增长率为 80%。在 19 世纪 80 年代,随着大量移民定居太平洋西北岸,报业又呈井喷式发展,由于北太平洋铁路和西北铁路的贯通,以及预期中的新州的建立,华盛顿州、俄勒冈州、艾奥瓦州人口增长 165%,而西部报纸增长率达 123%,太平洋西北岸为 336%,华盛顿州达 1 023%。只有一处与大潮流相反,内华达州人口降低 26%,报纸数目减少 32%,发行量降低 47%。①

发行量是衡量一个报刊经营业绩的决定性指标,而经营业绩的好坏也是证明自己报刊实力和受欢迎程度的重要标志。边疆报纸在发行量上取得的成功是个很难确定的概念,因为 19 世纪末 20 世纪初的各报经常虚夸经营业绩。由于不想让竞争对手了解自己的实际运营情况,报纸经营者在谈

---

① CLOUD B. The business of newspapers on the Western Frontier[M]. Rono: The University of Nevada Press,1992:50.

到具体情况时,总会用很模糊的措辞。很多报纸都宣称自己是所在地区最有影响、发行量最大的报纸。

二、边疆广告业

马克·吐温是边疆地区知名的新闻和文学工作者,同时他还是一位在报业经营,特别是广告业务有着深厚经验的记者。他用一个生动的比喻来描述一家报纸的不良经营和低发行量,他说,一只蜘蛛藏在折叠起的报纸里,它正在寻找是否有空白的广告版面可以织网。马克·吐温认为,因为冷清,即使蜘蛛也知道没人会到未做过广告的商店,它知道商店的门廊处适合织网。①

边疆报人当然不希望"蜘蛛"在自己报社门前织网,他们在报纸上倾注了最大限度的广告。在报纸全部收入中,广告收入超过六成,而这一数据在全国范围内不足50%。究其原因,是边疆地区的广告客户要远远多于东部地区,除了法律公告和专利药品广告外,报纸页面上还充斥着诸如伐木许可、住宅销售的广告,而此类广告也为报业主提供了可观的收入。此外,成本也是影响报业成败的重要因素。资本的力量还体现在广告上。广告在西部报刊的发展上一直起着微妙的作用。早期的西部报刊,就依赖广告而存在。"在一个老的、人口稠密的地区,大家比邻而居,他们彼此十分清楚对方买了什么,卖了些什么,在这样的国家里,广告是奢侈品而不是必需品。"②对于地广人稀的西部来说则不同,西部需要通过报刊上的广告来宣扬自身发展的潜力,西部生活的人则需要通过广告告知别人自身的到来,是出售小麦还是出售布匹。广告在报纸的版面中所占的份额如此大,导致报纸经常刊登编辑的道歉信件,因为广告的客户众多导致新闻内容被忽略。广告的数量丰富反映了当地经济的兴旺发展,但对于报纸而言,提供给读者的内容相对匮乏,却是一种缺憾。

报业需要维持运营,广告收入便至关重要。因此,报业主无疑对广告业

---

① YRES A. The wit and wisdom of Mark Twain[M]. New York: Harper & Row, 1987: 4-5.
② 布尔斯廷. 美国人:从殖民到民主的历程[M]. 时殷弘,谢延光,译. 上海:上海译文出版社,2018:1059.

务高度重视。由于西部地区情况的特殊性,报业主和广告商的利益关系呈现出不同于传统的微妙关系。通常,报纸为了维持生存,便需要寻找广告商的支持。在这一关系下,广告商明显处于优势地位,因为它的态度很大程度上影响着报纸的运营,尤其对于规模较小的报纸而言,广告收益的重要性更为突出。但是西部的社会情况使双方的相互关系显现出特殊性。边疆地域辽阔,居民点分散,并且交通不便,这对商品的流通产生了极大的限制。在这一社会因素的作用下,广告商对报纸的需要程度超过了报纸对广告的需求。由此可见,具体的社会条件对报纸运营的影响是深刻的,不过这种情况具有偶然性和特殊性。

广告商急于创造有活力的商业发展氛围,客观上,这有利于报纸扩大影响。有的报业主利用广告增大发行量。"在设计精美,形式多样的广告栏目中,人们能够发现鼓舞人心、欣欣向荣、充满希望、激情勃发的力量。"[1]报纸的所有者深知发行量和广告收益之间的相互关系,并特别关注它们之间的内在联系。为了培养庞大的读者基础,他们实施了多种策略。例如,由于报纸的目标读者主要是矿区的工人,那些致力于销售机械设备的广告公司发现赞助《蒙大拿矿区者报》成为与工人接触的最佳方式。《内华达社区报》的成立是另一个显著的例子。由于其初始版本的报纸价格相对较高,并且邮递到该州西北小镇的时间延迟,常常会影响新闻的及时性。因此,《内华达社区报》应运而生,并且它所寻找的广告赞助商也特别是针对这一特殊群体。

为了获取广告业务,报业主通常采取三种办法:一种是广告客户会主动与报社建立联系,另一种是报纸的运营者积极地与广告客户取得联系,还有一种是无论是全国还是地区性的代理商都在为双方牵线搭桥。广告的第一种形式对于报纸的存续起到了至关重要的作用。当地的商业人士急切希望报纸媒体能给他们的产品带来更大的影响力,因此他们会直接将广告的复制品带到报社。这些复制品上的信息往往会被草率地写在纸上,并在关键部分做上明确的标注,以供报纸的运营者进行详细的版面设计。

---

[1] CLOUD B. The business of newspapers on the Western Frontier[M]. Rono: The University of Nevada Press, 1992: 53.

由于要处理的事务众多，报业主很少有足够的精力来主动招徕客户。但在创业初期，广告对报纸的扶持是绝对必要的。常见做法是，报业主会主动前往商业中心寻找并向商界人士推广他们的报纸，但许多报业主对于推销员这一角色并不感兴趣。一名加州报人回忆报业初创时不得不走街串巷招徕订阅者和广告商，认为"这种工作让我疲惫不堪，与我本职（编辑）毫不相干，但对于报纸发展又必不可少，所以只得硬着头皮去做"。①

　　广告业务的根基在于商业的持续发展。在边疆地区，由于各地区的经济发展水平存在差异，商业中心不完整和不连续，因此报纸并不总是完全依赖当地的广告，展现出其随意和不稳定的特点。例如，在西华盛顿州和俄勒冈的报纸上，旧金山的商业广告是常见的，而哥伦比亚河东岸的报纸则经常发布波特兰的广告，艾奥瓦州的报纸则将其版面出售给盐湖城的商人。旧金山地区的广告占据了《圣地亚哥论坛报》第一期的一半版面，并对该报的早期生存产生了巨大的作用。随着交通、通信技术的发展以及商业流通的需要，纽约和芝加哥的广告客户不但对西部的城市报业，而且对西部边缘地区报业频频光顾。②

　　虽然报业主偶尔会亲自走访各地以获取广告合同，但在大多数情况下，他们更倾向于雇佣代理商来专门管理这一业务活动。广告代理商也有可能同时承担着征集报纸订阅者的职责。在西部的重要城市，例如旧金山和萨克拉门托，当地的代理商有时也会代理数十家边疆报纸的相关业务。旧金山市的著名报纸代理机构有 L·P. 费舍尔、托马斯·伯恩斯、迈尔·安吉尔、C·W. 克雷恩广告公司等。纽约、芝加哥等许多东部城市的著名广告公司如乔治·罗威尔、查尔斯·米勒有很多业务在西部开展，客观上促进了边疆地区的报业发展。③

　　报纸与其代理商之间的合同通常都是含糊、不确定的，主要可以划分为

---

　　① CLOUD B. The business of newspapers on the Western Frontier[M]. Rono: The University of Nevada Press，1992: 54.

　　② HARTER E C. Boilerplating America: the hidden newspaper[M]. Mitcham: University Press of America，1991: 67.

　　③ HARTER E C. Boilerplating America: the hidden newspaper[M]. Mitcham: University Press of America，1991: 69.

报纸代理和版面销售两大类。前者是指报纸授权代理商以委任状的形式，与广告商进行价格商谈。版面的经销者通常是独立的中间人，他们首先将版面销售给广告商，随后再以优惠价格从报纸购买所需的版面。

报业主也在通过分发报纸样本和代理商中介等多种方式，积极地寻找潜在的外地广告客户。当有机会前往其他地方时，报业主同样不会错过直接拜访广告商的时机。《犹他新闻报》是一家富有远见和创新精神的报纸，它预见到东西贯通的铁路即将完工，因此迅速派遣代理人前往东部寻找广告赞助。经过两个月的时间，这份报纸的 24 个版面里，有 4 个是由芝加哥的商界人士提供的。外来的广告商通常是通过代理商来完成他们的业务活动，此外，他们还会通过个人或电子邮件等方式，直接与特定的报纸进行沟通。

药品专利公司是首批全国范围内的广告供应商。早在内战爆发之前，西部地区的报纸就已经刊登了药品专利广告。到了 19 世纪七八十年代，随着铅版印刷和彩色印刷等先进技术的广泛应用，这类特殊商品的广告数量成倍增长。铅版印刷技术让广告商能够直接将金属模板送至报社，从而简化了报纸的印刷流程。从另一个角度看，设计规划也充分地展现了创意与独特性。广告商对为其量身打造的版面形象满意，也更愿意投资。因此，报纸与广告商找到了一个互利共赢的切合点，便利了双方之间的业务进一步发展。

广告业主和代理商吸引广告客户的经验会因不同的时代和地区而变化。总体上来看，边疆报业比其他地区报业更受青睐。在 19 世纪末 20 世纪初后期，全国广告行业的人均支出排名前十，其中有 6 个来自西部的州或地区，而边疆地区则多达 11 个州或地区。

在项目的初始阶段总会遇到一些困难，但多数报业主对广告业务的发展状况表示满意。在 1876 年，《巴特矿区报》的第一期中，仅有 35% 的版面被用作广告宣传。在接下来的三个月里，这个比率上升到了 54%。在 1868 年，当《奥尼尔雪崩报》首次发行时，其广告内容仅为报纸总内容的三分之一，但在两年后，这一比例增加到超过一半。1874 年，该报纸的四分之三版面都被用作广告。边疆地区的报纸和广告业务发展并非一帆风顺，有时报社会因为广告客户短缺而头疼，例如，一旦城镇矿区的开采耗尽，当地的报社就会缺乏足够的广告赞助。许多边疆地区的报纸在广告赞助方面都存在某种程度的不稳定因素。自然灾害不仅是最大的威胁，也是一个不可避免的客观因素。当社区遭受火灾时，报社本身可能会遭难，也可能幸免，问题关键是受灾企业难以提供许诺的资助。当然，事物总具有两面性，那些从灾难中恢复的企业，为了让大众了解自己仍在运作，也会将报纸作为最合适的传播手段。1879年，内华达州尤里卡地区的1/3建筑被一场森林大火摧毁，灾难发生后，为了适应广告商的赞助需求，当地的报纸迅速进行了版面扩张。

边疆地区的报纸在创刊之初版面相对较少，随着广告业务的持续增长，扩大版面势在必行。1874年的2月，《奥克兰论坛报》创刊时的规模仅为5英寸×7英寸，并在三个不同的版面上发布了43条广告信息；到了5月份，报纸的版面增加到了四版，发布了82则广告消息；到了11月，该报纸的版面扩展到了六版，其中60%用于发布广告。尽管其他边疆报纸在发展的速度和规模上不及于此，但它们也显示出增长的趋势。在19世纪末20世纪初的边疆报纸中，一家刚刚开业的报纸往往会有半数的版面被广告所占据，新闻报道的空间变得相对受限。为了更好地吸引广告客户，扩版成为首选的措施。另一种办法是发布增刊，这些增刊的大多数页面都被广告所占据，并夹杂着一些长篇小说的连载或轻松阅读的文章。此外，报业主还将采取其他办法以确保新闻和广告在总体上保持均衡。在19世纪70年代，《犹他新闻报》在原有的周刊出版基础上，又推出了半周刊版本，其中以新闻和娱乐内容为主，广告内容为辅，而半周刊的内容则与此相反。不久之后，《奥尼尔雪崩报》也采纳了这一办法，但它选择同时发布周报和日报，以确保广告和其他内容之间的均衡。

东部报业的新闻理念之一是广告信息应该和新闻一样及时；西部报业认为广告内容对读者们同样具有新闻价值，因此，他们摒弃过时的广告消息。1873年，《犹他新闻报》甚至拒绝对签有长期合约的广告商执行价格优惠，因为报纸需要广告内容能够及时更新。

在边疆地区，报业主所遭遇的一个现实困境是，向订阅者和广告商征收费用同等困难。在边疆地区，社区基本上没有现金，其商业活动主要是基于赊欠和以物易物来进行。由于现金短缺，当地的小规模商业机构经常以物资或服务的方式向新闻机构提供替代广告的费用。有时,一些规模较大的广告公司也会选择以货代款的方式来代替广告的费用。在19世纪70年代,旧金山的一家乐器商店为了在《安提俄克领导者报》上发布为期6个月的广告,允许报主在店内自由选择一件乐器。还有一家广告公司以缝纫机折半价交换报纸的10个月广告费用。一名华盛顿州的报业主提到,在19世纪70年代的后半段,几乎所有的商业广告都没有用现金结算,这对报纸的运营造成了很大的困扰。内华达的报业主威胁道,如果不采取现金支付,将会取消一名纽约广告商的版面。《落基山新闻报》在报纸上发布了那些拖欠债务的广告商和订阅者的名字,使他们名誉受损。在决定是否公开欠费人员的名单时,报业主的做法不一,一些报业主仅将其视为一种催账方式,目的是确保报纸能够良性运作。简言之,广告业务是边疆报业的生命线,其波动对报业的运作产生了巨大的影响。

三、资本的力量

在西部边疆地区,早期建立一家新报纸并不需要大量资金,但真正的挑战是如何保持报社的运营,这需要大量的人力和财力。在边疆地区,由于环境恶劣和条件艰苦,经营相同规模的报业比在东部地区需要付出更多。1860年的美国西部的报刊,已经不能再像过去那样仅仅依赖一丝活力和精神来维持生存了。随着美国经济的转型和传播技术的进步,大规模的生产使得资本在报纸和杂志的发展中扮演着越来越重要的角色。

资本的力量体现在对报刊的运营上,创办一份报纸所需的启动资金越来越高。早期的西部报刊,在匮乏的物质条件下诞生,启动资金少之又少,到南北战争时期,创办一份报纸则需上十万美元了。不过,这似乎是每个国家报纸发展的必经之路。随着工业化发展,美国西部报刊的运营越来越向工业型企业的运营靠近,资本的力量也开始体现在美国西部报刊的运营方式上。早在19世纪60年代,大约四分之一的威斯康星州报纸或者作为连锁机构的分部运营,或者获得不止一家报社的财政支持。[①]

整体来看,由于劳动力的短缺,西部边疆的报业主向熟练员工支付的工

---

① 斯隆. 美国传媒史[M]. 文琛,戴江雯,苏曼,等译. 上海:上海人民出版社,2018:288.

资远高于他们在东部的同行。除此之外,在边疆地区,新闻也普遍短缺。由于当地发生的事件以口耳相传为主,许多事件在口头广泛传播后就失去了其作为新闻的价值。为此,出版商不得不花高价依靠快马邮递和电报从东部获得有价值的新闻。由于运营成本高,劳动力供不应求,边疆报业的"成活率"并不乐观,主要困难体现在三个方面:自然灾害、新闻资源的配置和资本的运营压力。

1. 自然灾害

美国西海岸地下的甲烷高压气体是高温、龙卷风、暴雨等自然灾害频发的主要原因,而且,美国西部多荒漠,气候干旱,降水稀少,又处于美洲板块与太平洋板块交界地带,板块挤压,火山地震灾害频发。边疆报业多受自然灾害的影响。天气条件的恶劣凸显了报业生存环境的困难,1859年4月在丹佛创办的《落基山新闻报》仅用油布遮挡屋顶雨水。在弗吉尼亚城,印刷匠冬季工作时,不得不全身运动以避免冻僵;下雨时,员工们在屋檐下站成一行,"远望去,就像一个大蜘蛛网"。旧金山的《加州星报》初期是在一家磨粉机厂楼上度过,《加州人报》在旧金山的日子亦是困顿不堪。

1871—1897年间,《洛杉矶快邮报》为了获得更好的办公条件五易其址,由于各种外部原因,如火灾、洪水、地震等,许多报社不得不频繁更改地址。《加利福尼亚基督者报》在迁入新家后不久,一场意外的火灾将其付之一炬。《加利福尼亚基督者报》因此种原因曾一度在与报纸行业竞争对手的竞争中处于劣势。在19世纪60年代,位于旧金山的《大西洋新闻报》——加州首家民主党报纸——连番遭遇火灾威胁,这是因为在边疆地区常用明火取暖,但其防护措施并不严格。许多报纸,如《加州旅游者报》《标准日报》《无聊者报》《尤里卡报》《公共平衡报》和《加州论坛报》等,都曾遭受火灾的沉重打击。在1878年,西雅图发生了一场灾难性的火灾,"全市不剩一台滚筒印刷机,纸张大量烧毁",《新闻早报》因此停刊数月。

火灾对有些报业意味着毁灭性打击,但大多数则不然。边疆人达观、开朗的性格充分显示,遭遇厄运时的不屈不挠是西部报业长盛不衰的重要原因。1873年的火灾使内华达州未保险的报业损失12 000美元,但随后他们就向旧金山订购全新设备。两年后,该地又遇洪水灾害。但每次灾难都未能使报人坚韧的意志消沉,边疆的报业愈挫弥坚。

西部有些地区水患同样危险。《落基山新闻报》建立时，为最大限度满足读者利益，把社址建在特里尔河床中间的岛屿上，这样，河两岸居民都能及时看到报纸。1874年5月，意外事件发生，暴雨不停，加之雪水融化，洪水冲走了整个报社，直到1899年，沿河下游地带仍能挖掘出零星印刷设备。①

在西部地区，地震被视为一种常见的自然灾害。但由于多数社址是木头和平房结构，加上印刷设备大多是笨重型，精密度不高，具有很强的抗击力，因此地震对当地报社的实际负面影响并不大。

报业在自然灾害的冲击下确实遭受了不小的损失，但并非孤立无援，印刷业和报业的同行们总是主动组织起来提供援助。在奥斯汀的洪灾之后，附近地区的新闻机构为受灾的人们提供了无偿的援助，包括提供原材料、纸张、印刷服务，甚至还派遣了自己的员工来重建报社。在19世纪60年代的尾声，一场毁灭性的火灾摧毁了《旧金山号角报》。在这场灾难中，全市的同行们纷纷伸出援手，甚至远在内华达州的报纸也向其捐赠，该报仅仅延误了一期的出版。经过五个月的时间，《旧金山号角报》配置了全新的厂房和设备。事实上，在1870—1880年期间，太平洋西北部的超过30家报纸遭受火灾或洪水的侵袭。1879年，《蒙大拿邮报》被大火焚烧一空，由于附近地区也遭受了严重的灾害，在难以找到援助、订阅者数量急剧减少的情况下，该报不得不宣告停业。

2. 新闻的资源配置

首先，西部地区获取新闻信息的成本较高。在边疆地区，报业没有大的经济来源，经费不足，规模太小，没有专业化的排版印刷人员，读者也没有太高的要求。因此这些报纸印刷质量都比较一般，手工排版，质量低劣。西部报纸规模都比较小，发展条件较差、缺人手是再正常不过的事情，具备正式的驻外记者以及专栏作家更是难上加难。好在西部民众喜欢直率地表达自己的意见和愿望，虽然言论经常很尖锐激烈，作风时常显得有些"粗野"②，

---

① BRIER W J, BLUMBERG N B. A century of Montana journalism[M]. Missoula, Montana: Mountain Press Publishing Company, 1971: 136.

② 李银波. 美国西进传播的内容分析[J]. 当代传播, 2001(4): 61-68.

他们的投稿成为西部报纸重要的内容来源——"每一个会舞文弄墨的订户迟早会有文字见报。凡有冤屈的,都可以在地方报纸的版面上抒发他们心中最大的怨气。甚至连政府官员也加入了进来,尽管他们并不总是公开身份,但是总会露出真面目,从而招致猛烈的回敬。"①西部创业时期的报纸刊登的内容大部分由读者投稿,有时也刊登半栏左右的转载新闻。这是由于经济落后带来的信息闭塞。

边疆报纸主要登载一些当地的新闻、低水平的评论以及转载其他报纸的新闻,有时还刊登广告及通告。这些新闻、评论通常有歪曲事实、华而不实和打击报复的嫌疑。这是因为边疆的城市化、工业化程度不高,受众对新闻没有太高要求。同时,这些报刊的专业化程度不高,没有受到系统的新闻理论的指导,往往随意性很强。而西部地区新闻普遍短缺,为确保在同行竞争中保持优势就必须确保新闻的时效性和及时性。例如《联合报》为抢占新闻,保证自己的地位和优势,其记者甚至会乘着木船出海,在蒸汽机船靠岸之前到达电话机前传送新闻。由此获取新闻信息的成本就会非常高昂。有些没有资本积累的小报社主很难经营和存活下去。

其次,西部办报面临着物质资源极度匮乏的挑战。计划创办该地区先驱报刊的编辑们首要面对的问题是"如何获取纸张、如何获取新闻内容以及如何获取报酬"。由于缺乏纸张,最初的报纸更多地以一种新型广告传单的形式开始,直到后来逐渐转变为新闻印刷品。比如斯卡尔在创办《匹兹堡公报》时,经常因为纸张资源不足而苦恼。在极度缺乏纸张的情况下,他们甚至会借用比特堡的弹壳纸来替代。另一个挑战是如何获得报酬。一些编辑表示他们愿意接受玉米、糖浆、土豆、白菜、面粉、麦片、水果甚至柴薪作为报酬。更有一些编辑甚至表示愿意接受"任何物品,除了婴儿以外"的报酬。②因此,办报条件的限制使得边疆报业难以生存和发展,比如报纸小且质量低劣、创刊者斯卡尔亲自散发报纸、创刊点仅有 4 座帐篷等问题。并且,由于办报条件的限制,西部报刊缺少从业人员。由此可见,在经济状况极为落后

---

① 迈克尔·埃默里,埃德温·埃默里. 美国新闻史:大众传播媒介解释史[M]. 8 版. 展江,殷文,译. 北京:新华出版社,2001.

② 布莱克. 美国社会生活与思想史[M]. 许季鸿,聂文杞,魏孟淇,等译. 北京:商务印书馆,1994:82..

的开发初期，创办报纸面临着巨大的阻力，报纸的质量也无法得到保证。而报纸编辑在这一时期发挥着重要作用，他们在艰难的办报环境下靠着一腔热血为西部地区的新闻事业作出了开创性的贡献。

报社的运营就需要搭建厂房，而在边疆报业的初创时期，厂房的搭建困难重重。早期厂房多为简易的木质结构，夏暑冬寒，条件艰苦。有报人描述冬季墨水都凝固了，因此有的报业允许读者以木材代替订阅费，垒起土屋。

洛杉矶单身的印刷匠通常居住在工厂里，而有家人的报人或是住厂房顶部，或在附近，他们之间的距离通常不会太远。当《加州人报》与《加州星报》合并时，所有的员工被迁移到了同一个地方，这里既是新闻机构，也充当着印刷厂、宿舍。《洛杉矶星报》的印刷所是一间地下室，所有员工都住在楼上。当《边疆事业报》初创之时，所有业务、印刷和日常生活都集中在同一间屋子里。

当报纸开始正常运转时，报社首要的任务是因地制宜建设工厂。报人以拥有敞亮和舒适的居住环境而自豪。1860年，繁荣的《加利福尼亚基督者报》拥有一栋价值30 000美元的双层建筑，其编辑室被视为一个"奢华的"场所。当《奥克兰论坛报》大张旗鼓迁入新家时，墙上的防火墙展示了报社的气派，是当地最引人注目的建筑。尽管有了一个舒适的办公地点，并非所有事情都安定下来，很多报纸仍然经常迁移，原因不一而足。

报纸的工作人员主要分布在五个不同的部门：新闻采编、经营、广告业务、印制、发行。报纸规模越小，其职能越重叠，尽管如此，员工还是各司其职。边疆报业人员主要可以划分为两个类别：印刷人员和报道人员。由淘金热潮吸引到西部的人群中有很多粗通印刷技术，其中一些甚至曾是东部的新闻工作者。他们为西部地区的新闻产业提供了巨大的发展潜力。如果整日在矿井里埋头苦干，他们对报业的繁荣无任何意义。因此，在矿业利润极为可观、有暴利可图的情况下，大量的技术人员蜂拥而至，而相对地，他们则转向报业工作，这反映了市场调控的内在规律。然而，天平的两个极端很难实现平衡，在19世纪末20世纪初以前的很长时期普遍倾向于重视矿业而忽视报业。《加州人报》和《加州星报》在创刊初期都曾有过间隔不一的停刊，主要原因是员工被金矿吸引，"这些家伙们'造反'了，都到金矿上去了"。俄勒冈《城市观察者报》曾因印刷工集体淘金而停刊一月有余，后招募的帮工中,甚至包括城镇政府部长和舞厅小姐。一名记者评论道:"除了淘金热,只有霍乱能使这里居民大批离开。"1855 年北加州的科恩河和 1858 年弗雷塞河的淘金热吸引了大批失业工人,对旧金山拥挤的劳力起到分流疏散效果,促进了当地经济资源的合理化配置。① 社会中的闲散劳动力对新情况通常表现出特别的关注和热情,边疆地区不时地为他们带来惊喜,使其不聚集一处或回到东部。通常情况下,越是偏僻、贫困或未被开发的区域,吸引印刷或新闻工作者的难度就越大,而矿业中心地区的报业相对更为繁荣。

自 19 世纪末 20 世纪初以来,西部地区印刷人员数量呈现出迅速的增长趋势。在加州金矿被发现之前,仅有不足 50 名印刷工负责维护 7 份报纸。1870 年,不计兼职报业主的印刷员数量也达到了 621 人,这一数字的增长率是全州人口比例的四倍之多。

边疆地区的熟练印刷工通常在东部接受过正规的学徒训练,尽管西部报业主极力召集更多有手艺的印刷人员,但还是供不应求。19 世纪五六十年代,西部印刷工人工资远远高于东部同行,完成相同任务(1 000 个版面印刷单位),东部印刷工挣 30 美分,西部工人可挣 1.50 美元甚至更多。熟练的印刷工每周能挣 10 美元,而造船工人、木匠、机械师每周挣 7 美元,四轮马车夫、制桶工人每周 4~6 美元,一般工人挣 3~4 美元。②

边疆报业主的最大愿望是印刷人员充足。每周三期的《爱达荷政治家报》的印刷工为赶时间每周要熬三个通宵,《大西洋新闻报》尽管是周刊,其工人也经常工作到后半夜,听说报纸要扩版,工人们更是苦不堪言。《内华达日报》报业主总抱怨没有帮手,为印刷报纸,已严重损害了身体。令人难以忍受的是,信奉基督教的印刷工在安息日也得工作,克雷蒙斯·巴克利无奈地承认,等他赶到教堂时,已经是第二天了。

记者或者编辑(统称新闻人员)需要有高超的处理文字的艺术。他们与印刷人员一样都是经营报纸不可缺少的人才。很多记者通过描写自己熟悉的内容进入报业。马克·吐温是西部记者的典型,起初,他是《边疆事业报》

---

① SLOAN D, GSTOVALL J, STARTT J B. The media in America: a history publishing horizons[M]. Arizona: Inc Scottsdale, 1993: 136.

② CLOUD B. The business of newspapers on the Western Frontier[M]. Rono: The University of Nevada Press, 1992: 107-108.

的通讯记者,马克·吐温的勤奋和才华给报业主古德曼留下了深刻印象,当后者需要一个收集新闻的编辑时,首先想到了马克·吐温。

西部报纸中,全职记者的数量相对较少,他们主要依赖通讯记者,并根据提交的稿件支付相应的薪酬。通讯记者主要负责报道和采访当地的新闻,一些主流报纸对国家的政治和经济动态更加关心,确保在华盛顿特区和纽约至少有一名通讯记者。新奥尔良作为连接东部和西部的重要交通枢纽,很多报纸在此设有专门人员。

早期的新闻工作者并没有接受过专业的培训,许多人拥有律师、教师或技工的工作经验,他们更多的是基于个人的兴趣去尝试写作。旧金山等地的淘金热潮吸引了许多受过学校教育的东部年轻人。淘金不能让每个人致富,边疆的残酷现实常常超出人们的预期,他们不愿意从事体力劳动,很多人就选择进入新闻行业。与印刷工相比,记者有更多的机会提升自己在社会中的地位,哈维·斯科特最初在《俄勒冈人报》担任了兼职记者的角色,其他时间做伐木工,但仅仅八个月后,他就升任为该报纸的首席编辑。

3. 资本的运营

随着第二次工业革命的深入推进,资本主义工业在美国获得了充分、广泛的发展,促进着新兴资产阶级的成长,在报业上也推动着政治家办报向资本家办报的转变,一些报纸逐渐形成了一套复杂的商业体系。从19世纪70年代开始,美国的自由资本主义逐渐向垄断资本主义过渡,随着垄断资本主义在报业领域的发展,各大报企开始相互兼并或联合,组建强大的报业集团。1900年,美国报业联合会正式成立,标志着报纸开始在全美范围内走向联合。至19世纪末20世纪初,报业集团已成为世界报纸产业的普遍现象,报业集团弥合了州与州之间、东部与西部之间乃至国与国之间报业的差异,使得各地的报纸向一体化方向发展。边疆报纸也逐渐走向标准化,开始表现出和东部地区类似的工业化、现代化特征。

为了盈利的最大化,报纸在不断压缩发售价格的同时加大了对广告的重视,广告在报纸版面中占据着越来越多的篇幅,报业主和广告商新型关系的确立成为旧报业向新报业转型的重要标志。随着工业的进一步发展、社区和城市规模的扩大,西部报刊又遇到了早期相似的境遇。制造业的生产者进行大规模生产,服务范围从本社区向外溢出,生产者需要通过广告告知别人自己的业务或产品。和早期西部报刊不同的是,制造业生产者投入广告,用的是大量资本。

自工业革命以来,边疆地区的交通状况得到极大的改观,横贯大陆的多条铁路通车,也为边疆地区带来了先进的印刷条件。更多报业主开始以蒸汽印刷机替代传统的普通印刷机,这大大提高了报业的印刷能力。西部报纸规模没有统一模式可循,随意性较大。印刷机的型号和报纸印数是两个决定性因素。《亚利桑那矿业报》的3版报纸本来自己不设印刷所,因此报社规模不大。随着报业的发展,它需要建自己独立的印刷所。1874年,其版面由6版降至5版,主要原因是对新设备不熟练以及新闻纸张不到位。

边疆的新闻工作者普遍持有的观点是大报(版面众多的报纸)即好报,这导致小报经常处于不利的位置。《罗尼广告人报》为仅有4个版面向广大读者表示歉意,并将其原因归咎于当地的经济低迷。很多人对那种小型报纸冷嘲热讽,"轻蔑地称那种小报头"。当《金矿山新闻报》比竞争对手《边疆事业报》多扩版一英寸时,当内华达州的《每日内陆新闻报》扩版至20英寸×28英寸时,其报业主都自豪地宣称自己是第一流的。①

报业在对新闻工作者选择和薪酬发放上也运用到了资本主义商业发展策略。有的报业主本身就是有见地的新闻理论家,能够高屋建瓴地给记者以指导:如何报道、新闻的目的和意义是什么。《边疆事业报》的古德曼对初入报业的马克·吐温分析道:"永远不要写'据说''有人说''据流传'怎样怎样,而是直接采访核心部门,或赶到事发现场,要写'事实是这样的',否则,读者不会相信你的观点,也不会买我的报纸。"②报业主很在意公众如何看待记者的工作,一名俄勒冈报人承认他会尽量报道"事实真相",但"我们应当清醒的是,记者并非事件的亲历者,他仅仅是写出亲眼所见、亲身感受的经历,不能苛求太多"。报业主积极要求读者提供稿件或新闻线索,科罗拉多州的一名报人行为更加超前,他把每期报纸空余一个版面,请当地饱学

---

① AHACHTEN W. The troubles of journalism: a critical look at what's right and wrong with the press[M]. Madison: The University of Wisconsin-Madion Press, 1998: 69.

② CLOUD B. The business of newspapers on the Western Frontier[M]. Rono: The University of Nevada Press, 1992: 113.

之士组稿,称之为"自主编辑栏目"。①

各种报纸对于新闻的来源采取了不同的策略。有的坐等新闻上门,有的主动派遣记者去寻找新闻的线索。新闻记者经常走街串巷,与警察局和政府的各个部门人士打交道,以求获取有意义的新闻。马克·吐温经常与其他新闻工作者互换消息、互通有无,这样最大限度地扩大新闻的采集范围,减少浪费。1873年,康斯托克耶罗迪克矿井发生爆炸,造成6名工人不幸丧生。记者道顿连夜守候在事发地点,并在凌晨迅速撰写了报道。他表示:"我掌握了最新的资料,并在当天发布了'号外',总共发行了大约300份。"在新闻采访过程中,有实力的大报总占优势,在康斯托克地区繁荣的19世纪70年代,《金矿山新闻报》派通讯记者到卡森城采访州政府的一项议案,又派人到斯普林菲尔德城采访到访的巴西公主,还有专职记者在纽约城作独家报道,其经济实力可见一斑。②

由于新闻工作者没有像印刷行业的工人那样建立行业协会,不同的记者在专业技能上存在很大的差异。因此,他们的工资水平并没有一个统一的标准。1860年,《大西洋新闻报》以500美元的月薪聘请了首席编辑,而《洛杉矶星报》则提供了50美元的周薪。在这个时期,西部地区的记者每周的薪水大约在40~60美元之间(著名记者另当别论),这与印刷工人收入相当。19世纪70年代,百万富翁威廉·沙龙为《边疆事业报》的编辑支付了250美元的周薪。考虑到西部地区广阔,经济状况不一,许多地方的周薪并不像淘金区一掷千金,普通新闻工作者的周薪通常在30~35美元之间。

新闻记者拥有印刷工人所不具备的优势,他们的工作环境灵活多样。除了为其所在的报纸供稿外,还可以为其他报纸供稿,例如西部知名的记者道顿和马克·吐温,他们不仅为自己的报纸工作,还为加州的大报纸提供服务。部分来自西部的记者不仅为东部的报纸做兼职工作,还在纽约的报纸上发布广告并进行自我推销。1866年,马克·吐温前往夏威夷旅行,并提前与几家报纸约好,准备为他们提交稿件。另外,不论是普利策还是赫斯

---

① LOLKERTS J, LTEATER D, Jr. Voices of a nation: a history of the media in the United States[J]. New York: Macmillan Publishing Company, 1994: 79.

② CLOUD B. The Business of Newspapers on the Western Frontier[M]. Rono: The University of Nevada Press, 1992: 111.

特，都先在西部的报纸行业中奠定了记者、编辑等新闻行业的基础，待羽翼丰满后，才开始进军纽约。正因为新闻工作者的流动，各大报纸之间加强了联系，互通有无，淡化了边疆痕迹，促进了19世纪末20世纪初美国新闻业的整体发展。

第四节 边疆印记的消失

一、成功与失败

在西部，创办一家报纸不难，要持久延续下去就是不容易的事了，因为失败的几率远远大于成功。客观来看，政府的管控和法律制度影响着报纸的兴衰。

在19世纪之前的美国，传统报业在某种程度上受到政府的限制。在殖民地时期美洲东海岸，政府对报刊的控制相对欧洲来说更为间接，但这种控制仍然相当有效。对未经授权经营印刷业和出版书报的限制，可以看作是对公众获得印刷设备的限制，类似于对公众拥有武器的限制。在沿海城市，政府可以通过控制印刷机的进口来影响出版印刷业。然而，随着拓荒者向西进发展，情况发生了根本性变化。西部地区地域辽阔，居民分散，这使得政府控制印刷机器的使用和监管印刷内容变得异常困难。因此，政府的控制力度减少，办报活动变得更加自由。① 这一时期，这类报纸与政府的关系较为微妙。一方面，关于普通民众权利的问题，边疆政府往往站在杰斐逊派一边，支持报刊的新闻自由；另一方面，当需要依赖中央政府的时候，边疆政府又转而支持中央政府。毋庸讳言，镀金时代的政府在大多数情况下采取管控报纸的态度，因为政府希望将话语权掌握在自己手里，由此才可以控制社会和民众。尽管这不失为一种维持社会稳定的方式，但归根结底是抑制了言论自由。而报纸作为一种传播思想和信息的媒介，它一方面受到政府的管制，另一方面也对政府产生一定的约束作用。就西部而言，社会的相对闭塞限制了政府控制，而使报纸产生活力；而当政府采用一定政策阻碍报业

---

① 骆正林.拓荒时代的美国西部报刊[J].青年记者，2000(6)：44-45.

的发展,报纸只能处于被动和无奈位置。

1814年的《国会法案》指出,每一个州或领土的两份(后来变为三份)报纸都必须发布所有的联邦法律。此外,各个州的政府"印务局"还承担着印制法律条文的任务,对法庭的案件进行报道,并发布相关的法律公告与文件。这些政策条款在某种程度上推动了新闻行业的进步,并激励了在部分定居点开办新的报纸和杂志。随着城镇居民数量的增加,刊印法律公告成为一项日益兴旺的业务,因为需要进行土地产权确认的移民必须在距其产权最近的报纸上连续刊登六次最终确认公告。① 刊登这些告示,使得办报有利可图,吸引更多人创办报刊。

尽管政府并不是出于鼓励办报的目的,而是为了推广和普及法律知识,使选民了解和监督其代表的活动。但是在客观上,这些政策在一定程度上减轻了创办者的经济压力,使更多的报刊应运而生。

从主观来看,报业者的经营能力和管理方法对报业的发展有很大影响。理想状态下购置初期所需的设备并不需要大量的资金投入。例如,在一个中等规模的城市,1 500美元(这在20世纪初是相当普遍的)足以购买全套设备,包括一套耐用的印刷机、简单的打字机、排版机、手动或机械发动机,以及其他必要的配件。

设想一个充满活力的报业经营者,拥有丰富的经验和1 000美元的储蓄,如果他想要创立自己的事业,那么他可以首先选择一个城市。这个城市的热情拥护者对新闻行业的未来持乐观态度:提升其知名度有助于土地销售、吸引移民和吸引投资。因此,他们在多个方面提供便利,如报纸的土地征用、日常生活用品、水力资源、纸张和墨水等,甚至购买设备所需的贷款资金。为了满足报纸的前期费用,报纸的运营者需要借款1 000美元,并支付每月1厘的利息。

在考虑营业费用时,工资的问题是首要的考量因素。由于具备丰富的经验和出色的管理能力,他仅需一名助手,按照这名助手完成的任务,他大概每周需要支付30美元。还需要一个学徒,每周12美元。该报纸每年发行50期,工资费用约为2 700美元。考虑到发行量在400~500份之间,所

---

① 骆正林.拓荒时代的美国西部报刊[J].青年记者,2000(6):44-45.

需的纸张、墨水和各种原材料每年都需要500美元,而在发行过程中还需要1 000美元。此外,偶发事故300美元,他的报纸总开销达到了4 500美元。

收入方面,假设能提前筹集到款项,可预算2 000美元,(400份的发行量,每份每年5美元)在一份15英寸宽,20英寸长的6页报纸中,如50%版面是广告,共有240个版面可出售,按统一价格每版2美元(单作一期的价格)计算,广告收入全年24 960美元,考虑到对于长期广告客户每版优惠75美分,总数9 000美元。这样,报纸从发行和广告中总收入11 000美元,扣除开销,净收入约6 500美元。还去借贷(1 000美元)和利息(1 120美元),报纸纯收入约5 000美元,这实在是一笔可观的收入。①

计划中的报纸的经营业绩确实令人眼前一亮,难怪投资者如此热衷于报业。一名来自加州的经营者通过书信告知他的兄弟们,"蒸汽船版"报纸为他带来了650美元的盈利,四令纸的成本为32美元,印刷费用为16美元,排版费用为52美元,每一份报纸的价格是50美分,总共发行了1 800份,投资带来了丰厚的回报。

如果所有的统计数据都这样乐观,很难解释为什么大部分报纸都经营失败。然而,19世纪末20世纪初的几十年,大量的资金确实被注入了报业这个无底洞中。在萨克拉门托,《加州美国人》6个月间(总共存在9个月)损失了经营者15 000美元。1884年,乔治·赫斯特竭力寻找买主接管《旧金山观察报》,因为他实在难以承受每月7 000美元的亏本。1870—1880年间,《俄勒冈人报》估计有50万美元损失。《盐湖城论坛报》主编认为,"编辑室里远比财务部门充满生气",②暗指报纸发行热热闹闹,但实际经济状况很糟糕。实际情况是从经营报纸中赢利的现象很少,尽管同样的人在其他领域可能很成功。

报纸出版者常常让读者确信他们并没有发财的机会。《俄勒冈政治家报》的运营者在报纸发布后的一年内催促广告商尽快支付费用,他说,"这些都是小数目,对单个债务人来说无足轻重,当累积到一定规模后,印刷所是

---

① CLOUD B. The business of newspapers on the Western Frontier[M]. Rono:The University of Nevada Press,1992:176-177.

② MALMQUIST O N. The first 100 years:a history of the Salt Lake Tribune,1871—1971[J]. Utah State Historical Society,1971:54.

难以承受的"。一名艾奥瓦的出版商表示,"维持报纸运营所需费用远远超过人们想象的数目"。阅读了7年《落基山新闻报》,丹佛的读者们知道这份报纸仅仅在收支平衡的基础上维持着生存。一名出版商声称他无法透露过多的财政信息,这至少意味着他的报纸还在继续发行。对众多的报纸而言,存在就意味着成功。在1890年,西部地区的报业在广告、订阅和其他收益方面的平均入账,仅比基本开销盈余2 500美元。虽然有的报业经营相当成功,但大多数生存是很艰难的。在边疆地区,经营失败的报纸数量远超过成功经营的报纸,导致报纸破产的原因很多,其中一些完全是个人因素,与经营管理没有直接关联,例如迫切需要返回东部家庭的怀抱——家庭的召唤、健康原因、出现了更好的投资机遇等。另外,在这个时期的出版物统计数据中,有些报纸本身并不打算长期发展,例如,在政治选举时突然出现的政论性报纸,在政治活动结束后,它们也会随之转向投资其他领域,而这些报纸通常被归类为"经营失败"类。

有的报纸之所以中途失败,是因为出版者将其视为个人机关报,主要关注于争论或其他目的的,而对经济状况关注不足。在华盛顿州斯诺密尔地区的艾尔·摩斯里和贝克地区的爱德华·克雷森就是只关注作品表面的内容而忽视了经济的回报的典型例子。艾尔·摩斯里对古典浪漫文学有着浓厚的兴趣,而爱德华·克雷森办报的目的则更加冲动,他是为了批评当地的锯木场主,因为他们限制了自己旅店的开张。由于他们对报纸出版都是一时的热情,因此很难取得最终的成功。不久之后,他们便各自转向了不同的领域。旧金山的本杰明·布克雷办报缘由更加奇怪,他自认是个有影响的人物,而《加利福尼亚基督者报》对自己缺乏应有的重视,没有充分报道自己的活动,于是创办《公共声誉报》,后来,其同事与他不和,也创办了同名的《公共声誉报》,两份周报同样售价25美分,一年内相继关闭,据说本杰明·布克雷因此损失30 000美元。①

边疆地区的报纸未能取得成功,除了个人因素或客观因素外,主要可以归结为三个方面:选址、管理、赊欠。通过分析各种因素之间的相互作用和

---

① CLOUD B. The business of newspapers on the Western Frontier[M]. Rono: The University of Nevada Press, 1992: 179.

影响，我们可以更为明确地了解报业在发展中所遭遇的挑战。

1. 选址

即使报纸业的经营者事前投入了大量的时间和努力去选择具有投资前景的地点，这并不代表他们一定能够取得成功。有时候是因为客观条件的变化，如短期内本地矿源枯竭、其他地区富金属矿出现，铁路绕到别处，政治形势不令人满意，等等。这些因素都可能导致某一地区的新闻行业前景变得更加黯淡。尽管华盛顿州的柏林汉姆湾原本有潜力成为一个矿业中心，但由于加拿大政府坚持认为来自弗雷塞河的矿产必须申请特殊许可，使得该地区的经济状况急剧下滑；华盛顿州的卡拉马原本计划发展为一个铁路交通枢纽，但由于北太平洋铁路公司临时选择了绕行塔科马的路线，卡拉马因此变得默默无闻。亚利桑那州的政府投资在普雷斯科特和图森之间进行不停摇摆，人为导致这些地区时常陷入经济不稳定中。这些因素都可能对报纸的发展策略产生影响。一名报人在购买了犹他州科林的《每日报道》之后，因各种原因，该地区的大多数居民大都迁移到盐湖城，只好绝望自杀。

商业活动的低迷可能会导致广告的赞助和订阅率下降。"20个商人中有19个选择资助酒店服务业，一个赞助报纸，我当然随波逐流。"在犹他州的许多区域，身为摩门教徒的农民和商贩首先会考虑维持自己的生计，其次是为教堂提供捐赠，然后才会考虑投资报纸。盐湖城作为该州最大的城市，其《犹他新闻报》的存续完全依赖于政府的支持。新墨西哥州报纸经营的惨淡数据揭示了20世纪初的经济发展状况。

在选择报社地址时，竞争力是一个必须考虑的关键要素。有时，报纸的创办具有很强的政治目的，1875年，位于内华达州弗吉尼亚的这座小城市已经有了4家日报，旁人难以理解为何会再有一家报纸问世。这4家报纸都具有民主党倾向，政治色彩浓厚的《共和党先驱报》的出现就变得相对容易理解了。《蒙大拿邮报》的失败是另一回事。当该报从州府盲目地迁移到海林那市的时候，当地已经有两份发行状况良好的报纸，市场逐渐饱和。果然，一年之后，《蒙大拿邮报》倒闭。"事实是，第三家报纸即使像羽毛般重，也会立刻压断骆驼的脊背。"1885年，《盐湖城民主报》在当地已经拥有5家报纸的情况下创办，完全是"狂热"心态，"在错误的时间，错误的地方，错误的投资"。

西部报业市场在19世纪末20世纪初的乐观态度，部分原因在于对技术进步潜力的过高估计。起初，手动印刷每天很难完成500份的任务，但一些城市的发行量潜力巨大。报社不能单纯依赖加速印刷来满足客户需求，通常需要另外组建一个团队，这包括各种设备和工作人员。另一种可能的方法是更新设备并采用蒸汽印刷机，但这往往意味着成本大大超出了预算，印刷能力也超出了实际需求。事实上，大部分的报纸出版商更倾向于在现有的规模上进行竞争，甚至对这种竞争表示欢迎和认可。在《落基山星报》成立之初，《领导者》对其进行了高度评价，称其为"黑夜里的一颗明珠""是为了大家共同利益而来。"

蒸汽印刷机成为一种不可阻挡的潮流普及，预示着报业间竞争手段更趋先进，也更激烈了。19世纪70年代以来，很多报人认为弗吉尼亚城潜力无限，纷纷进入同已采用蒸汽印刷的《边疆事业报》竞争，但很少能延续一年以上。1889年，《犹他观察家报》由周报改为日报，它的对手纷纷警告其蒸汽印刷机效应不大。①

报业经营者选址的时候大多都充满了边疆人民独特的乐观和自信。他们渴望能够出版一份能让大众满意的报纸，这种亢奋的心态使得他们容易陷入不理智的竞争环境，而边疆地区的商业竞争也是极其残酷的。显然，《洛杉矶时报》在首次出版时并未受到广泛的好评，被视为一场"丰盛的晚餐"，但它仍顽强地存在下来。

2. 管理

如果选址得当，一旦转入报业经营，管理上的错误也可能迅速导致一家报纸的崩溃。最大的危害是无法及时收到订户、广告商和印刷业务的款项。虽然经营者原先强调预付款项，但即便是在报纸发行之后，有时也很难收到费用，有些情况是西部边疆地区特有的。现代报纸的出版者深知为了吸引稳定的读者，需要提供一些优惠措施。在19世纪末20世纪初，边疆的报人也在多个方面照顾读者，但对于因各种因素导致的债务拖欠问题，经营者始终没有找到合适的解决方案。

---

① CLOUD B. The business of newspapers on the Western Frontier[M]. Rono：The University of Nevada Press，1992：52.

《犹他新闻报》声称自己一年被拖欠51 000美元,华那地区的报业年终总结告诉读者尚有2 800美元债务未偿还。《爱达荷州雪崩报》对邻近读者很不满:"报纸的发行范围举目可及,我们被欠的金额足以运营一年。"犹他州南部的《圣处女山时报》读者经常拖欠订阅费半年。每年农业丰收,报纸总要催促尽快支付欠费。新墨西哥州80%~90%的报纸读者任何时候都要延期支付费用,这给报纸经营带来极大负面影响。①

鉴于边疆地区的整体经济状况是现金短缺,读者和报人都感到束手无策。《俄勒冈人》杂志在报纸上登出那些能够准时完成付款的读者名字以示表扬,并特别任用了业务经理来处理这一问题。《华盛顿日报》的一名员工通过整理业务账表,理清烂账。爱德华·本特利在接手《亚利桑那矿区报》之后,迅速实施了一系列财政策略,其中包括推行业务现金支付机制,确保不会有任何拖欠。加州的《实业报》在进行重组后,首先采取的措施是对财政体制进行改革,增设专职经理,并每个月进行账务整理。经过实践检验,效果显著。在约瑟夫·古德曼和丹尼尔·麦卡锡接手《边疆事业报》之后,他们成功地为这份岌岌可危的报纸带来了新的活力,关键是实施了合理的现金账务制度。"不久,每月结算时,都能盈余不少红利。"他们从东部聘用了能干的管理经理专门负责报纸经营事务,改变了以往过时的簿记制而采用先进的现金账目制。

早期边疆报业管理不懂合理预算、控制开支,造成了很大经济浪费。如前所述,过于简单地预算一份周报每年花费4 500美元,造成盲目投入。很多经营者高估了个人能力,对边疆地区的特殊形势,如专业人员不足、雇佣多余人员、自然环境恶劣、交通不畅通,甚至身体健康问题估计不足,严重影响了报业发展。一名爱达荷报人在经营的报纸倒闭不久吐露真言:"这段时间里,我好像是报纸的奴隶,为维持其生存,我的身体状况极大地受到损害。"②

激烈的竞争带来了巨大的压力,反之亦然,这导致报人不得不承担许多

---

① SCHUDSON M. Discovering the news: a social history of American Newspapers [M]. New York: Basic Books, Inc, Publishers, 1978: 98.

② CLOUD B. The business of newspapers on the Western Frontier[M]. Rono: The University of Nevada Press, 1992: 95.

超出预算的开销。报纸规模扩大,设备更新,因纠纷引起的法律诉讼,承付电报、电话等额外开支等都使财政计划入不敷出。19世纪70年代,《洛杉矶快邮报》每月的各项支出高达1 600美元,尽管其发行量一直很好,但在6个月后,该报的运营者不得不将所有业务进行转让。奥林匹亚的一家小型报纸的实际运营成本是其收入的4倍,并最终宣告破产。

3. 赊欠

边疆地区的经济主要依赖于物物交换和赊欠制度,这两种制度确保了每个人的餐桌都有食物,报业进一步发展不得不经常依赖赊欠制度。在经济流通的过程中,现金的需求超过了实物。边疆困惑的问题不外乎选址不当、管理失调,或二者都有,最根本的问题是缺乏足够稳定的现金流来确保新闻的收集、报纸的印刷和发行等各个环节顺畅进行。

当现金短缺时,只能选择实物来替代。在俄勒冈,小麦曾被当作一个广泛认可的债务中介,一家报纸最初接受了每年400美元的现金援助,但后续的资助者仅提供了几袋与此等值的小麦。

在报纸的初创阶段,由于需要购置打字机、印刷机以及其他相关设备,报业主常常面临债务累积的问题。通常情况下,资助者会首先提供一定数量的经费,然后由报纸发行人进行"租借",通常是签署"租借—购买"协议。如果报纸运营成功,发行人有权偿还所有债务,否则,报纸发行人需要承担所有责任。1878年,《加州人报》的发行人急于把报纸脱手,只能连同设备和债务一同转让,该发行人自己则远走夏威夷。1888年《洛杉矶星报》宣告破产时,发行这份报纸的人把原因归于当地的经济低迷、广告开支的减少以及私人债务积累严重。18个月前,《洛杉矶星报》的市值曾为5 000美元,但现在仅为3 000美元,因此发行方被迫放弃了报纸的复兴计划。

在阿尔夫·道顿的故事中,赊账的问题体现得尤为明显。他在《金矿山新闻报》担任记者长达7年,而在此之前,他曾在《边疆事业报》和其他几家报纸上工作,积累了丰富的新闻行业经验。在1872年,道顿通过借款10 000美元成功购买了《金矿山新闻报》报纸,初期的经营状况相当不错,并且还偿还了部分贷款,购买了新的设备,扩大了报纸的规模。同时,他还涉足了矿区的股票投机,并与几个朋友产生了商业借贷关系,导致资金流动不畅。1879年,西部通讯公司因未能支付费用而中断了新闻稿的供应。随后，道顿不得不借款给员工发工资。为了满足债权人的逼债，道顿将报纸的一半股权出售给了其他人。不久之后，他又转让了剩余的一半股权，并从发行人身份转变为执行编辑。

此外，在与政府和个人的交往中，许可证现象、授权凭证、绿背纸币等都可能加重赊账的问题，给报业主的财政状况造成不利影响。之前承诺的一美元在实际执行时都会大打折扣。最初，《奥尼尔雪崩报》的订阅费用是基于与票面价值匹配的绿背纸币来计算的，但在最终用美元结算的情况下，一元绿背纸币只能兑换 72 美分，这导致了巨大的损失。1874 年，在投资《太平洋新闻》之前，温彻斯特的计划相当吸引人。股票的利息每月能带来 10 000 美元的盈利，广告的每月收入有 500 美元，而报纸的每周开销为 1 200 美元。但当他开始实际操作时，实际的情况比他原先预想的要复杂得多，许多款项未能如期支付，而支出却在不断增加。经过几年勉强坚持，温切斯特最终发现自己难以为继。综合来看，边疆金融经济领域存在的不规范行为对投资者信心造成了巨大冲击，而现金支付的不完善在某种程度上制约了边疆报业的进一步发展。

二、边疆印记的消失

边疆报纸具有美国报纸某些持久的特点，这些特点在美国人生活中有举足轻重的地位。

（一）数量大、种类多和散布面广

到 20 世纪中叶，美国在按人口比例的报纸品种方面处于领先地位，世界上出版的七千多种日报中，约四分之一是美国出版的，尽管它们在不断地联合或合并，但美国的报纸仍然处于一个地方性分散的情况。这种情况比世界上几乎任何主要的报纸出版国都更为突出。例如，在日本，近一半的报纸都是集中在东京或大阪两个城市出版发行的；在英国，大部分全国性报纸是在伦敦发行的；在法国，多数报纸也是在巴黎进行出版的。但在美国，情况则大为不同，美国的大量日报都是在人口不到十万的一些城市出版的。这种分散状况长期以来是美国新闻界的特点，应该说它始于美国社群的创建时期。而那些全国闻名的报纸，在内战之前并不享有现在的地位，它们的远名也是内战的副产品。虽然这些报社对记者等工作人员的依赖比较大，但交通运输的改进也并没有扼杀地方报纸。到20世纪中叶，美国仍然存有约一万种乡村报纸，这些报纸本身拥有的读者约占美国人口的一半。报纸分布地区广泛是新世界一个根深蒂固的惯例。

（二）不受政府的控制和检查

不同地区和分布很广的美国报纸，使任何政府都极难对其进行控制或约束。美国和欧洲大陆的报刊史是有关印花税、新闻检查、政府控制和部分地、逐渐地从其中解放出来的一部编年史。而美国报刊在某种程度上却拥有接近于无政府状态的自由。与一些报纸数量少又相对集中的国家形成鲜明对比的是，这些国家的报纸向首都以外的地方流通，更多依赖于邮政制度。由于政府控制了邮局，报纸也就因此比较容易控制。然而在美国，当报纸扩散到广阔大陆的各个角落，也就很难被政府所控制了。

（三）强调社群与非意识形态

从一开始，大量的美国报纸就是一些新社群先行的宣传代理人。如果它们是受资助的，那么除了少数例外，大多数都是来自那些有志于建立社群的当地商人。在美国，许多小城市报纸往往专注于报道当地新闻，尽管这种做法曾被指认是对世界过分不关心的表现，但其实可以被更准确地解释为社群主义，即专心于促进一个人所在城市的发展和繁荣。美国党派政治的许多特点——地方根基、大量独立且不时改变主意的选民和非意识形态——也许都和被赞助精神所推动的报业不无关系。美国的一些报人也将这种念念不忘的地方社群利益精神称为美国新闻业的主要特性和新颖之处。

"边疆报纸的主要目的是消除边疆痕迹。"至少在一些主要定居点上，他们是成功的。① 边疆印记的消失具有双重意义。对于单一的报纸，无论是在新闻设备、版面设计、新闻内容和风格，还是在编辑和记者的新闻观念和

---

① LYON. The significance of newspapers on the American Frontier[J]Journal of The West, 1980: 9.

工作方式上,都与东部报业有着相似之处;对报业的环境来说,其市场集中度和竞争的激烈性几乎可以与东部地区相提并论。

旧金山在通过报纸来消除边境痕迹的努力中,始终位于西部地区的前沿。1849年,淘金潮席卷而来,使得原本沉寂的亚巴布那地区迅速崛起,成为西部地区的主要贸易枢纽。数据显示,1849年加州的居民大约有70 000人,旧金山是他们的主要活动中心。那一年,旧金山有两份每周发行三次的报纸。1850年春,已有三家日报,此后10年,这里先后有超过170家报纸,显示了新兴的边疆城市报业发展的巨大潜能,有些出版几期后就夭折了,有些只在特定时期出版,如政党选举前后、特殊节日前后等,还有些报业适应了不同领域读者的口味,得以长期而稳定出版,如《加州农场主报》《自然科学报》《桑塔希望报》《探险者报》《邮政报》,显示了这个新兴边疆城市的风范和气度。1880年,旧金山人口总数为233 959人,有21家报纸,报纸数量仅次于纽约(29家)和费城(24家),按人口数与报纸发行量的比率排列,旧金山居全国第三位,平均每1.63人拥有一份报纸。它的报业发展程度远远超过芝加哥(18家日报,人口总数503 185)。10年后,旧金山报纸的发行量发展速度已经超过人口增长速度,平均1.03人拥有一份报纸。1890年的纽约有50家日报,人口数与报纸数比率为0.89。①

在旧金山的21家日报当中,《加利福尼亚基督者报》是最知名的,它于1849年创刊,在19世纪70年代,共有12家报纸创刊,其中包括了商业特刊、早报和晚报增刊等多种形式。旧金山还有57份周报,涵盖了宗教、体育、文学等多个领域。这些日报和周报都在共同竞争读者和广告商,分享商业市场,共同为旧金山创造了一个繁荣的新闻环境。从这个角度看,旧金山与东部的大都市可以相提并论。许多其他的西部城市在新闻行业的竞争力和多样性上也很发达。西部的第二大城市丹佛在19世纪80年代的日报发行量稳定在6份以上,而萨克拉门托、波特兰和洛杉矶也有4份以上的日报全年发行,盐湖城则有3份主要报纸。除此之外,各个城市都有大量的周报出版(不包括日报发行的星期刊),其中波特兰有11份,萨克拉门托和洛杉

---

① CLOUD B. The business of newspapers on the Western Frontier[M]. Rono: The University of Nevada Press,1992:165.

矶各有7份,而丹佛则有6份。随着报纸的数量逐渐增加,读者市场和广告市场的竞争也将不可避免地出现。向东部地区学习先进的运营经验和办报方式,逐步淡化了边疆的色彩。

边疆的报业具有其独特的风格。以科罗拉多州的利德威尔为例,这是一个不太显眼的矿业小城。1880年,这里的人口为23 563人,拥有6家日报。尽管它曾经繁荣一时,但随着银矿资源的减少,社区逐渐归于沉寂,报纸行业也开始衰落,这充分展现了西部的特色:几乎所有的西部日报,无论其规模大小,都会在本地之外发行一份周报,这与东部的报业有所不同。周报的内容大部分是基于日报的,但偶尔也会刊登最新的新闻。这些报纸像东部大型日报一样在西部广为发行,给许多小城市的报纸带来了经济压力,因为它们的主要应对策略是增加对本地新闻的报道。而当地的周日报很少在其他地方发行。许多西部的大型报纸在周日早晨固定发行,有的甚至在周一停刊。周日报是人口密集的大都市的现象,逐渐形成了自己的独特风格:"格调轻松而不轻佻,充满惊险而不猥亵,刺激而不色情,淑女看了绝不会脸红。"旧金山首家周日报于19世纪50年代发行,1851年,《星期日时报》率先进行了尝试;几年后,带插图的《星期日画报》面市,由于题材丰富多样,符合读者口味,取得很大成功。到19世纪80年代,4家主要日报都出版了周日报。1884年,《旧金山编年史报》发行一份8页的周日报,从风格到版面设计都与现代周日报很近似。①

对丑闻、流言飞语的兴趣是城市小市民的通病,边疆地区也不例外。旧金山的《星期日号角报》和《闲谈者报》在19世纪80年代曾刊登一些低俗的故事以迎合部分读者的口味。波特兰的《西北新闻》也曾刊登了一个令读者心跳加速的标题《威斯曼夫人偷情,与一缝纫匠私奔维多利亚》。报纸的编辑和读者已经通过各种渠道了解到东部地区"煽情新闻"报纸的流行趋势,西部地区有一种蠢蠢欲动的态势,但尚未形成规模。造成这种情况的原因是多种多样的。东部地区,特别是纽约等地,在经历了城市化和工业化的数十年后,逐渐沉淀了一定程度的奢靡风气。这种激烈的商业竞争导致了一

---

① AHACHTEN W. The troubles of journalism: a critical look at what's right and wrong with the press[M]. Madison: The University of Wisconin-Madion Press, 1998: 75.

些人物质上的富足和精神上的空虚，为"煽情新闻"的传播创造了机会。在19世纪末20世纪初，西部边疆地区整体上还处于努力和创业的时期，缺乏广泛的休闲心态。由于其高流动性、分散的人口和较低的密集度，"煽情新闻"在边疆地区的推广和渗透还没有达到预期的规模。

边疆报业在广告选择上展现了其独特的边疆风格。由于城市居民具有不同的生活习惯，他们通常只对购买特定类型的广告版面感兴趣，各种不同类型的报纸和杂志都将其关注焦点集中在各自的读者群体上。旧金山的《城镇闲谈》杂志主要针对的是中低收入群体，因此，其广告内容主要集中在社会疾病药品、低价拍卖活动以及抽彩销售等方面。

在西部报业中，竞争同样激烈，一方面表现在新闻采集过程中的强硬态度。西部报业的巨擘《加利福尼亚基督者报》的经营者弗里德里克·麦克利什接手了公路、铁路和通信工程项目。这不但促进商机、带来定居者，还拓宽了新闻来源的渠道，其中许多都是独家报道。当蒸汽机船到达旧金山港口时，记者通常已守候多时。《联合报》是一家大报，为尽快抢到消息，显示自己的优势地位，它的记者会事先乘木船出海远迎蒸汽机船，当蒸汽机船靠岸时，他已跑到电话机前传送新闻了。陆路方面的新闻采集，《加利福尼亚基督者报》和《联合报》这样的大报也通过雄厚的实力占得先机。[①] 西部大报对新闻来源独家性和及时性的重视体现了19世纪末20世纪初边疆新闻理念的前沿程度。

另一方面，报业经营者注意迎合社会潮流、广告商和读者的利益趋向。19世纪70年代，《旧金山先驱报》与当地拍卖行协会签订了独家代理广告的合同，经济效益可观。1878年，《公告报》主编威廉·詹姆斯遭暗杀，凶手被擒，证据确凿，警察局要处以绞刑。由于与《公告报》是竞争对手，《旧金山先驱报》在社论版公然对这一判决提出异议。《旧金山先驱报》的厚颜无耻激起群愤，《加利福尼亚基督者报》和其他报纸对其强烈谴责，215家商号签订协议，威胁各拍卖行取消与《旧金山先驱报》的广告合同，几经交锋，《旧金

---

① CLOUD B. The business of newspapers on the Western Frontier[M]. Rono：The University of Nevada Press，1992：166.

山先驱报》损失惨重,而《加利福尼亚基督者报》比以前强大了很多。①

具有强大实力的新闻行业往往拥有更大的话语权,并且更有勇气深入探讨敏感的社会议题。19世纪80年代出版的《旧金山编年史报》就是这样一份规模庞大的报纸,其背后的老板迪昂兄弟是政治舞台上的显贵。他们坦率和直接的态度甚至导致小迪昂遭到了报纸竞争对手的暗杀。尽管如此,该报依然不该批评社会腐败的风格。当时,旧金山很多报纸都暗地接受加州铁路巨头们的贿赂,为他们或明或暗地唱赞美歌,只有《联合报》和《观察家报》(年轻的赫斯特所办)公然不屈淫威,他们认为铁路也有危险,如时常出轨、沿线居民生命没有保障、噪声太大等,"至少,铁路造成的危险像一个上战场的士兵"②。这场激烈的竞争导致了《联合报》的破产。尽管《观察家报》因赫斯特家族强大的经济背景而免遭破产,但这也是赫斯特决定进入东部新闻中心纽约的关键因素之一。

在西部的报纸行业中,竞争还包括积极吸引读者——发行量的争夺和价格战。尽管城市报纸的价格有时确实低于乡村,但实际上并没有出现真正的恶性价格竞赛。在报业间竞争最激烈的19世纪70年代,《加利福尼亚基督者报》把价格降至半个比特;③它的竞争对手,《太平洋新闻报》仍保持1比特,且宣称取得发行量的增长;还是这家《太平洋新闻报》发行的"蒸汽船版",每期2 000份,售价2比特,每次都"像热蛋糕一样被哄抢而光"。

19世纪80年代,当东部报业受广告影响,为片面增加发行量,急剧降低订阅费用时,波特兰市是少有的明显受其影响的西部城市,《俄勒冈人报》把售价降至2美分,引起了一场小范围的、短暂的价格战。竞争不可避免地造成负面效应,旧金山控制着西部报业包括印刷业的总体走势。1880年,旧金山拥有全加州50家报业中的34家,32家印刷厂中的29家,其余的报业和印刷厂集中在萨克拉门托,竞争尽管不似东部那样激烈,也造成印刷工

---

① CLOUD B. The business of newspapers on the Western Frontier[M]. Rono: The University of Nevada Press,1992:167.

② KNUDSON J W. In the news: American journalists view their craft[M]. Lanham: Scholarly Resources Inc,2000:53.

③ 1比特等于1/8美元。

人的收入水准的降低,其年人均收入 5 670 美元,大大低于全州平均水准。①

边疆报纸很快采用了通信技术领域的新突破——电话。1878 年,当电话传入盐湖城后,《犹他新闻报》立即在新闻采集上使用了这一技术;同年,《俄勒冈人报》在波特兰地区率先应用电话。1881 年,《洛杉矶时报》在头版头条声明该报已从属当地统一的电话传送系统。东华盛顿地区的一名报人承认自己是最先使用电话新技术的人。当然,对新生事物总有反对声音,有的报业同行非常质疑电话的使用,"这一系统的应用值得怀疑",斯托克顿地区的出版商弗兰克·达拉姆写道,"有的地方,小孩子两分钟内就可把消息传送到任何一处,奇怪的是,四处都装满了电话"。

三、共同利益

(一) 经营者之间的联盟

在边疆城市中,新闻工作者的高度集中和激烈竞争不可避免地催生了多种报业合作组织,这些组织因共享利益而形成联盟。该组织的核心宗旨是为了保护共享的利益。在 1850 年的旧金山、1852 年的萨克拉门托、1853 年的太平洋西北部以及 1860 年的丹佛,报业的经营者们已经建立了类似的组织。1862 年,《犹他新闻报》的印刷工人举办了他们的首次庆祝宴会。在报纸行业规模相对较小的情况下,雇主与雇工之间的等级关系并不明确。在早期的报业组织中,印刷工与报业主浑然一体,例如,《哥伦比亚人》报的拥有者桑顿·麦克罗伊经常出席当地印刷工人协会的聚会。随着报纸行业规模的不断壮大,其内部的工作分工变得更为专业化。因此,各种协会和组织也经历了类似的转变:印刷业者建立了自己的协会,而报业主则因各自的目标而形成了特定的组织结构。记者作为报业中最不容易组织起来的报业成员,很少因为经济因素而联合起来,而是更倾向于组建各种专业组织。高度的流动性是形成这一现象的因素之一,另外,记者作为具有文化品位的群体,往往更具个性和进取心,在合作意识方面欠缺。

过于细致的专业分工可能会引发冲突,各方都会为了维护和凸显自己

---

① CLOUD B. The business of newspapers on the Western Frontier[M]. Rono:The University of Nevada Press,1992:168.

的利益而将对方视为潜在的风险。例如,印刷工会与出版商之间存在根本矛盾,他们的平衡关系经常发生倾斜。1870年,丹佛印刷工人协会成立之时,报业主约翰·戴莱认为这些"孩子们"是在"虚度光阴"。因此,戴莱决定削减工人的工资,印刷工人则选择罢工作为对抗。最终,双方达成了妥协和和解。随着横贯东西的主要铁路线路的完工,边疆地区的报业正面临东部报业的激烈竞争。加州的报业主计划削减印刷工人的工资,降幅高达每周10美元。这一决定引发了全州印刷工人的罢工行动,报业主威胁要利用铁路从东部引进工人,最终印刷工人协会不得不屈服。

当然,那些位于偏远地区、规模相对较小的报纸出版商很少面临工会组织的威胁,但他们也很难吸引到具备专长的工人,经常有出版商抱怨缺乏技术工人,如果有,他们宁愿尽可能地满足熟练技术工人的经济需求。与此同时,掌握了高级技术的印刷工也会考虑自己的未来,避免轻易前往边远地区谋生。

早在1851年,报业主之间就建立了联合,然而长期稳定的、州际范围的组织直到19世纪80年代后期才形成。1878年,俄勒冈报业发行人组成州际报业评论联合会,1887年又重组为俄勒冈报业联合会。同年,华盛顿州成立了报业发行人联合组织,亚利桑那州地处山区,报业分散,但报人很早就酝酿成立一个俱乐部式的组织,1885年,13家报纸主编在普里斯科特参加了一次聚会晚宴,就共同感兴趣的话题进行协商。5年后,正式的报业联合会宣告成立。这一时期,怀俄明州、新墨西哥州等都组建了各种形式的报业组织。报业联合组织成立后的活动主要是探讨些业务问题,大多数与经营有关,如关于内容采集、版面安排、协调争取或保护自身利益。

记者是最不容易组织起来的群体,但也断断续续地组织起了协会,1889年,旧金山记者协会召开了首次集会。总的来说,记者并非新闻协会中的积极分子,除非他们身兼编辑或出版商的身份。

1886年莱诺铸排机(Linotype)的问世极大地推动了西部地区报业的发展。边疆各地蓬勃兴起的报业对社会的安定、经济繁荣、公共舆论的形成都起到整合作用。从19世纪70年代起,报业辛迪加开始提供"半成品印刷物"——一面已经印有内容的纸张——给当地报业主,再由他们在背面印好当地新闻和广告即可发行。这些辛迪加还提供"铅印新闻稿"——预先准备好的小故事、散文、图画等,这就给报纸提供了半成品的素材,只留下不多的栏目印刷当地消息。"半成品印刷物"极大地降低了当地报纸的工作量,方便了报人投入有限资金、时间创办一家报纸,这也从一方面解释了边疆地区报纸数量众多的原因,甚至短期创办报纸的可能性,如政党选举时期出现的报纸。为进一步简化程序,许多政府公文、法律通知、当地启事、广告等连续几周在报端出现。曾经有的报纸充斥大量这种内容,只留一个栏目是新内容,报纸编辑利用空闲做商业印刷和其他事情。[①]

报业的辛迪加式服务为边疆地区创建"卫星报"提供了便利,尽管各报纸之间存在细微的差异,但其内容大体上是相似的。偏远地区的报纸越来越依赖于"半成品印刷物"或"铅印新闻稿",而感伤的诗歌、名人传记、历史故事等时效性不强的内容是最常见的题材。"半成品印刷物"或"铅印新闻稿"也包括了大量的广告,从报纸的成本角度来看,这比发布本地新闻要节约大量开支。

边疆报纸的经济结构反映了19世纪末20世纪初的经济形势。俄亥俄、内华达地区的报业初创者从东部学得了印刷技术和报业经营,有时是向雇主借贷资金到西部发展,以此为契机,边疆报纸与东部地区报业具有千丝万缕的联系。这种事迹早有先例,殖民地时期的本杰明·富兰克林就在技术和资金上对西部创办报纸的人士予以惠助,而报业集团化经营更是20世纪媒体发展的主流,这种集团化模式更加紧密地把东部和西部报业联系为一体。[②]

在19世纪末20世纪初后期,许多边疆的报纸在经营、出版和发行方面都展现出了与东部地区相似的工业化和现代化趋势,新闻的采集、编写和版面设计逐渐走向规范和统一,各个报纸行业也开始展现出明显的商业特色。与早期的印刷商相比,报纸业的经营者不再随意发布激进的政论文章。此外,勇敢的新闻编辑们继续与地方政府的腐败和不公正行为进行抗争,或是反对那些不合逻辑的印刷合同制度。边疆地区的报纸与东部地区的报纸之

---

① SIM J C. The grass roots press: America's community newspapers[J]. Ames: Iowa State University Press, 1969: 42-46.

② SLOAN D, GSTOVALL J, STARTT J B. The media in America: a history publishing horizons[M]. Arizona: Inc Scottsdale, 1993: 207.

间的差异正逐渐式微。

(二) 想象的共同体

本尼迪克特·安德森在《想象的共同体——对民族主义之起源和传播的思考》中提出了"想象的共同体"的概念。从南北战争时期的西部报刊来看,无论是电报的发展、政党争端下的西部报刊、经济转型下的西部报刊还是民族对抗下的西部报刊,西部报刊始终在帮助西部遥远的人口融入国家。西部报刊促进了"想象的共同体"的形成,而这种观念的形成促进了美国的社会转型。

根据本尼迪克特·安德森在其著作中的观点,资本主义、印刷技术以及人类天生的语言多样性三者的互动促成了"印刷语言"的形成。报纸作为一种印刷语言,通过阅读让人们能够想象出与自己类似的"他者",这些"他者"与"我"一样在阅读报纸。基于这种共同的阅读体验,报纸让分散的、互不相识的个体能够"想象"出一种将他们联系在一起的整体。西部报刊本身作为一种印刷语言,本身具有让读者受众"想象"整体的作用。电报的发展促进了东西报业界限的弥合;西部政党报刊在相互攻击下兴起,经历战争又走向消亡;报业走向高投入、大规模、大范围经营;报刊在对抗性态势下对其他民族的非客观性描述,这些因素都在促进报刊构建"想象的共同体"。这种"想象的共同体"促进大众想象美国社会是一个"平等的社群",进而把自己归入美国民众的一部分。

南北战争促进了美国市场革命的深化发展,美国社会开始了社会转型。社会转型突出表现为发展焦点的转移:从农业到工业的转移、从东部到西部的转移。西部报刊的发展体现并助长了这一转型。南北战争时期的西部报刊在普遍印象中呈现了一种相互对抗的状态,事实上,这些争端和冲突恰是为实现同一个美国社会而出现。电报和经济转型的报业是在克服地理上的距离,而争端和冲突是在克服生理、情感上的差异。总的来说,美国西部报刊削弱了东西部的、政党间的、地域上的、民族间的阻隔,强化了一种独特的美国民族性的普遍意识。

第四章
渊源与演进

——19世纪末20世纪初的新闻理论

西方新闻史上重要的理论思潮包括独裁主义、自由主义和客观主义。在独裁主义社会中,统治者权威不可置疑,国家利益至上,新闻理念深刻地反映了这种制度的特质。在这种体制下,如果统治者认为新闻媒体可能损害国家利益,甚至危害公民权益,就应当予以禁止。然而,也有积极的观点认为,所有出版物应当为国家效力,造福全体公民,这样做能够充分发挥人们的才能,带来最大幸福。个人在这样的社会中无须自主决策,所有事务均由权威来裁决。① 自由主义理论和客观主义理论相对而言更富进步性和实用意义,它们在20世纪末至21世纪初的美国新闻界扮演了主导角色。

第一节 自由主义新闻思潮

一、新闻自由思潮的确立

新闻自由是美国新闻体制的核心和主导理念,持续为人们的思想指引。它建立在民主政治的基础之上,包括取消发行特权制度、废除新闻审查制度以及确立言论编辑政策的独立等重要措施,这些都依赖于民主政治的成熟和发展。到了20世纪末至21世纪初,美国的民主政治秩序基本稳定,公民的言论、出版和思想自由在法律上得到了广泛的保护,新闻自由的理念深入

---

① 赫尔顿.美国新闻道德问题种种[M].刘有源,译.北京:中国新闻出版社,1988:10.

人心。在这样开放和自由的政治环境下,新闻业蓬勃发展,19 世纪末 20 世纪初的美国成为新式报业蓬勃发展的肥沃土壤。然而,新闻自由理念的确立历经了漫长而曲折的进程。著名新闻学家弗雷德·西伯特生动描述道:"16 世纪奠定了直接的现实基础,17 世纪见证了哲学原理的发展,18 世纪将这些理论付诸实践。"①

美国新闻自由的起源可以追溯到欧洲。早在 15 世纪,现代报纸开始在欧洲各个国家兴起,主要用于传播商业信息。到了 16 世纪,报纸开始转向传播思想和政治斗争,这引起了封建君主制度的恐惧。因此,这些国家建立了严格的审查制度,以控制和限制报纸。

新兴资产阶级为争取新闻自由进行了零星而激情澎湃的斗争,然而由于缺乏统一的理论指导,他们难以从根本上挑战封建专制的新闻体系。资产阶级的先驱者们呼吁提出新的新闻理论,以适应时代的需要。

新闻意识形态是社会意识形态的重要组成部分。在 17 世纪的欧洲,早期思想家们通过推进有关人类理性、权利、国家性质和角色的思想,为资产阶级革命准备了公众舆论,形成了西方政治理论的核心。这些思想对现代西方自由主义新闻意识形态的形成至关重要。其中,英国政治哲学家约翰·弥尔顿和约翰·洛克直接作出了贡献。

约翰·弥尔顿以其对审查制度的批评而闻名,并在 1644 年向英国议会发表了演讲,后来出版为小册子《亚里奥巴吉蒂卡》。他主张每个人都有权在社会中自由表达思想。弥尔顿宣称,言论和出版自由是"所有自由中最重要的自由",是"所有伟大才智的滋养者"。② 它犹如天国的恩赐,使我们的精神开阔、高尚。它解放并扩展了我们的见识,是人类天生享有的权利,乃是"一切自由中最为重要的自由"。③ 这一漫长的历程蕴含着深远的意义,源于传播活动作为人类表达的一部分,依赖于思想和言论自由的基本前提。这决定了媒体传播的途径,并与人类的目标达成某种"普遍性"。弥尔顿最初探索了上帝赋予言论自由的权利,虽未深入研究出版自由的实务,却触及

---

① 西伯特,彼得森,施拉姆. 报刊的四种理论[M]. 中国人民大学新闻系,译. 北京:新华出版社,1980.
② 李良荣. 西方新闻事业概论[M]. 上海:复旦大学出版社,1997:16.
③ 密尔顿. 论出版自由[M]. 吴之椿,译. 北京:商务印书馆,1959:44-45.

了关键。无论动机如何,所有形式的出版规制,实质上都将权力和利益合并于宗教法庭的幌子下,从根本上剥夺了人权,这是对自由和人权的侵犯。在未经授权、未登记的《论出版自由》中,作者提出通过自由讨论各种观点来寻求真理,意见市场因此兴起。出版自由的真正目的在于推崇坦率批评,开明地容纳公众的怨言,开展观点交锋。虽然作者认为这种自由是上流社会有教养者和某类出版物的专属特征,但这种理论与实践之间的矛盾,并未减损他对自由言论的激情倡导。实际上,他开启了自由主义新闻学的大门,深远地影响了西方新闻业的现代转型。

英国新闻出版传统对美国之影响,不可估量。[①] 美国的新闻自由精神可以追溯到英国。独立战争胜利后,由汉密尔顿领导的联邦党人和由杰斐逊领导的民主党人就国家的结构和未来前景展开了深刻的辩论。在新闻自由问题上,二者都基于自由主义思想进行论述,寻求建立个人与政府之间合理可行的关系。然而,他们在对人性看法上存在差异。受法国大革命影响,汉密尔顿认为人性天生邪恶,将雅各宾派视为野兽。因此,他反对"法国的密尔顿",主张新闻自由会被挑衅性政治理论家滥用,必然导致诽谤。因此,他主张对新闻进行审查和法律限制。

杰斐逊则相信人性有善恶之分,恶主要体现在容易腐化的政府中。为了防止政府腐败,他主张民众监督,以良知为导向。因此,杰斐逊将新闻自由视为通向民主的唯一途径。杰斐逊的观点突显了新闻自由在保护民主原则、防止政府滥权方面的重要作用,为美国持续的辩论和宪法发展奠定了基础。他说:"民意是政府存在的基础、自由的守护者,因此,我们的首要目标必须是保持这一权利;如果让我决定是否要一个没有报纸的政府,还是没有政府的报纸,我毫不犹豫地会选择后者。"[②]"上帝赋予我们生命,亦赋予我们自由。"杰斐逊深信新闻自由,重视报纸的作用,这源于他坚定的信念。他认为,唯有通过报纸自由地交流思想,人们才能认识真理,通过自由讨论澄清分歧。只有确保新闻的自由和言论的自由,人们才能有效监督政府,政府

---

① 埃德温·埃默里,迈克尔·埃默里.美国新闻史[M].苏金琥,张黎,译.北京:新华出版社,1982:21.

② 方纳.杰斐逊文选[M].王华,译.北京:商务印书馆,1963:108.

才能听取民意。此外,报刊自由是其他一切自由和安全的最大保障,"报刊自由,人人可读之,则国家安全无虞。"① 在杰斐逊等人的主持下,美国以法律的形式确立了新闻自由。根据美国宪法第一修正案所规定:"国会不得制定以下法律:确立宗教或禁止宗教自由;剥夺人民言论或新闻出版自由;剥夺人民和平集会及向政府请愿申冤之权。"

那么,究竟何为新闻自由?新闻自由含义如下:无须事前批准即可自由出版报刊,无须向政府申请营业许可或支付保证金,政治经济上皆无限制,人人享有出版权;不受任何形式事前审查,得以发布一切新闻观点(唯不损国和个人根本利益者),自由接触新闻来源。总而言之,新闻自由即新闻媒体享有出版、采访及发表权之自由。② 新闻自由的探讨不仅局限于报纸的问题,还涵盖了人的性情、社会的本质、人与社会的关系,以及知识与真理的性质。

自由主义关于新闻媒体之理论,志在借理论探寻确立、保持及发展新闻自由之原则。其力图于理论上证明新闻自由之正当性与必然性,其内容涵盖新闻自由与社会、政府及个体之关系,以建构基于此基础之上的基本原则。

1. 报纸当免政府之干预

在自由主义新闻理论中,政府与报纸之间的关系是关键议题。自由主义新闻理论主张,政府不应采取任何干预或控制报纸的举措。政府的唯一责任,乃是保护新闻自由,并使媒体便于采访及新闻发布。

2. 报纸有监视政府之权利

资产阶级理论先驱,基于权力制衡的原则,认为公众舆论监督,于立法、司法及行政权力间保持平衡之外,亦为制约集权的有效手段。美国开国元勋杰斐逊将新闻自由视为探索美国民主政治体制有效运作的重要尝试。他认为,人民有权监督政府,而报纸是实现这一监督的重要媒介。这种观点后来演变成了报纸作为超越行政、立法和司法权力的第四权力或势力的理念。

3. "意见自由市场"及"自我修正"理论

此理论容许公众、各团体及利益集团,利用报纸平台自由表达其见解,

---

① 李良荣.西方新闻事业概论[M].上海:复旦大学出版社,1997:19.
② 李良荣.西方新闻事业概论[M].上海:复旦大学出版社,1997:20.

前提是信息渠道畅通,公众得以充分了解各事务信息。"意见自由市场"理论,始见于米尔顿的《亚里奥巴甸议论》,后有多位西方名家对此详述。其中一个关键问题是,在公众经由报纸或报纸本身表达错误见解时,情形将如何?英国政治哲学家约翰·斯图尔特·密尔提出了相对权威的解释:任何试图透过权威力量压制言论自由及观念表达的做法,皆为不合理。其逻辑证明,若被压制的言论正确,非但践踏了压制者的政治权利,亦剥夺了压制者自身的权力,并剥夺了他们以错误观点换取真理的机会。故对人的言论或思想施行压制,致其不能自由表达,必然剥夺他的智慧之力,不仅针对个体,亦是针对全人类。① 杰斐逊言道:"若严厉惩罚人们之过,将损及公共自由之唯一安全护卫。"对正误言论的辩证讨论,坚固了"意见市场"的理论基础。

4. 信守事实

自由主义报刊理论以个人主义为基础,强调新闻业务的最终目标不是将某种固定见解强加于公众,而是客观地反映现实,帮助人们独立思考外界。为了满足不同政治立场、社会阶层和职业群体的需求,自由主义报刊理论坚持以提供客观事实为新闻的最高准则,这也是新闻从业者的职业道德所在。因此,自由主义报刊理论主张和实施客观报道,以此在新闻实践中体现其理论基础。②

二、19 世纪末 20 世纪初的新闻自由思潮

1789 年,美国宪法修正案第一条要求国会不得制定任何法律,以剥夺言论或出版自由的权利。每个公民均享有言论、著述及出版的自由。不仅为了追求神意,而且成为追寻"真理美好感觉"的社会使命。这一理念将个人权利置于首位,重视实用性,对真理的解读更为多元化。③

自此,美国开始了新闻自由的制度化进程。此过程渐进而来,根源于现代美国社会的经济发展,映照出社会文明的进步。据新闻史学家安东尼·

---

① 密尔. 论自由[M]. 程崇华,译. 北京:商务印书馆,1982:30.
② 李良荣. 西方新闻事业概论[M]. 上海:复旦大学出版社,1997:21-22.
③ SCHWARZILOSE R A. The market place of ideas: a measure of free expression[J]. Journalism and Communication Monographs,1989:118.

史密斯观点,在1815年,新闻自由仍属概念、实验;然至1881年,新闻自由已成为稳固持续的制度。

当时的美国正向现代化工业建设方向高速发展,新闻业领域内的自由放任现象盛行,受宪法保护的新闻自由条款被媒体经营者肆意滥用,导致新闻业绩出现偏差,黄色新闻等畸形现象泛滥。社会道德标准下降,公共舆论混乱,从各种手段的互相指责到无休止的谣言与谎言,无一不在20世纪初的新闻自由庇护下泛滥成灾。从猥亵的性诱惑到骇人听闻的战争宣传,皆在新闻自由的庇护下任意发展。实际上,自从新闻自由从潘多拉盒子中解放出来以后,便始终呈现出"双刃剑"的面貌。杰斐逊曾怒写:"报刊随心所欲和撒谎到放肆的程度,从而使它完全丧失人们对它的信任。"①"一个令人感到悲哀的事实是,禁止报刊发行反而比放纵那些荒诞无稽的谎言泛滥使国家的利益受到较小的损害……从来不看报纸的人要比读报的人消息更灵通。"②

19世纪末20世纪初,新闻自由不仅在新闻业内部造成了扭曲,而且成为严重的社会问题。

1. 经济利益取代政府意志成为报纸的主宰

最初探索新闻自由的初衷,从理论探索到制度探索,是为了解放报纸,使其免受政府控制,让其能自由表达观点和意见。然而,到了19世纪末20世纪初,这一初衷却转向了另一个极端:以利润为中心的报纸忽视了更广泛的社会利益。资本取代了政府对报纸的控制,最明显的表现是广告主导了报纸的运营和管理。一旦摆脱了党派控制,广告收入成为报纸的主要经济支柱。在19世纪末20世纪初的美国,报纸通常将超过60%的版面用于广告,以维持运营。大型企业稳定了广告收入,因此成为报纸的财务支柱。因此,报纸不仅在编辑决策中迎合大企业的偏好,而且优先考虑经济利益而非新闻伦理。在这一时期,敢于得罪大企业的报纸寥寥无几。

2. 煽情(黄色)新闻的泛滥

为了吸引广告客户,报纸需要大量的发行量。发行量越大,广告收入和

---

① 方纳.杰斐逊文选[M].王华,译.北京:商务印书馆,1963:96.
② 杰斐逊.杰斐逊文集:第8卷[M].英文版.朱曾汶,译.商务印书馆,1999:216.

利润就越多。《纽约时报》和《华盛顿邮报》等严肃报纸通过丰富的信息、独到的见解和卓越的主流观点实现了这一点,尽管它们的运营成本巨大且艰难。然而,一种更简便的方法来迅速增加发行量是通过煽情(黄色)新闻。这种方式通过暴力描写、犯罪情节和刺激性叙述来煽动新闻,迎合大众口味。这种方法在19世纪末20世纪初的大多数报纸中被证明非常有效和赚钱,其中商业利益往往超过了事实的准确性。这种商业化取向扰乱了媒体伦理,毒害了健康的心灵,对社会道德产生了负面影响,受到正义倡导者的持续谴责。煽情(黄色)新闻作为提升销售的捷径的持续存在反映了其对媒体生态的显著不利影响。

　　这一时期的新闻业发展也助推了新闻商业化的进程,新闻业的快速发展也拓展了新闻自由理念研究的空间。19世纪末20世纪初,美国学术界充溢着从原始至高级理性阶段关乎社会进步的意识形态、欲揭示社会演变的法则。在资本主义体系中,社会发展与进步因市场、国家及个人三领域而异,各有其独立的规则与逻辑。此理念渐衍为经济学、政治学与社会学三门学科,强调规律变迁,以实证经验为引,成为研究社会变革的重要方法。新闻学也遵循这一研究逻辑,学术界将新闻视为社会发展的关键力量,并将新闻自由和新闻业的发展与民主政治紧密关联。因此,新闻商业化泛滥的黄色新闻现象需要在理论和实践上采取正确方法予以纠正,即在理论上坚持新闻客观性,同时维护新闻自由、新闻合法存在。

　　由此,在19世纪末20世纪初的商业蓬勃之际,人们亦认为应重视报纸的社会责任,保持其与商业的平衡。即使视报纸如商品,也认为它对社会精神的影响远胜物质利益。报纸的主旨在于满足民众知情权,负有舆论监督之责。若报纸唯利是图,或将导致难以预料的精神败坏,污染社会风气,遂不当享有"新闻自由之恩典"。

　　美国的新闻自由概念,根本上是18世纪欧洲启蒙运动的产物,源自政治自由传统。① 新闻传播中的客观性原则同样反映了公平概念从政治和法律领域向新闻业的迁移和融合。在新闻业客观报道原则的核心,包含着两个主要的含义。第一个,平等至上。这种公平的属性根植于人类长期以来

---

① 哈森.世界新闻多棱镜[M].张苏,苏丹,译.北京:新华出版社,2000:29.

对平等的渴望,可以追溯到原始社会。在新闻传播的背景下,平等意味着公民有权平等获取媒体信息、表达观点,并捍卫他们的立场。新闻工作者应当避免使用个人观点或选择性事实来压制他人观点和替代事实的传播。第二个,正义,与公平同义,代表了对高尚人类理想的追求。普利策在临终前留下的最后话语生动地表达了这种情感:"报纸将永远为进步和改革而战斗,绝不容忍不义或腐败。"美国新闻自由概念的形成,本质上是对西方自由主义运动的深刻总结,体现了西方传统的人文精神,并具备其独特的理性性质。它强调理性在社会批判中的关键作用,通常被称为"理性崇拜",在这里,新闻自由作为表达和应用理性的手段。

三、新闻自由与新闻道德的悖论

在全球文明社会的各个角落,自由与道德的冲突广泛存在,新闻界也不例外。在新闻自由的名义下,道德的缺失导致了新闻活动的异化。新闻只要具备事实基础而非无端诋毁就不是诽谤的观念成为当时法律界的主流。

从根本上讲,新闻自由和新闻道德代表了同一个问题的两个方面。一方面,新闻工作者努力摆脱政治和经济力量的控制,追求新闻自由,确保新闻业得以自由发展;另一方面,新闻工作者应当自我约束,审慎使用新闻自由权,促进社会的文明、和谐、进步。从美国殖民地时期至今的历史证据表明,新闻自由和新闻道德一直试图沿着理想化的道路发展。然而,在19世纪末20世纪初,理想与现实之间的差距显著扩大,以煽情新闻为代表的肆意表现及其极端的社会影响(例如美西战争)激起了知识分子的强烈愤慨。新闻自由与新闻道德之间的冲突成为这一时期亟待解决的社会问题之一。

新闻自由最初从欧洲引入,是在法律层面对新闻事业自由开展的支持,在革命战争期间,起到了传播先进理念和提升士气的关键作用。从那时起,新闻界始终高举"自由"的旗帜,与各种对立力量进行斗争。从工业革命到西进运动,从南北战争到19世纪末20世纪初,无论是在偏远荒凉的西部还是文明发达的东北,以报业为核心的新闻业从嫩苗逐渐成长为参天巨树,其显著地位远远超越了琐碎之事,尽管这棵参天巨树偶尔也会长出歪枝斜节。

如果说新闻自由在新闻界象征高音符,那么新闻道德则象征低音符,强调新闻从业人员的道德自律和对新闻自由的约束。最初,新闻自由缺乏明确的规范,尤其是在政党报纸时代,对政敌的指责往往局限于特定问题,而忽略了整体情况,有时甚至涉及个人攻击。后来随着经济利益驱动的大众化报纸的兴起,出现了极端的偏见报道,被广称为"煽情新闻",无数正义之士深深担忧,并逐步形成一套相应的规范。1901年,新闻业从业者第一部系统标准《新闻人守则》由密苏里新闻学院院长威廉姆斯正式提出。

在20世纪初期,新闻界巨匠约瑟夫·普利策经常陷入职业自由与道德约束之间的悖论。接管濒临破产的《圣路易斯邮报》时,他以"不为政党服务,只为人民服务"的口号而闻名,主张原则和理想高于偏见和党派。然而,在与老牌报纸的激烈竞争中,普利策不惜刊登大量耸人听闻的新闻,使他自己的报纸《世界报》以"黄色报纸"之称而闻名。晚年,普利策的政治热情达到了惊人的高度,自豪地宣称:"我是外国人,但总有一天我将选出自己的总统。"[1]他在美国政治中拥有重要影响力,帮助选出了总统、州长和市长。

普利策的人生旅程显示了这样一个矛盾:一方面,他怀有崇高理想,驾驭市场经济的潮流;另一方面,为了确保增长机会,他深入主流,迎合大众。普利策的悖论揭示了20世纪初新闻自由与新闻道德之间的困境,映射了资本主义社会的本质。资本主义的主要特征是资本对生活各个方面的主宰。普利策的矛盾在于,他怀抱人类理想,同时深度参与资本主义的新闻事业。他有效地利用资本主义的运作模式来实现自己的一些理想。普利策总结自己的经验为:"只有最崇高的理想,良心和公正的行为,对于所涉及的问题具备正确的认识和真正的道德责任感,才能使报纸免于顺从商业利益,不寻求私利,不反对公共福祉。"

新闻自由与新闻道德之间的这些冲突,是报业发展不均衡阶段的"症状"。随着新闻趋向高度现代化和系统化,新闻道德的广泛性和灵活性一直落后于新闻自由。它们之间的冲突超越了狭隘的问题,反映了美国社会制度和控制体系内部深度的不平衡。

---

① HOWARD H, QUINTAND M C. Main problems in American history [M]. Illinois: The Dorsey Press, 1978: 105.

第二节 客观主义新闻理论

一、客观性理论的概念与缘起

(一) 客观性理论的概念

在西方哲学史上,客观性理论的概念一直是一个重要的焦点,演化成为令人困扰的"客观性问题"和"主观性问题"。在新闻学中,这些问题显现为长期而有争议的"新闻客观性问题"。新闻客观性的概念备受争议,涵盖了多种有争议的含义,例如学者舒德森认为新闻的客观性是一种道德,也是记者实操的一种倾向风格。[①] 学者哈克特和赵月枝则认为,新闻的客观性一是实践的理念和目标,二是实践的标准。

此外,客观性在新闻公共话语中占据了重要位置。当媒体或记者声称保持客观性时,通常意味着以下几个原则:一是要根据真实事件进行报道;二是要保持公正原则,平衡各类观点;三是在实践中尽量避免个人观点的介入;四是要减少情感的倾向;五是要全面呈现所有重要的、有关联的观点;六是要重点提供不包含观点、中立倾向的信息,防止误导读者;七是记者所提供的信息需能经得起事实的检验。总结来说,新闻客观性与新闻专业主义长期以来相互交织成为共同的基准。客观性理论不仅是约束记者的专业规范,也是新闻行业的基本理念。正如李普曼所言,直到客观性新闻成功建立,新闻业才能真正成为一个职业。如果将美国新闻业比作一种宗教,那么它的神灵就是"客观性",受到新闻"传教士"的狂热崇拜,一位资深编辑形容它为"美国原生的、最高级的新闻伦理理念"。[②]

客观性理论曾经是 20 世纪末美国新闻业界的主导理论。在新闻实践中,这一理论的具体体现被誉为"客观报道"的典范。在美国新闻学界,客观性被奉为不可动摇的报道原则,新闻从业者的首要使命是提供精确而毫无

---

① 徐宝璜.新闻学[M].北京:中国人民大学出版社,1994.
② MINDICH D T Z. Just the facts:how "objectivity" came to define American journalism[M]. New York:New York University Press,1998:1.

偏见的报道。客观性理论被普遍视为新闻业的金标准,其作品是基于无可争议的客观事实,同时严格禁止在报道中透露任何个人立场。客观性也由此成为一道区隔新闻报道与传统宣传的壁垒,在新闻从业者的实操过程中又降低了传统新闻报道写作的难度。

(二) 客观性理论的缘起

客观性理论的概念与19世纪末美国报业的发展密不可分。从理论角度看,客观主义新闻学发源于19世纪30年代早期现实主义基于"事实"的客观报道。随着时间推移,特别是在19世纪末受美国经验主义影响,这一理论逐渐成熟。然而,客观主义新闻学并非一成不变,它受到了传统主义、后现代主义和批判现实主义等各类思想的影响,从而建立了深厚的哲学根基。经验主义认识论主张世界独立于人的主观感受与选择而存在,但人类可以通过认知理解这一独立世界。依据经验主义观点,世上并没有无法被感官感知的客观事实,同时事实是可以被验证的。在新闻实践中广泛接受的经验主义认识论框架内,新闻的职责在于真实反映现实世界。记者被视为独立观察者,能够清晰区分事实与意见、价值判断,并通过科学的报道方法中立地将真相传达给读者。

在19世纪,科技进步不仅确立了理性主义和经验方法的可行性,还增强了人们运用科学知识理解和"客观反映"世界的信心。在众多与传播相关的技术发明中,摄影术的出现尤为重要,因为它体现了"准确性"和"真实"的标准。早期照片不受人为干扰,似乎真实地描绘了外部世界,启发了新闻媒体也能准确反映外部世界的理念。随着时间推移,客观报道的技术演变成一种信仰、一种标准和一种价值,成为衡量的准则。到19世纪90年代及其后,深受科学思维影响的记者和编辑们倡导科学知识,接受科学训练,并将客观性作为美国新闻业的基本报道原则。他们认为,"记者的首要职责是向公众提供准确而公正的新闻报道"。

在此背景下,新闻客观性进一步成为公众认可的标准。《纽约先驱报》的创刊词中就写道:"我们负责记录事实,我们将公正无私、独立、无畏地进行报道。"美联社的早期记者劳伦斯·戈布赖特也曾说过:"我的工作就是负责报道事实,我不能对事实发表评论,我会提供与报纸不同政治色彩相符合的信息。"而《芝加哥论坛报》的霍勒斯·怀特说:"公共报刊向读者提供的最崇高的服务是鼓励他们形成独立的意见。"①

19 世纪 30 年代,"客观报道"兴起,反映了对"政党报纸黑暗时代"的深刻反省。1789 至 1830 年间,美国报纸处于政党报刊时期,特征为言论至上、经济不独立和以宣传为主。共和、联邦两党报刊互相诋毁,事实被任意捏造和歪曲,报纸成为政党攻击的工具。例如,《国民公报》曾恶言攻击华盛顿,而《里奇蒙纪录报》则传播谣言诋毁杰斐逊。马克·吐温在《竞选州长》和《田纳西的新闻界》中也揭露了当时新闻界的丑恶面貌,虚构事实、造谣中伤、言语攻击甚至演变为肢体冲突。此时期美国报纸的信誉几近跌至谷底。

休曼的《新闻学入门》涵盖了几乎所有客观性要素,如倒金字塔结构、公正客观报道、基于事实和平衡报道,然而该书主要提供操作指导,而非记者群体共同理想的实践。这意味着直到 19 世纪 90 年代,新闻客观性仍未在报道中确立为实践与理想。② 有识之士逐渐意识到,歪曲事实将会败坏声誉、失去读者。读者最关心的是新闻事实,而非观点。因此,"只报道事实,不报道意见"的客观报道口号应运而生。

19 世纪 30 年代,美国新闻界首次公开尝试与政党利益决裂,向"客观性"迈出关键一步。便士报标榜"超党派的独立报纸",强调新闻的客观报道和评论的公正不偏,立场中立,不再以党派利益为首要目的。新闻从业者强调准确、真实的报道。1835 年,《纽约先驱报》发刊词中,贝内特明确表述该报宗旨为"忠实记录公众生活中的事实,摒弃空话与渲染。"这种对新闻报道客观公正的要求,反映了对"党派报纸黑暗年代"的反省。1852 年,战地记者威廉·罗素在《时报》上揭露克里米亚战争中的真实状况,引发政府震惊。③ 博耶则总结了客观性四项要点:一是平衡公众呈现新闻主题,二是区

---

① 西伯特,彼得森,施拉姆. 报刊的四种理论[M]. 中国人民大学新闻系,译. 北京:新华出版社,1980.
② SCHUDSON M. The objectivity norm in American journalism[J]. Journalism,2001,2(2):256.
③ 阿内尔,泰鲁. 世界新闻简史[M]. 许崇山,果永毅,李峰,译. 北京:中国新闻出版社,1985.

别观点跟事实,三是减少主观介入,四是避免偏见表述。① 这些准则虽然与 19 世纪教科书中的规定相似,但背后的理念已不同。彼时的准则已明确对客观事实和个体主观价值判断进行区分。②

"客观性原则"之产生,亦可从报业经济角度加以认识。自 19 世纪 30 年代始,报纸渐摆脱政党控制,面向市场与受众。"意识形态浓厚之报纸,其销路势必局限于持此意识形态之少数党员内,而销路如此狭窄之报纸,难以盈利。"③报纸欲求盈利,必须大量发行,而大量发行,则须超越党派狭隘局限,面向大众,遂致客观性出现。19 世纪末 20 世纪初,报业发展至"煽情新闻"的极端,造成了全面社会公害。报业发展要求纠正"煽情新闻",理论层面需要更为客观的新闻原则。19 世纪末 20 世纪初《纽约时报》崛起,如黑暗中的闪电,面对普利策与赫斯特代表的"煽情新闻"挑战,主编阿道夫·奥克斯立志办一份严肃、典雅、富有教养的报纸,奉献给优秀的纽约人,其提出口号:"报纸不应弄脏他们早餐桌布。"《纽约时报》开创一个时代,是在新闻客观性原理指导下的实践,标志此理论的成熟。美国报业正在市场调节下,在新闻自由与新闻道德规约下,不断调整前行。

除便士报盛行外,"客观性原理"的确立,亦与美国通讯社的出现息息相关。由于美国通讯社提供的资讯是广泛面向所有新闻机构的,在面对具有不同政治倾向的新闻机构时,就存在出售情况不一的情况。在此背景下,1848 年,港口新闻联合社作为美联社的前身成立,为了让不同政治战队的新闻机构都购买自己的通讯稿,港口新闻联合社声称将以中立客观的角度真实报道新闻。自美联社开风气之先,其他各报效尤,遂繁衍出"客观性"信念。至 1900 年,美联社更提出"报道事实,不报道意见"的原则,并要求记者"不偏不倚,平衡公正"。④"报刊之生存赖于读者之信任,若失此信任,报刊

---

① 彭家发. 新闻客观性原理[M]. 台北:三民书局,1994:89.
② SCHUDSON M. Discovering the news[M]. New York:Basi Books, 1978:5-6.
③ 彭家发. 新闻客观性原理[M]. 台北:三民书局,1994:23.
④ VIVIAN J. The media of mass communication[M]. Minnesota:Winona State University Press, 1997:59.

将危如累卵。"①

　　作为信息行业,新闻业通过提供信息服务以满足社会需求并获利。新闻业的产品为新闻,其用户为社会各界的广泛人群,拥有各种不同社会背景。为扩大发行量并吸引更多受众,新闻业须提升产品的普适性。不偏不倚、超然中立的报道立场与方式,乃提高产品普适性的必要选择,"政治中立即商业利润"。在新闻市场竞争中,利润原则亦至关重要。任何带有主观倾向的新闻报道,均可能与某些读者产生冲突,最终失其支持,这是新闻业主不愿见之事。

　　精英记者对"煽情新闻"记者的批判,是确立客观性原则的重要文化背景,此为第三层原因。19世纪末20世纪初,新兴纽约便士报业集团《纽约太阳报》《纽约先驱报》《纽约论坛报》《纽约时报》彻底战胜旧式的政党报纸,成为文化组织与经济集团。1883年,普利策购入《纽约世界报》后迅速为其注入煽情特色,使大字标题、图片、女性专页、夸大性叙述普及开来。1985年,赫斯特购入《纽约新闻报》,更将煽情新闻推崇到了极致,迫使普利策与之竞逐。此前,报业集团因巨变恐惧、退缩,导致读者减少,广告收入下降,报业萎缩。

　　纽约便士报业集团精英记者没有料到需要面对低层次竞争,耻于对手的不道德举动,坚持自称为"客观性原则"的遵从者。精英记者发起针对普利策、赫斯特等煽情记者的"道德战",就像半世纪前其先驱对贝内特的所作所为。便士报与煽情新闻报纸的分野可概括为"信息型"与"故事型"。《纽约时报》与《世界报》差异明显。1989年,美国海军战舰"缅因号"于哈瓦那附近海域爆炸沉没,《纽约时报》发表温和报道,《世界报》则臆造煽动性报道,描绘爆炸现场美国大兵惨状,题为:"金钱能补偿这一切吗?"

　　19世纪90年代,精英记者通过谴责煽情新闻记者及非客观性报道记者标榜自我,将煽情新闻记者特性归类为:非常态性、女性化、文化滞后性。精英记者称煽情新闻记者为变态者、反常人、门外汉。《纽约太阳报》主编达那率先发起针对普利策之"反犹运动",普利策回应:"又一个谎言。"达那恼

---

① LOLKERTS J,LTEATER D Jr. Voices of a nation:a history of the media in the United States[M]. New York:Macmillan Publishing Company,1994:87.

火《世界报》发行成功,攻击普利策道德品行,称其"犹大普利策"。

《纽约时报》采取另类做法,与煽情新闻严格区分。阿道夫·奥克斯创刊号提出创办"公正、高质量"报纸,干净、有品位、值得信赖。6 个月后,普利策与赫斯特浓墨重彩渲染古巴妇女被西班牙士兵搜身,《时报》则观此"当代变态者之争斗"。阿道夫·奥克斯确立《纽约时报》座右铭:"一切适宜刊登之新闻。"煽情新闻竞争最盛时,《纽约时报》发行量 9 000 份,《世界报》600 000 份,提出冷静口号,阿道夫·奥克斯之睿智理性令人敬佩。

精英记者批评煽情新闻记者第二点为女性意识过重。19 世纪末 20 世纪初,人文背景崇尚阳刚之气,《纽约时报》编辑怀特·雷德认为新闻界需激进、昂扬的力量。达那指出,阅读报纸政治版面者为好记者,读爱情小说者非合格记者。达那的言论是对竞争对手的报复,《世界报》多栏目迎合女性口味。精英记者第三种区分方式为称非客观性记者为"未开化者",而自视为文明社会象征,符合西方现代工业社会运作原则。与煽情新闻五颜六色的封面相对,《纽约时报》宣称报纸"不会玷污早餐桌布"。达那要求记者通晓希腊、罗马文化遗产,阅读莎士比亚名著、圣经及其他经典。报纸信息收集、传播功能代表西方传统、工业社会主流,通过服务他人赚取利润。记者、通讯社伸向全球,带回知识财富,编辑、记者努力滋润文明社会前进。精英记者对煽情新闻记者的批评反映了 20 世纪转折时期主导的文化、性别和种族观念,[①]也是这一时期客观性原则确立的重要文化背景。

同时,社会对信息的需求也促使了客观性报道的诞生。在这一时期,社会普遍对"事实"怀有崇高的敬仰,将客观叙述和实证分析置于一切之上。美国人塞缪尔·鲍尔斯首次提出了"独立新闻学"的概念。1855 年,他主张明确区分事实和评论。新闻应该向读者呈现最原始的材料,让他们自行评判,这是"客观报道"的核心要求。早期美国通讯社记者劳伦斯·戈布赖特曾说:"我的工作是报道事实。我得到的指示是不允许我对报道的事实作任何评论。我发布的消息面向不同政治色彩的报纸。事实证明,我并不信奉任何学说。我努力的目标是保持客观和公正的态度。我发布的新闻只包含

---

① MINDICH D T Z. Just the facts: how "objectivity" came to define American journalism[M]. New York: New York University Press, 1998: 132.

干燥的事实和细节。"①

肯特·库珀,曾任美联社总经理 25 年,积极倡导"客观性原则"。他将其解释为"真实公正的新闻报道",认为客观的新闻报道"作为一种高贵而创新的道德概念,起源于美国,致力于全世界"。②库珀的继任者韦斯·加拉格尔进一步阐述了这一观点,他认为实现客观性的关键在于"分清思想与情绪,事实与感觉",这是在新闻界被广泛认可的区分"事实"与"评论"的方法。没有受众的新闻报道无法产生社会影响。

这一时期,市民对社会生活强烈的信息需求催化了新闻从以观点为主到以事实为主的转变过程,而便士报则敏锐地抓住了这一商业秘密,围绕市民社会生活和现实环境进行细致报道,发挥信息流通的作用,奠定了客观性报道以真实事件为核心的特征。③同时,专门为报纸提供新闻报道的通讯社的出现,确立了新闻采集、编辑加工和分发的整个运作流程的专业化、体系化、规范化和社会化。此后,客观性新闻报道从最初区分观点和事实这一基本遵循出发,逐渐演化发展为一套更完善、更细致的报道流程,尤其在《纽约时报》的实践中逐渐成熟。④

19 世纪末 20 世纪初的新闻界对客观性原则有不同的理解。有人认为,新闻的客观性本质上是关于内容的真实和客观性,而不仅仅是报道的形式。真实性是所有新闻报道的基本要求,客观报道与其他形式的报道区别在于其客观性的表达方式。新闻的客观性涵盖了理念和操作两个层面,真实的内容与客观的表述形式应该是一体的。客观性被视为新闻业的基本信条,但在新闻学界中存在不同的评价。

一些学者认为客观性是"不可能的",指出客观性无法完全达到,它像北斗星一样,是一个指导方向的坐标和象征,能够引导新闻人员走向正确的轨道,但很难完全实现。没有一篇报道能够完全与事实一致,因为个人的价值

---

① 李彬. 全球新闻传播史(公元 1500—2000 年)[M]. 2 版. 北京:清华大学出版社,2009:191.

② DENNIS E E. Media debates: issues in mass communication [M]. London: Longman Publishing Group, 1991:123.

③ 陆晔. 美国新闻业"客观性法则"的历史演进[J]. 新闻大学,1994(1):51-54.

④ 吕亚进. 关于中西方新闻客观性的探讨[D]. 武汉:华中师范大学,2004.

观、立场、解释和判断会影响报道的制作过程,文字的选择、评判的角度以及当时的情感都具有主观性。最多能做到的是尽可能地全面和准确地描述事实。① 另一些学者认为客观性是可能的,但并非绝对,因为客观性意味着报道需要区分事实与意见,体现一种超越情感的新闻理念,力求公正和平衡。客观性并不意味着没有潜在的价值观,而是表示记者以某种策略完成了公正和不偏不倚的报道。尽管客观性经常受到批评,但作为新闻业的努力目标,它始终在开辟自己的道路。正如一名加拿大新闻学者所说,客观性就像新闻业中的"一个不死的上帝"。② 客观性理论作为一种新闻理念自近代以来始终占据着媒体的主流。尽管新闻工作者大都拒绝"绝对客观性"这个概念,但从他们的实践来看,无一不是将其作为奋斗的方向,换言之,客观性是他们努力的目标。

(三)客观性理论的发展

客观性理论的发展经历了三个历史阶段:首先是产生于19世纪30年代,这一阶段区别于党派报纸,强调事实与意见分开的职业理念初步形成;其次是19世纪后期,坚持事实即真相的观念逐渐确立;最后是20世纪初期,客观性作为新闻专业的理念和道德准则得以形成。前文已经阐述了前两个阶段,西方新闻客观性理念的发展可以看作是一个螺旋上升的过程。

19世纪末20世纪初,新闻的客观性原则似乎已然成为从业者实操中一套稳定的遵循方式。然而,第一次世界大战期间,政府成功地进行煽动性宣传,打破了西方报界和公众对客观报道是对世界真实认知的盲目自信。正是这段时期震惊世人的宣传,成功开启了少数有才智的人们的眼界,让他们意识到可以操控和影响大众的思维。③ 沃尔特·李普曼在《舆论学》中指出,从战争扩展到日常生活的公共关系处理的媒介操纵事件,对客观报道构成了威胁,这也验证了所谓新闻报道中的事实并非以自然的方式展现在大

---

① MINDICH D T Z. Just the facts: how "objectivity" came to define American journalism[M]. New York: New York University Press, 1998: 1.

② DENTON F, KURTZ H. Reinventing the newspaper: Essays[M]. New York: The Twentieth Century Fund Inc, 1993: 47.

③ BERNAYS E L. Propaganda[M]. New York: Horace Liveright, 1928.

众眼前,而是已经被内嵌在一套框架中。记者在实践中也难以按事实进行报道,新闻相关的利益集团往往会限制其按照自身利益的需要对事实表述进行塑造。① 第一次世界大战后,新闻业对客观性原则的态度发生了重大改变,即发现了完全和绝对的客观性根本不可能达到,但是在实践中通过规范性的流程达到相对的客观,例如提供准确的事实描述、标明观点来源、尽可能完整地呈现事实、客观展示对立双方的观点、使用中立的词汇等。这类规范性流程保持了公平和均衡,在写作形式上通过多重结构展现其多元化的特质,相较于19世纪对于新闻客观性的要求,这一时期的客观性要求从纯粹的客观性追求转变为承认新闻从业者必然会在报道中存在主观这一现象。② 它的升华在于,要求新闻从业者从追求绝对的客观性到允许主观性的存在。主要是指需要记者在新闻的采编发的过程中发挥自身理性和主体意识,尽量做到无限接近事实,尽量减少主观。

从20世纪40年代开始,许多媒体开始推崇更广义的新闻客观性理论。但"麦卡锡"事件、越南战争和水门事件,触动了美国公众对政府信任的危机。公众开始意识到,过分强调所谓的"科学的"新闻生产步骤和方法,并不能真正反映客观现实,反而可能导致报刊失去道义上的责任。在这个背景下,明智的新闻从业者开始反思和批判性地思考客观性法则,解释性报道随之应运而生。

解释性报道即不仅仅讲述事实,还要通过罗列丰富的背景环境材料,通过解释事情内部因素与外部环境的联结而呈现事实表象与实质的联系,反对"事实本身可以说明一切"的想法,而接受"一切皆有其真相"的现实主义主张。20世纪60年代在美国文学的影响下兴起了"新新闻主义",把文学的写作方法用于新闻报道,但由于主观性太强,虽在美国正统报纸版面上盛极一时,但最终也与评估报道、艺文报道等一起不容于新闻界,对客观性理念的冲击并不大。

20世纪70年代中期,在解释性报道的基础上又发展出"精确新闻学",它是主张采用实验、采样、内容分析法等量化的社会科学研究方法用于新闻

---

① 李普曼.舆论学[M].北京:华夏出版社,1989.
② 吕亚进.关于中西方新闻客观性的探讨[D].武汉:华中师范大学,2004.

报道,使得新闻内容更加客观,强化了"客观"的特征。

在20世纪90年代,公民新闻运动对客观报道构成了重大挑战。该运动的核心理念是通过新闻从业者"下沉"到社区的方式重建公众对新闻的信任。根据公民新闻运动倡导者杰伊·卜罗森的观点,公民新闻运动应当关注公民之间交流的质量和思考的深度,关注新闻如何增强公众获取信息的能力、如何激发公民参与公共讨论和社会生活的动力等。相反,一些新闻从业者则并不看好这一类运动,他们认为,公民新闻运动可能会被媒体用来自我宣传,过度软化硬新闻的报道,并质疑其吸引公众参与的有效性。最基本的顾虑是记者是否应深度参与所报道的事件。尽管解释性新闻、新新闻主义、精确新闻和公民新闻运动强调记者的参与能力,但它们对客观性的挑战有限,仍属于客观性的一种报道方法。客观性理论在新闻实践中展现出强大的生命力,难以被彻底颠覆。

二、客观主义新闻的特征与原则

(一)客观性原理特征

客观主义新闻是让"事实说话",而非让"观点说话"。它通过将真实的事件进行编排组合,让读者自行分析和评价,而非直接表达记者观点。这种方式将记者的观点隐匿在事实中,巧妙引导读者得出特定结论。客观报道包括动态报道、新闻素描和特写等形式,与主观报道相对。客观报道被视为"无形的意见",而主观报道则结合了显性或隐性意见与事实。新闻传播不仅传递事件和信息,更要传递事件中的意义,尤其在信息爆炸的时代,解释性报道成为新闻价值的核心。成熟的新闻人不仅要传达看到的内容,更要传达领悟的意义。"客观性原理"的主要特征包括以下几个方面。

1. "客观性原理"是商业利益下的自我保护机制

彼时的美国市场经济高度发达,中产阶级人数众多,商业化成为社会文化的重要特征。美国人把广告对报纸等大众媒介的支撑看成一种复杂的恩赐。新闻媒介属私人所有,并以赢利为方向,部分原因是美国社会相信一套价值观,即把利润、私有制和摆脱政府的控制看成最高理想。《纽约时报》的发行人阿瑟·奥克斯·苏兹贝格谈到《纽约时报》的任务回答说:"首先是赚钱赢利。这样说不是很难听吗?但是,如果我们不赚钱,我们就无法承担其他任务。"

2. "客观性原理"是美国文化模式下的独特个案

美国是一个宪政民主的国家,它的立国原则是民主与自由。美国文化学者本尼迪克特曾经将美国文化的三大要素归结为:基督传统、共和主义和个人主义。美国新闻文化受到欧洲文化的深远影响,这主要表现在基督教文化的影响上。教会的清教徒们相信人的堕落,所以他们要对统治者进行限制与监督,后来这种思想就成了美国政治文化中的"权力与制衡"原则。他们认为,人性是恶的,只有着眼于消灭一个又一个的具体罪恶,才可能让世界越来越接近上帝的"天国"。此种"乌鸦文化"与"性恶论"的观念对美国新闻文化的影响就是负面报道以及暴露与批评的传统。

客观地报道出一个一个的具体罪恶,自立的个人才能有自己的判断,"客观报道"其实是尊重每一个个人判断的一个伟大原则。美国新闻记者霍姆斯曾经提出的"观点的自由市场"是新闻传播中的一个重要理念。这个理念就是美国文化模式在新闻中的独特体现。他认为,检验真理最好的方法,就是让观点在市场的公开竞争中自动获取承认。既然观点、意见、思想都可以在自由市场上竞争,那么事实就更不在话下了。因此,遵循客观性原则的新闻报道实际上就是一种信任读者的行为。

3. "客观性原理"是美国新闻界的最大特色

美国新闻界的一个主要职业特色在于奉行事实与意见分离的原则,并在此基础上实行新闻部门与评论部门的分离。新闻被视为公共财富,属于公众,而社论版则是报业主和编辑的领地,这种安排被称为新闻学上的"政教分离"原则。尽管《纽约时报》不同的继承人强调阿道夫·奥克斯信条的不同方面,但他们都尊重阿道夫·奥克斯关于"教会"(社论版)和"国家"(新闻部门)分离的原则,坚持将这二者与"会计室"(商业部门)分开。"客观报道"的例行做法对新闻报道有两个重大影响:首先,新闻记者的报道通常是关于维护既定社会秩序和维护社会现状的。记者所谓的"事实"多数是社会上权威机构的声明,如文件、记录、正式活动和官员的声明等,这些常被视为硬性新闻而不需要进一步验证。其次,这种例行做法成为新闻记者和新闻机构的防御机制。因此,新闻报道的客观性实际上是新闻记者和机构的"自我防卫机制"。尽管受制于社会各种限制和记者个人主观偏见等因素,完做到客观性可能会面临一定困难,但通过努力,客观性可以得到实现。

正如施拉姆等人所说:"我们认为所有的男男女女都必须有某种圣杯之物,都必须有为之奋斗的事业,都必须有即使不能使之完美无缺,但仍必须为之竭尽全力的某种东西。对新闻工作者而言,圣杯应当是'客观性原理',如果他缺乏这些东西,其身份就会贬低,结果就可能使其事业遭到灭顶之灾。"新闻的"客观性原理"是一个道德的准则,而"客观报道"则是一个操作的手段。只有在原理与理念的指导下,"客观报道"才能真正实现客观或者趋向于客观。也只有从"客观报道"的实际操作中追求客观与公正,才能进一步将新闻"客观性原理"的准则发扬光大。清楚地认识"客观性原理"生长和发展的环境以及"客观报道"在一个纷纭复杂的社会中存在的必要性是至关重要的。

(二) 平衡原则

"客观性原理"的特点是:实录事实。若有倾向,则流露得隐蔽、自然。不造成对读者直接施加影响的印象。这显然是一种客观形式与主观动机的有机统一的报道方式。新闻作品要用事实解释事实,要把单一事实置于系列事实中,以便显明其来龙去脉、远因与近因。要善于用各种类型的背景材料,他人之报道,他人之言来证明新闻的可信度。推论是根据已知来决定未知的说法,任何一句有关人们情感上的想法都是推论的例子。任何对未来的说法都是一种推论,因为未来是未知的。新闻记者应该尽量不用推论和判断,只是客观公正地阐述。因为美国人的二元价值观,即使自命为客观中立的报道其实也有隐晦的倾向性。这在行文色彩中可以发现。

19世纪末20世纪初的客观性原则具有四个方面的含义:不偏不倚——事情确实是那样发生的,并非记者的主观臆断;非党派性——政治立场中立;倒金字塔式——指写作风格,读者开宗明义了解事情的原委;平衡原则——客观性原则的核心,"不可能"达到然而又是最重要的原则。

平衡原则是"客观性理论"的核心。平衡意味着公正,它要求记者在撰写报道时给持不同意见者以平等的权利。记者在报道中应尽量照顾来自各方的观点,避免任意站在争论的一端,这样才能保持媒介和报道者的中立立场,才能保持报道的客观性。正如雅典人将公正视为不偏不倚的观念,学者麦尔文·曼切尔也指出新闻传播中平衡和公正的问题,平衡不仅意味着行文的平衡,也同样适用于新闻报道事务中的其他方面。例如在报道竞选时,若其中某一方对另一方进行了指责,记者应当主动询问另一方的解释以确保平衡。罗森索担任《纽约时报》执行总编辑期间,就提出对双方竞选者进行平衡报道,在照片选取、版面分布上都要力求呈现公平与平衡。①

(三)在新闻生产中的应用

19世纪末20世纪初,客观性在新闻业务实操中的一系列要求基本固定,例如整体严肃的行文风格、对受访者原话的引用要求、对信息的统一格式等实操原则成为当时新闻工作者的严格戒律,常常与他们发展独特叙事风格的期望相矛盾。倒金字塔式报道模式起源于南北战争时期。当时电报技术尚未稳定,经常发生故障,而战地记者们迫切需要及时传递战争消息。他们在实践中摸索出了这种写作风格,将新闻事实按照重要性或读者关注度递减的顺序排列:导语首先回答人们最关注的问题,然后是主体部分,逐步展开情节、过程和细节,最后补充次要材料。这种结构有两个功能:一是对导语提及的事实进行详细阐述,使其清晰丰富;二是补充导语未提及的次要信息,使新闻报道更加确凿和详尽。这些原则从19世纪30年代萌发,发展到19世纪90年代逐渐成熟。通过对19世纪末20世纪初的这些理论形态进行探究,可以深化我们对客观性原则的理解,同时也能够理性地预测美国新闻业未来的发展方向。倒金字塔式写作模式有以下特点。

(1)按消息、观点的重要性和新鲜度依次组织,把最重要的部分放在第一段,可避免一般事实掩盖重要事实。

(2)为突出主要新闻事实,导语部分只突出最重要的新闻要素,其他要素在主体部分渐次补充。

(3)各段落间不需过渡转承,只求内在联系。往往第二段是第一段的具化或补充,第三段是第二段的解释,如此相连,逐层具体深化。

(4)符合时代传播特色,发稿迅速、简洁。

这种方式的写作有如下优点:对读者来说,可做到先睹为快,尽快掌握

---

① 李子坚.纽约时报的风格[M].长春:长春出版社,1999:92.

新闻的精华。即使没有时间阅读下面内容,看一眼导语也可了解大概。这种方式节省时间,方便阅读,适合那些工作繁忙的人读报的心理要求。"倒金字塔式结构之所以能存在下来,是因为它适应了新闻用户的需要。读者在新闻展开之前,总是急于知道究竟发生了什么事情。"①对编辑来说,它不仅便于选择稿件,还利于处理稿件、安排版面。由于一条消息中的每段都有较完整的意义,各段又按事实的重要性大小依次排列,如果当天的报纸版面太挤或有些具体内容并非本地读者所关注,可从消息的结尾往前删节,而不必对稿件大动干戈,有的报道只留下一段,也构成一条消息。对记者来说,它有助于迅速成篇,可长可短,便于在报纸截稿前交付使用,对自己和报社都非常便利。

客观性理论在报道模式上也注重"倒金字塔"写法,这种写法在写作风格上的另一个特征是行文色彩中性化。"客观性报道"中,记者不应该以任何的方式表现自己的立场,不得感情用事。但感情的流露常常是不自然的和无意识的。麦尔文·曼切尔教授说:"一个记者在描写他所厌恶的官员时,可能会写'哈里逊,一个野心勃勃的年轻政客今天说——',或者,一个记者描写他所钦佩的官员时,可能写道'西威尔,这个精干的年轻州管理者今天说——'"②这样的感情流露常常会通过报道给读者某种倾向性的影响。避免感情用事的最有效方法是少用形容词和副词,多用不带色彩的中性动词。美国新闻写作中,常常对学习者警告:形容词会戏弄人,形容词太多是危险的。与慎用形容词相比,美国新闻界强调多用确切有力的动词。例如,"说"(say)是一个没有倾向的词语。除非你有意要使紧接在后面的一段话带上色彩,并能表现出你下笔的倾向性是准确的,否则你还是应该用这个"说"字。"说"这个词在行文中最方便,也不怕重复。在一般情况下,它比宣布、声称、争辩、宣称、断言、保证以及其他这一类的词要好。

倒金字塔式结构风格并非没有缺点。首先,如果每条消息都用这种结构写作,格式单一,缺乏创意。读者读报,不仅要求信息含量,更需要一种精

---

① SMITH P. The rise of industrial America: a people's history of the Post-Reconstruction Era[M]. New York: McGraw-Hill, 1984: 68.
② 曼切尔. 新闻报道与写作[M]. 艾丰, 张争, 译. 北京: 广播出版社, 1981: 43.

神上的快慰,千篇一律的格式易影响阅读兴趣。其次,最精彩的内容都放在导语部分,后面的消息层层变淡,使读者很难读完全篇,报纸的信息功能受损。另外,这种结构容易造成标题与导语相近似,而当有些新闻情节过于曲折复杂时,读者不易读懂全篇。"倒金字塔式结构还没有成为新闻学上的历史陈迹,只要报纸继续强调迅速、直接、简洁的表达方式,只要读者仍接受它,倒金字塔式结构就仍能很好地为读者服务,每个记者都应掌握它。"

在新闻报道中,"客观性"的核心要求是对事实的严谨重视,其中"倒金字塔结构"尤为突出,这种结构极其强调事实的重要性。随着新技术在新闻报道行业的引入和使用,客观性报道要求的"倒金字塔结构"成为重要的写作形式受到广泛推荐。主要是由于记者们最初使用电报传输资讯时,面临着价格昂贵且传输质量效率不稳定的现实难题,由此开创了这种新闻写作形式。

19世纪初期至19世纪末20世纪初,客观性理论发展经历了非党派性、倒金字塔、尊重事实等阶段。到19世纪90年代,各种因素聚集至一点——客观性新闻原则,新闻业内人士把实现"客观性"作为衡量自身的最高原则。此时,客观性已经固化为新闻业的一种业内规范,相比于内战前的报业,19世纪末20世纪初的同行显示出较少的党派性和偏见,而显示出更强的独立性,新闻表达也更加客观。1880年的统计数字显示,全国约1/4的报纸政治上独立,到1890年,这一比例上升至1/3强。随着带主观偏见色彩的"评论"报纸的衰落,趋向客观报道风格的报纸占据了主流。19世纪末20世纪初以前,接受调查的报纸中40%有客观性倾向;20世纪初,这一比例约占2/3。与客观性报道风格相伴随的是形式上的倒金字塔式写作模式。此前那种个人色彩浓厚的、党派性的、按年代顺序排列的、宗教意识强烈的报业逐渐让位于客观性的报纸。

从地域上看,几乎所有的大城市,尤其是东部地区大城市的报业都认可客观性的报纸,19世纪末20世纪初的报纸已从以前的"观点(评论)"性报纸(views-papers)转型为"新闻"性报纸(news-papers)。到19世纪90年代,"新闻"和"评论"成为报纸的两大主要版块,而前者更占优势。

很明显的例子是查尔斯·达那,19世纪70年代,他曾在《纽约太阳报》上极尽嘲弄、讽刺格兰特总统之能事,从19世纪80年代起,他就告诫新闻版编辑，在报道政治新闻时，力戒主观性，严格遵守"非倾向"性原则。早期热衷政界、迷恋政论报道风格的普利策后来甚至尝试把报纸上的政论版面取消。

我们认为19世纪90年代客观性原则趋于成熟，并最终定型，是因为作为一种新闻规范，它在这个时期第一次被广为认可，也是新闻史上未遭业内人士置疑的最后一个时期。作为一种新闻业内规范，客观性原则无疑在19世纪末20世纪初的19世纪90年代达到了巅峰状态。换言之，19世纪90年代是客观性原则在相对"真空"状态下存在最早的，也是最后的一个时期。在这个时期，关于人的大脑意识尚未被弗洛伊德揭秘，对事物的深刻洞察尚未被爱因斯坦所认识，对表面现象的透彻体悟尚未被毕加索所尝试。20世纪上半叶，随着公共关系业的兴起和第一次世界大战的爆发，新闻界人士开始对客观性报道提出怀疑，并尝试用解释性报道来代替。但客观性原则始终是20世纪新闻业的主要理论之一。

三、客观主义新闻理论的实践

（一）在美国新闻业的实践

在美国新闻实践中，客观性原则的确立，是在新闻业逐渐演变为社会职业的背景下完成的。内战前，尚无专门为新闻业务服务的协会或教育课程。直至20世纪初，这一情况才有所改变，内部人士和普通公众开始认识到新闻业与医药、法律等公共领域一样，是一种职业。1876年密苏里报业出版协会的成立，公布了一套全面的行业标准，被广泛视为标志性事件，标志着新闻业的职业化进程。随着职业化的发展，职业人士和非职业人士之间产生了明显区别。一些记者将职业化视为提升社会地位的手段，排斥非职业人士。著名记者怀特·雷德在世纪之交指出："我们期望这一行业具有完整的约束规则，不再有不敬和放纵的记者时代。"

约瑟夫·普利策终其一生致力于报业，晚年筹划在哥伦比亚大学建立新闻学院。他表示："我希望发起一项旨在提升新闻业至知识品位职业的倡议。"普利策对新闻学院的设想反映了他对职业和社会等级观的看法。他认为新闻学院应该培养从业者的道德、教育和品格。普利策的志向与1896年威廉·兰道夫·赫斯特挖走他整个编辑部的事件形成鲜明对比，当时包括

《黄色小孩》漫画创作者理查德·奥特考尔特在内的所有编辑离开了,只有一个秘书忠诚于普利策。普利策痛惜地说,如果这些才华横溢的记者具备了忠诚和对金钱的鄙视等高尚品格,或许悲剧就不会发生。

客观性原则强调新闻与评论之间的明确分离。报纸报道应专注于事实,不是夸大或渲染。在19世纪90年代,《纽约时报》以其独特的新闻信息模式强调信息的客观性和真实性。这与赫斯特的故事模式所代表的"煽情新闻"形成鲜明对比,后者刻意捏造和传播虚假信息。

1896年,阿道夫·奥克斯接管《纽约时报》,当时市场上充斥着赫斯特等人散播的煽情、虚假和欺骗性新闻。阿道夫·奥克斯坚定不移,通过他的实践和原则为20世纪初的新闻客观性理论奠定了基础。他认为新闻报道应"无畏、公正,不偏不倚,不受党派、地方或任何特殊利益的影响。"他强调可靠新闻报道的重要性,将报纸的报道标准定义为"适合刊登的所有新闻"。这种"适合刊登"的新闻标准与客观性同义,拒绝任何偏离此标准的内容刊载。

客观性原则不仅适用于新闻报道,也适用于所有发布的广告。阿道夫·奥克斯接管不久后,果断拒绝了15万美元的贿赂,即拒绝了要求刊登"自己广告"的坦梅尼党领袖的企图。《纽约时报》坚持广告审查制度,拒绝刊登虚假、夸大或缺乏客观性的广告,即使这可能造成经济损失,这一决定仅在内部员工中知晓,他们尊重报纸主人的正直,并在工作中表现出极大的细致性。

阿道夫·奥克斯同样抵制广告商对新闻报道的干涉,并对威胁要撤销广告的广告商进行正面回击。他公开表示,真正的编辑和记者永远不会考虑新闻报道和评论对广告收入的影响。多年来,该报享有"报纸中的报纸"的声誉。这一实践证明,坚持独立和客观新闻报道原则是《纽约时报》在报业中的最大资产。阿道夫·奥克斯不仅为他的报纸确立了一套全面的新闻政策和原则,而且在20世纪初完善了客观新闻报道的原则。

到20世纪末,客观性成为美国新闻报道中的主导性原则,并由此衍生出三种报道风格:一是客观性报道,如美联社主张提供中立性客观性的信息;二是调查性报道,例如普利策奖新闻报道;三是解释性报道。客观性报道风格仍稍占优势。《华盛顿邮报》的艾伦·巴斯自豪地写道:"'客观性'是美国新闻传统中的一大荣誉。"《华盛顿明星晚报》的副主编威廉·希尔则在效仿林肯在葛底斯堡演讲中的韵律时,表达了对"客观性"的坚定承诺:"185年前,我们的先辈在这片土地上创办了一份报纸,培育于客观性之中,坚守着每个人都应得到公正事实的原则。现在,我们正参与一场关乎传媒的重大辩论,以检验这份报纸,或者说,检验那些奉行客观性和上述传媒原则的人能否生存长久。"①

(二)在国际新闻业的实践

在西方社会,"天人分裂"之文化趋向见证固有价值体系,尤重自我与自由成长。新闻理念则突显个体力量,注重传递真实信息,主张保护社会知情权。故客观、真实、全面的新闻报道,有助于群众独立思考,是西方新闻界的要义。②

数代西方媒体从业者与政府间的监管争斗屡现。他们早期意识到只有提供给受众全面且精确的信息,报纸方可获得成功。拿破仑之崛起及其连番军事功成于18世纪末致英国公民甚为不安,致民众对新闻的渴求日盛。而当时英国政府普遍对邮寄至伦敦的外国出版物及海外信件进行审查与修改。约翰·沃尔特接手了他父亲创建的《泰晤士报》,直言不讳地向政府挑战,指责政府截扣信件,并借对友好之商界人士及金融家私发新闻信函,避开政府的监控,同时遣海外记者迅速收集确切的资讯,以此保护《泰晤士报》并维护其权威性,获得了公众的盛赞。此对信息准确与真实的追求,促使欧美的新闻执事者于报道中摒弃个人偏见,明确标出信息来源,力求提高报道的精确度。新闻报道使用平衡正反两方面意见的方式,以追求客观、真实和全面性。

不同时代的政治动机和伦理判断渗透到西方和东方新闻从业者的新闻思维中。他们选择性地采集、判断和传播新闻,受到了其国家、民族、阶级与政党的观念和价值观的影响。虽然西方新闻重视经济利益,但也注重政治

---

① WILLIAM A. The troubles of journalism: a critical look at what's right and wrong with the press[M]. Madison: The University of Wisconsin-Madion Press,1998:77.

② 李楠.历史的追寻 文化的沉思——新华社与美联社新闻写作比较[J].现代传播(北京广播学院学报),1996(6):47-51.

教育，同时强调信息传播和客观追求真实的重要性。新闻客观性一直是西方媒体自我标榜的重要原则之一，但这种原则在其国际传播的实践中并未得到充分应用。在"西强东弱"的国际传播格局中，西方媒体按照自身的价值观对国际新闻事件进行议程设置和框架设置，表现出较强的"价值观先行"的特点。特别是在西方各国内部的本土报道中，新闻客观性能较好遵循，但涉及与其意识形态不同的国家时，客观性则难以展现。

（三）在中国新闻业的实践

在中国社会中，新闻观念的形成很大程度上受到西方影响。客观主义新闻思潮的引入与传播主要通过两条途径：一是西方人直接传播，二是留洋回国人士的介绍。随着中国资本主义经济的发展、政权更迭和世界大战的爆发，人们对客观事实的需求日益增加，这促使了新闻报道和通讯的兴起。

1913—1918年间，中国涌现出不下20家新创办的通讯社。由于当时各通讯社具有明显的党派特征，为了应对竞争压力，各大通讯社都将公正无私地报道事实作为其新闻指导原则。在1926年建立的《大公报》就效仿了《纽约时报》的报道风格，提出了"四不"宗旨：不党、不私、不卖、不盲。这一方针在实际操作中被严格执行，展示了客观报道在新闻实务中的独特吸引力。张季鸾强调报纸作为自主的职业实体机构，而新闻工作者则是职责独立的新闻人，他们在政治与经济的层面都应确保自身的独立性。

上海的民营大报《申报》在创办之初便明确提出："一切值得敬仰、惊叹与喜好的事件，无一疏漏的都应告知听闻者。要求真实无虚，以便读者清楚理解。避免使用夸大的词汇，不附和离谱的言论。"史量才主张报馆应当保持自主精神，秉持公正无私的媒体立场。他强调，《申报》与任何政治团体保持距离，应在政治博弈中保持冷静的态度，以经济独立的商业原则经营报纸。

中国共产党执政后，客观主义新闻理念通过外国媒体传播融入中国，其后得到中国新闻业的广泛认可和采纳。"纯客观"的新闻理念与马克思主义的认识原理存在冲突，特别是当中国共产党运用媒体推广政策、实施群众活动原则时。因此，中国共产党对客观新闻理念进行了深度的反思和修正，坚持马克思主义新闻观的新闻客观性。在中国强调的是"用事实说话",也就是有选择地采用客观的手段去陈述事实,从而巧妙地传达出报道人的观点和立场。

陆定一视"实质"为新闻的存在之本,他在报导学理论文章中,大多数时候都在深入研讨新闻实质性的议题。他回忆说:"在延安开展《解放日报》的过程中,我们坚守的首要原则便是保证内容的真实性。无论文字的优劣,都显得相对次要。只要内容真实可信,不仅能赢得解放区民众的信任,甚至在国民党控制区的居民中也能建立起信任"。他还强调:"新闻的真实性是其生命线。若报道不真实,新闻及其从业者便失去了存在的价值。"[①]总之,以马克思主义作为理论指导,中国共产党对资本主义国家新闻学中的客观主义报道模式进行了深入的分析和批判,并形成了具有自身特色的客观报道理论体系。

四、对客观性原则的认识与反思

(一) 认识

新闻客观性原则有其必然存在的基础。首先,新闻作为一种信息,具有其客观属性。信息反映的是客观事物的存在和变化,而新闻是其中的一种,因此新闻也具有客观性。然而,新闻和信息并不完全相同,并不是所有信息都能称为新闻。只有那些经过选择、有新闻价值、及时性、非虚构的事实信息,才可以称为新闻。关键在于,新闻传播的对象是真实的事实。事实是新闻的来源,没有事实,就没有新闻。事实是客观存在的,不受人意志的影响。事实是第一性的,新闻是第二性的,新闻应如实反映事实。显然,新闻的客观性比信息有更深的内涵。

其次,所谓新闻的客观性,并不是指新闻报道中没有偏向,而是指所报道的新闻事实的客观性。报道应绝对尊重客观事实,不为某些需求而附加主观,也不歪曲、更不改变事实。新闻的客观性是新闻的一个原则。然而,新闻报道(除了某些自然现象、科技信息、商业行情等)都或多或少、或隐或显地包含一定的偏向,这是不可避免的客观事实。客观事实是新闻的来源,

---

① 陆定一.陆定一新闻文选[M].北京:新华出版社,1987:81-89.

但客观事实本身不是新闻,只有经过新闻报道和传播,才成为新闻。每则新闻报道都有其立场和观点,不同的知识水平和认知能力也会影响报道者在选择事实、解释事实、评价事实过程中的表现。报道者的立场、观点、知识水平和认知能力在新闻采访和写作过程中或强或弱,都会不可避免地显现出来。这种对事实的选择和评价,就是新闻的偏向。

有人认为新闻的客观性与偏向性是相互排斥的,认为有客观性就不应有偏向性,有偏向性就不能有客观性。这种观点是片面的,新闻的客观性和偏向性是矛盾统一的。客观性和偏向性有时难以兼容。由于不同的立场和观点,有些人不能识别或不愿识别客观事物的真相,甚至为了某种政治需要,不惜扭曲事实真相,制造谣言,就像美西战争时期的"煽情新闻"一样。我们不能否认新闻的客观性,应把客观性作为新闻的一个法则,同时承认新闻的偏向性。为了客观、公正地反映事物的真相,新闻的偏向性和客观性是一体的。

在19世纪末20世纪初,人们普遍接受一个观点:纯粹的事实不存在,人们所认知的事实,都是通过个人的理解和解释而建构的。然而,新闻从业者通常坚持客观报道的方法,遵守行业标准,以最大限度地减少个人主观倾向对事实真相的影响。因此,客观性逐渐从一种信念转变为规范化的操作方式,成为处理新闻事件的常态。有些极端新闻工作者,不仅满足于客观报道,还希望成为"故事中的重要角色",追求"深藏在意识和记忆中的真相"。

(二)反思

新闻常常受政府、金融商业界和公众舆论等多方面力量的控制。19世纪后期公共关系业的兴起直接对"客观性"构成了挑战。《纽约时报》的主编爱德温·詹姆斯曾言,该报唯一的新闻方针乃是"客观性"。他说:"每日遭逢百万言的新闻稿,唯十二万五千言获采,筛选甚严。我报所秉之原则,在于保持报道之客观性,此为我报唯一之新闻工作方针,他事未曾定。"然而,新闻工作者的个人主观思维对客观性也形成了强烈的冲击。法国著名社会学家布尔迪厄曾说:"如果新闻工作者不感兴趣的信息,在媒体中不会有回应。如果新闻工作者不愿传播某个信息,这个信息就无法广泛传播。新闻工作者在精神活动和公众之间,实际上是一个过滤器。"他还指出:"新闻工作者不仅传播信息,还参与信息的构建。他们毫不怀疑自己有能力'推动事件升温',并强加给公众。"美国新闻理论学家戴维·奥尔瑟德认为,新闻的客观性难以实现,主要受到以下几方面因素的影响。

(1) 商业行为:媒体必须创造利润。

(2) 发行量:发行量是媒体社会关注度的指标,受众、媒介广告收入和媒介趣味水准之间存在三角关系。

(3) 官僚主义。

(4) 缺乏真正的新闻:丹尼斯·布尔斯廷称之为"假事件"。

(5) 记者持有的观念:记者认为,受众在本质上是愚蠢的。威尔·欧文说:"公众需要什么,我就供应什么,不考虑增强公众的国民意识。如果公众喜欢凶案报道,我就会主动提供具体材料。"

(6) 媒介的竞争。

客观主义新闻主张在报道中摒弃个人立场与偏见,推崇"公正无私"和"中立不偏"的原则。他们认为只有去除立场,才能称为客观。然而,在实际的新闻行业中,记者常常详尽报道各种社会现象,这些现象虽然看似无关,但实际上暗含着他们的政治见解、价值观和情感态度。理论上,持这种主义的人并非没有个人思考和见解,而是通过主观视角解释各种事件、现象和过程。他们在报道中选择性忽视许多有助于客观看待事实的社会历史背景,从资产阶级立场出发进行评判,这明显违背了客观性。因此,在追求客观性的名义下,实际上充满了主观主义倾向。[①]

尽管新闻的客观性理念有其局限和不完美之处,但仍被视为一种可行的"指导原则"。客观性已被广泛接受,成为语言表达与行为模式的重要准则。这不仅反映了现代社会对新闻媒体的基本观点和期待,也成为人们在构建、界定、组织、评判新闻内容、新闻行为及新闻机构过程中关键的标准。如果我们的目标是通过一种能够洞察世界真相的方法来寻求真理,那么将客观性置于我们努力的核心,无疑是有效的路径。

客观性可能无法在复杂的新闻背景中总是揭示真相,但它作为理解世

---

① 普罗霍罗夫. 新闻学概论[M]. 许恒声,赵水福,郑保卫,译. 北京:新华出版社,1987:118.

界的一种途径,利用多种标准和手段评估信息的真实性。同时,客观性在媒体处理与社会各方关系,尤其是在与政府及公众的互动中至关重要。只有遵循"客观性"原则,媒体机构才能确保信息来源的可靠,并维护其"独立"和"中立"的形象。

客观性在新闻行业内部扮演着缓解批判性攻击的策略角色。由于公众往往难以辨识记者所做评价是否基于客观理性或是带有主观偏见,因此采取一种中性的无评判的立场就显得尤为重要。这种追求客观的做法,其背后是一个旨在构建信任于公众心中的策略,特别是在当事实本身也遭到质疑的情况下。它不仅是新闻工作者用以自我防护的手段,避免遭受来自上级的批评与法律诉讼的风险,同时也是为了防止新闻报道潜在价值观念的影响及其可能引发的连带影响。然而,新闻领域对于客观性的观念与实践亦需不断地进行审视与改进。客观性是新闻伦理的核心,它规定了新闻人员应摆脱个人偏见的影响,然而这并非暗示忽视新的资讯或者他们的研究无须包含有意义或开启争论的内容。细致且深远的客观精神需要新闻工作者的主动参与实践。此外,社会大众也应明白,坚持客观性的道德观并不等同于把所有新闻报道视为绝对的客观,客观性实际上是一种相对平衡的状态,而不是抽象的绝对准则。

客观性在新闻学中存在许多值得批评的方面,并非完美的原则。首先,客观性不仅是一个简单的观念,而是一套可以被分析、评价和反驳的思维体系。客观性的构建经历了众多时期,经过理论的审视和实践的校正,不断演进,学界已经积累了宝贵的经验。尽管新闻学领域普遍认可"客观报道",但对客观性新闻学理论体系的理解,许多研究未能深入探讨和严谨分析,常常轻易地以"客观主义"的名义对其进行否定。

需要明白的是,客观报道和客观性虽然有差异,但又相互关联,缺少客观性的框架,客观报道的实现途径便会受阻。在新闻实践中,对事物"不求甚解"的态度和轻率地否定是不成熟且有害的。客观性要求新闻报道采取客观立场,反对个人偏见介入,这种态度基本正确,符合"实事求是"的原则。

虽然完全避免主观介入是不可能的,但强调客观性仍然必要,因为虚假报道随处可见。公众不仅需要事实的表象,还需要其本质的真实。作为一种"公正"的表达形式,客观性要求新闻工作者在报道中避免明显的立场,这是一种聪明的策略。中立和公正是可信的思想交流形式，也是有效的新闻传播方式。尽管每个人都有自己的立场，但未必愿意接受他人的立场。在现代社会，新闻媒体扮演着整合社会、凝聚人心的角色，需要与几乎所有人对话。实践证明，在众说纷纭的社会中，采取公平方式基本上是可行的。

第三节 专业主义新闻思潮

一、美国新闻专业主义的起源

在19世纪30年代，美国的大众报纸兴起，预示着新闻行业迈入了大众化与商业化的新时代。这段镀金时代见证了新闻自由在大众传媒的发展历程中，建立了包括报业自由、言论批评自由，以及信息获取自由等重要的里程碑。早期的自由主义拥护者们普遍认同这一观点：主要威胁自由的是政府，因其有可能滥用权力，导致社会腐败和危机。因此，美国报业始终积极鞭策政府，力争揭示其潜在的不正之风，这不仅对政府构成了挑战，亦在公众中引起了普遍关注。随着自由主义思想的拓展，人类的非理性表现和资本主义内在的不公，正在美国缺失约束的政治经济框架下，逐渐暴露。启蒙时代的思想家们曾盲目乐观地信赖自然法则、人性以及真理，但这种信仰逐步被深入的焦虑所替代。因此，在理论领域中，早期的自由主义地位正逐步下降，而一种新的观念——自由并有责任的新闻报业理论——正在逐渐浮现。

从19世纪开始，西方的思想者便已经察觉到人们之间的权益并不是处于同等的状态下。个体的垄断力量对自由市场构成了严重的威胁，这种现象与国家的直接干预产生了类似的效果。在美国的镀金年代，大众媒体的兴起让私有化的利益逐渐侵入了公共生活的各个方面。在此期间，新闻业所声称之新闻自由，并未完全反映民众的言论自由，反成为资产阶级争夺利益与政治批判的工具。

美国报业自始就未能成为理想的公共精神载体，尤其是在黄色新闻时期，报业品质低下，报道偏重煽情与失真，广告与经济利益受到过度关注。由媒体的经济自主性和市场活动构建的权力枢纽，被公众视为在民主社会内应当赋予媒体巨大的特权。然而,媒体未能兑现对社会的承诺,甚至在许多情况下忽视了这些义务,此种现象令人难以容忍。自黄色新闻时期以来,美国报界对自由主义的过度滥用已经给社会带来了巨大的危害,社会各界纷纷批评和谴责。新闻从业者们不能因新闻事业向商业化转型而放弃其独立和高尚的精神。因此,对新闻道德和责任的探索再次引起有良知和职业道德的报业先驱们的关注,他们在漫长的历史进程中逐渐形成了新闻专业主义的思想,并规范了报业的发展。

在20世纪初,美国的新闻工作逐渐从最初的简单职业转变为一门专业。这种变化的推动力量是什么呢?19世纪末出现的黄色新闻潮导致了煽情主义的泛滥和"偷窥新闻学"的扩展,同时在20世纪初期,由于"揭黑"新闻的风潮频繁聚焦于社会的诸多弊病,这引起了美国新闻业界人士、教育领域专家及社会学者对新闻业表现的深层次反省与思考,思考在民主社会中新闻应该如何为公众和社会服务。

自20世纪初期起,广告产业和公共领域的发展,连同报纸业的整合及早期协作行为,促成了新闻业务向企业化发展的显著趋势。受集团、商业投资者、广告经纪以及公关机构等多方面因素的影响,报纸业的商业化特征日益浓厚,引发了"人本精神"与商业精神之间的矛盾。

从社会整体的视角来看,20世纪交替时期的美国正处于"进步主义时代",新闻的焦点指向了美国工业化以及城市化过程中出现的众多社会难题,例如商业独占、政治败坏以及经济贫富差异等。积极追求进步的核心成员们大胆地揭示出沉重的事实,并且倡导进行改革,这成为那个时代的标志性特征。在这段时期里,美国社会的各个领域都在努力实现专业化,而新闻的专业化应运而生,不但赢得了新闻业界的热烈反响,也获得了社会各方的认同和帮助。

美国新闻业的专业主义是在政党报纸解体后,由新闻从业者中兴起的一种"公共服务"的理念。正如学者海林(Hallin D. C)提到,"职业化"象征着新闻行业同其他行业一样,承担着按照"公共服务"伦理道德准则行事的责任。新闻业的专业主义追求的是服务于广大民众的最高利益,而非仅仅满足特定利益集团的需求。新闻客观性的坚守是其较为明显的特性之一,将其视为能够以非党派、非团体的角度去真实地揭示事件的核心理念。正如法学专业所追求的"公平"与医学专业的"救助生命"一样,新闻专业主义的核心目标在于传达事实和真相。因此,新闻专业主义的核心观点不仅包括客观的新闻报道,还包括新闻媒介和工作人员的独立性及他们所唱出的独立之声。

这种思想源于自由主义的媒介观念,根据这种观念,新闻产业作为一个独立的结构体,是对政府进行监督的第四权力。因此,新闻媒介必须保持独立和批判的态度,不论面对政府、政党还是政治人物,否则将难以维持其作为维护公众的"守护者"形象,且无法获得公众的依赖与信赖。于是,客观与中立成为新闻行业专业化的核心标志。

在新闻行业所追求的职业规范、态度及实践中,新闻专业化体现出了其深厚的规范基础。具体来说,其要点包括:新闻机构需要摆脱包括政府、广告商及公众在内的外部压力和干扰,它们应致力于满足公众获取信息的权利,追寻并展现事实的真相,以客观公平的态度报道事件。新闻专业化强调了媒体机构作为一个独立的社会分支,承担着搜集、处理以及传递信息的职责与使命。

新闻职业主义不仅包括对新闻媒体在社会中职能的一套信念体系,而且涵盖了一整套用以指导新闻实践的道德规范。它彰显了一种超越政经权力的更高级别的忠诚和为大众造福的主动性。因此,可以将新闻职业主义的核心要义概括为:新闻产业及从业者所坚持的职业追求与实践准则,涉及以真实性、客观性、公平性为原则进行报道,将社会大众的利益放在首位,保持对政府、企业团体和公众的独立性,并担负起其特有的社会职责,这一切构成了该行业的行为规范和专业准则。

二、19世纪末20世纪初中的新闻专业主义实践

媒体产业的职业化进程可溯源于19世纪30年代便士报的兴起,这一时期也见证了独立新闻理念的初步形成。1833年,《纽约太阳报》由本杰明·戴创立,其运营理念与当时的政党报有明显不同:优先报道新闻资讯,服务于公众需求,以及传播广告信息。本杰明·戴的努力是为了使报纸面向更广泛的群众,这种做法与以往专注于政党观点的报纸大相径庭,成功吸引了不少被称为"普通人"的读者人群。本杰明·戴提出的13条从业人员

行为准则被视为世界上最早的新闻工作者自我约束的"报人守则"。1835年,《纽约先驱报》诞生,由詹姆斯·戈登·贝内特一手创立,立志成为首份完全独立自主的低价报纸。在创办宣言中,贝内特明确表示,该报纸将不会偏袒任何政党,致力于真实报道新闻,确保评论公平、中立且保持独立性,同时力求在不妥协的基础上保持对话的雅致。随后于1851年,由亨利·雷蒙德所创的《纽约时报》也在政治立场上主张独立于任何党派之外,在新闻报道方面追求绝对的客观公正,在社论上努力保持平衡。

在19世纪70年代,伴随经济的蓬勃发展和通信技术的显著进步,美国的大众化商业报刊数量迅速增加,而政党报纸则逐步进入衰退期。这些报刊开始摆脱政党的束缚,标志着独立报业的形成。记者的角色逐渐被公认为一种职业,并且其社会地位也显著提升[①]。

独立报刊以新闻报道作为其核心职责,坚守中立立场,同时致力于吸引读者群体。其核心理念围绕几个基本要点展开:首先,报刊的根本职能在于新闻的传播和对社会施加影响及促进其发展的角色,并因报刊展现出的鲜明专业特质,故而必须维护其自主性;其次,报刊的宗旨在于服务公众,并真实反映民众意愿;再次,报刊的运营依赖其有效的管理,尤其是广告收入对报刊的支持;最后,报刊在法律及职业道德的框架下运作,特别是后者的自我约束力量起到了关键作用。此时,独立报刊已经具有明显的职业精神和理念,这标志着新闻专业主义启蒙时期的到来。值得一提的是,1896年阿道夫·奥克斯接管《纽约时报》之后,该报所塑造的新闻信息模式,被广泛认为是新闻专业主义兴起的关键因素之一[②]。

自19世纪80年代起,美国新闻界迎来了"黄色新闻"时期,这类报道通常围绕性、犯罪等引人注目的话题,迅速占领了众多报纸的重要版面,不久后遭到了来自社会各阶层的广泛反感与抗议。1896年,阿道夫·奥克斯成为《纽约时报》的新东家。他设立了一套创新的新闻理念政策,其核心目标为:保持评论的独立性与公正性,以及提供准确而详细的新闻报道。这一

---

① 黄旦.传者图像:新闻专业主义的建构与消解[M].上海:复旦大学出版社,2005:1-34.

② HALLIN D C. Commercialism and professionalism in the American news media[J]. Mass Media and Society,1996,1:220.

理念与当时流行的煽动性低俗报道形成鲜明对比。阿道夫·奥克斯在他的报业宣言里强调了以公正无私的态度报道新闻的理念，避免受到任何政治党派、团体或私利的影响。①《纽约时报》的成功充分证明了新闻业并非仅靠耸人听闻的内容就可获取利益。正确、真实和及时的严肃报刊的崛起标志着美国新闻专业主义的初现。在19世纪末期，美国的新闻领域兴起了一场"耙粪运动"，广泛地显露出了公司和政府的种种不当行为，这展示了报纸的独立性和保护公众利益的职能。这一时期，《纽约时报》的成功使得传统的便士报所代表的"故事模式"逐步转变为"信息模式"，强调事实的重要性，将政治放置于"新闻"和"事实"的统一旗帜之下。随着现代新闻行业朝着更加广泛的报道范围发展，增强并改善了客观报道的方法。

进入20世纪初期，新闻客观性的原则，特别是将新闻内容与意见严格分开的理念，已经深入人心并得到广泛的认可。但是，随着时间的推移，新闻界开始认识到，在新闻的搜集、处理及传播的过程中，个人的经历、知识及价值观等方面的主观倾向是难以完全避免的。这种认识对"事实"应与价值观分隔开这一客观报道的基本理念提出了挑战。因此，理想中的新闻工作者应当接受专业的训练，具备必要的知识背景，以确保其专业性。他们所采纳的做法获得了新闻行业和社会各界的普遍赞同，涵盖了新闻内容分门别类、坚持平衡及等价原则、采用第三方视角撰文、使用中性措辞及适当引用等一系列科学方法与流程。②。在解决客观性与主观性之间的冲突与矛盾过程当中，客观性原则逐渐经历了由源头诞生、逐步拓展以及最后的演变过程，最后逐渐在新闻职业化的进程中确立为一项重要的准则，也成为新闻专业主义的核心要素之一。

新闻业培训专业人才，尤其是从业者，促进了新闻事业的深化与专业化的发展。1903年的4月10日，约瑟夫·普利策向哥伦比亚大学捐献了200万美元，以此资金用于成立新闻学院，并成立了普利策新闻奖励机制。从密苏里大学新闻学院在1908年作为美国第一家新闻学院成立开始，到1920

---

① 陈力丹.世界新闻传播史[M].2版.上海：上海交通大学出版社，2008：171.
② HALLIN D C. Commercialism and professionalism in the American news media [J]. Mass Media and Society, 1996: 219.

年,全美已经新增了 131 所设立新闻学相关的系、专业或课程的大学和学院。同时,新的新闻实务教材也开始注重强调坦诚、公正、精确以及真实的原则,并提出了将事实与评论区分开的观点,这些都成为后来被誉为客观性原则的基础元素。新闻学教育的发展显著推动了新闻行业专业水平的提升。

在第一次世界大战后,美国开始形成一种专业主义的理念,这促使大量从事新闻行业的工作者开始寻求恰当的职业指导方针。1923 年,由美国报纸编辑人协会所定的《报业信条》便被广泛接受为全国新闻工作者遵循的行为规范;随后的 1934 年,美国记者公会进一步推出了《记者道德守则》,该守则明确了新闻报道的首要职责是向公众传递准确无偏见的信息,同时强调记者应当坚持追求事实真相和公正性的原则。随后的 50 年,出版自由委员会发布的一份报告中提出的多数建议,逐步成为新闻界进行自我约束的重要基石。

真正推动新闻专业主义向前发展的一个重要里程碑是社会责任论的提出。1944—1947 年期间,著名的《时代》与《生活》期刊的发行人以及新闻界巨头亨利·鲁斯,委托了他在耶鲁大学时期的校友,那时担任芝加哥大学校长的罗伯特·哈钦斯,探讨大众传媒在当代民主社会扮演的角色。在哈钦斯的领导下,出版自由委员会耗时 4 年,走访了众多来自媒体、政府及学术界的杰出人士,最终提交了一份对新闻行业产生深远影响的报告——《一个自由而又有责任的新闻界》。在这份标志性的文献中,社会责任理论的倡导者们警告称:"自我为中心、独断专行的媒体必须自我约束。如果媒体不肩负其对社会的职责,那么包括政府在内的其他社会组织,有必要强制使它们承担起应有的责任。"出版自由委员会正式呼吁新闻媒体专业化:"我们建议报业应将其职责定位于提供标准化的公共服务,与其他专业领域保持一致。"报告认为,当前美国新闻自由的状况令人深感担忧,尤其是垄断所引发的危机,政府的控制手段无法轻易予以解决。于是,面向未来的新闻自由应该是一种有责任感的自由,也就是说,行使法律权益应当与道德义务相符合。① 报告指出,美国新闻自由的现状处于堪忧的状态,这种因垄断产生的

---

① HALLIN D C. We keep American top of the world: television journalism and the public sphere[M]. London: Routledge, 1994.

问题无法仅靠政府监管来解决。因此,新闻自由在未来应倾向于负有责任的自由形式,也就是享受法律赋予的权利应与道德承担的责任保持一致。

该研究报告的意义在于:首先,是进一步诠释并守护了新闻自由的历史沿革;其次,让新闻工作者认识到自己的职责,并通过培养他们的道德感情,刺激他们产生更好地为社会和公众利益服务的自觉认知。更为关键的是,此研究为新闻专业化发展提供了坚实的理论支持。

在新闻业的社会责任论影响下,西方的新闻领域进一步明确了新闻从业者在职业伦理和行为规范上的要求,标志着新闻专业主义的萌芽。此阶段的新闻人秉持中性和客观的职业原则,把专业标准当作对个人行为的自我约束力量。他们自视为公众利益的捍卫者,弱化了公司雇员的身份,抱有追求进步、理性以及普遍真理或准则的信仰。新闻专业主义强化了新闻从业者对于个人职业形象——追寻真相、服务于社会——的内心追求。①

总体而言,新闻的专业主义原则和精神涵盖了以下几方面:

(1) 媒体必须发挥其作为社会公共工具的作用,确保新闻工作报道服务于大众利益;

(2) 从业于新闻行业的人士应当作为社会的洞察者与真相的传播者,避免成为特定利益群体的代言人;

(3) 负责信息传播的新闻工作者应充当信息筛选的门卫,而不应成为政治或经济冲突的促成者或支持者;

(4) 新闻从业人员在分辨真实情况时应采用基于实证的科学方法,尊重客观事实,不受任何政治或经济力量的影响;

(5) 新闻工作者应遵守基于这些原则制定的职业准则,接受行业内部的监督管理,而非任何外在力量或权威的干预。

美国学者阿特休尔对新闻媒介的核心理念进行了精炼阐述:新闻媒介应摆脱外界干预,确保公众的知情权得到满足,致力于揭示事实真相,并以一种客观公平的姿态进行报道。他认为这 4 条信念是解释新闻媒介问题的

---

① 郭镇之. 舆论监督与西方新闻工作者的专业主义[J]. 国际新闻界,1999(5):32-38.

基本法宝,不仅适用于美国和西欧,也适用于其他实行市场经济的工业化国家。①

三、"背德而驰":新闻专业主义与现实的博弈

尽管20世纪末的新闻专业主义在一定程度上将美国新闻业重新引向正确的发展轨道,摆脱了黄色新闻的影响,但政治化、商业化和新的媒介实践仍然导致新闻专业主义被视为一种理想化的理论。美国的新闻专业主义观念强调理想主义色彩,忽视了政治经济力量在其背后对其实践的影响和限制,也忽略了新闻机构作为美国社会中重要的政治经济机构运作的实际情况,这些机构为美国民主政治和市场经济的发展打下了基础。②

美国媒体显示出明显的党派色彩。多年来,美国政府构筑了一套庞杂的新闻传播体系,核心包括设在白宫的新闻局以及总统的新闻发言室,这二者在政府日常的新闻发布中占据了中心地位。在美国的历史发展中,媒体对政府的影响以及政府对媒体的操控已逾200年,一直是历任总统实施舆论控制的常用策略。与此同时,新闻专业主义的概念本身也不可避免地涉及意识形态的构建③,不同的新闻单位会将自己所信奉的教条和政治观、民主观转移给旗下的从业人员。

人们对客观性新闻学的批评性见解表明:报道的客观性本质上是存在偏向性的,这种偏向性往往难以觉察,因为它常常是隐性的。这个观念也表明,新闻实质上并无法做到中立、无价值倾向的评判,以及对现实世界全然的客观描述。因此,新闻专业主义的建构本身就有和其他专业主义不同的意识形态化的成分,在独立战争时期如此,在镀金时代的19世纪末20世纪初如此,在21世纪的今天也是如此。"9·11"事件之后,《纽约时报》刊登了一篇标题为《对领导的要求》的社论,指出布什总统未能及时回到首都,将个人安全视为比国家安全更重要,暗示其作为一个领导者的不负责任。此后

---

① 阿特休尔. 权力的媒介[M]. 黄煜,裘志康,译. 北京:华夏出版社,1989:133.
② 郑保卫,李玉洁. 美国新闻专业主义观念发展史的评述与反思[J]. 新闻与传播研究,2013,20(8):78-91.
③ JOHNSON, TERENCE J. Professions and Power[M]. London: Macmillan Press, 1982.

不久，发表此类批评总统言论的记者被其雇主解职。这一事件清楚地表明，美国的新闻媒体已经变成了一个受到政治势力操纵的传播渠道。

新闻专业主义作为理论的另一大支柱是脱离财团的客观化报道，但不可否认的是，在市场化运营的环境下，媒介很难真正摆脱财团对自身报道的影响。为追求商业利益，为了追求更高的发行量，记者们往往听风就是雨，新闻的内容也逐渐叙事化和故事化。哈钦斯委员会试图找寻"公共事业"和"谋利"这对矛盾中的一条出路，但这种商业化的根源是由资本主义制度先天决定的，其结果也可想而知。20世纪60年代以后，新闻更加商业化了，恪守客观、准确报道新闻的专业主义遭受严峻的挑战。

随着传媒经营理念的进一步发展，美国新闻媒体行业正经历着并购与合作的浪潮，这不仅加剧了行业内的垄断现象，也使得各大利益集团在新闻制作与传播过程中占据了主导地位。一方面，在商业导向的社会中，媒体保持独立性，不受政府、公共舆论和利益集团影响，已经变得极为困难，可谓是一种奢望；另一方面，大众传媒的社会控制机制，包括政治、经济和文化等多方面的因素，正削弱新闻专业主义的核心价值观，侵蚀其原有的理念。新闻专业主义的生命力与逻辑性因此在西方新闻业的发展历程中正面临前所未有的挑战。

结语

回顾来路,我们会发现,任何一种新媒体的诞生,都不可避免地存在一段时期的混乱和无序状态,也都经历了一个由自发到自觉的过程,这是客观规律,报业的发展就是这样。

报纸作为启迪民智、大众教育的工具,经历了一个发展的过程。19世纪以前,作为交流工具,报纸是上流社会的精神特权,是社会地位的象征,普通民众难以接触。原因有二:首先是价格昂贵,经济上负担不起;其次是报纸内容深奥,文字艰涩,一般人很难读懂。因此,报纸在社会文明进步中所起的作用不大。随着工业革命、政治民主化的兴起,19世纪末20世纪初出现了"新式新闻业"的进步现象,报纸成为个体连接社会的纽带,并促进了经济的发展和政治的变革,是可以与家庭、学校相提并论的个人社会化的主要力量。

当然,新生事物的发展并非一帆风顺,"黄色报纸"仿佛长在参天大树上的斜枝,危害越来越大,其喜好追求轰动效应的传统往往使它以偏概全、以点代面,公然进行赤裸裸的煽情和误导。"煽情新闻"实际上是一种缺乏深度的现代新闻形式。记者在声称关爱民众的同时,却以带有浮夸、耸动、刺激和轻率之风格的新闻填塞民众获取信息的各种渠道。结果,人们面对的重大社会问题被演变成了廉价的闹剧,而新闻的本质也被扭曲为一种适合街头小贩高声售卖的商品。最糟的是,他们不仅不起正面舆论导向的作用,反而为犯罪和暴行开脱。准确地说,"煽情新闻"是指一种大量运用煽情主义的浅层次感官刺激的手法,集中渲染、夸大报道耸人听闻的色情、暴力、犯罪、天灾人祸等新闻事件,旨在赚取高额利润的新闻样式。"煽情新闻"只是在采用手法的程度上有所差异,它们的本质都是塑造新闻素材、炮制虚假情节并以此吸引读者。"煽情新闻"以配上耸人听闻的大标题、加注黑色或浓红色，以及大量使用插图——多数是伪造或杜撰的——为形式，内容多集中在某些相似题材的基础上：犯罪新闻、丑闻、流言、婚姻、色情、灾祸、体育运动等；欺骗性的、容易误导视听的细节描写；捏造的采访；令人毛骨悚然的假科学分析；周末幽默喜剧故事；情感小说；卖弄性的对弱者的虚伪同情，诸如此类。

"煽情新闻"如何产生？何以形成如此大的规模呢？其根本原因在于19世纪末20世纪初追求高额利润的经济原则日益成为新闻媒体的最高准则，以及新闻市场上不受任何限制的恶性竞争所导致的。由于自由竞争的经济原则和市场机制因素，19世纪末20世纪初的显著特征之一是商品化现象的泛滥——所有的东西都成为商品，新闻亦不例外。同其他商品一样，最能适合大众需求的商品才能带来高额利润，谁能成功销售出自己的商品，谁就能发财致富。这个不以个人意志为转移的市场经济法则有力地制约着美国19世纪末20世纪初报业的总体发展，正是在这一社会机制基础上产生了连绵不断的"煽情新闻"现象。可以说，赫斯特与普利策的恶性竞争把原本正常的新式新闻业错误地导向了"煽情新闻"的歧途，煽情主义报道手法运用到极端就变质为"煽情新闻"。"黄色报纸"是媚俗的产物，它以商业原则取代新闻原则，以市场需求取代精神需求，充其量只是消费时代质量偏低的文化快餐，食用者一不小心就会败坏胃口，伤及健康的身心。社会公众对"黄色报纸"的态度也由最初的抱有浓厚的兴趣转为逐渐感到厌恶，进而唾弃。"黄色报纸"在报业市场上由热销转为冷落，最终孤立，这一转变是与严肃报业的出现紧密相关的。

1896年，名不见经传的阿道夫·奥克斯接管了陷入经营危机而举步维艰的《纽约时报》。他宣称，《纽约时报》将是一份高质量的报纸，它清白、庄严、可信，《纽约时报》要用简明动人的方式，用文明社会中慎重的语言来提供有意义的新闻，即使不能比其他可靠途径更快提供新闻，也要一样快，要不偏不倚，无私无畏地提供新闻，不论涉及什么政党派别或利益，要使报纸的内容成为研讨一切与大众有关的重大问题的论坛，并以此为目的而邀请各种不同见解的人参加明智的讨论。实践中阿道夫·奥克斯确是这样做的，《纽约时报》的新闻真实、全面，社论公平、稳健，甚至取消了连环漫画，无愧于报纸头版刊登的宣传广告:"本报不会玷污早餐餐巾"。《纽约时报》的版面丰富多样,不拘一格,辟有地产交易、金融评论、法庭诉讼、天灾人祸、读书评论等专栏,还包括政府文件、重要演说、外交协定等,另有星期日增刊评述时事,增长见识。《纽约时报》的成功还在于重用有经验、有能力的编辑、记者,在卡尔·范安担任报纸总编后,该报对每日新闻、突发新闻、重大新闻的关注加强了,不但新闻及时准确、翔实公正,而且图文并茂、印刷精美。《纽约时报》在报界获得较高声誉,也赢得不菲的经济价值,成为 20 世纪主流报纸的先驱。

19 世纪末 20 世纪初后期,报业另一显著的特征是垄断程度加剧。当时经济领域发生了巨大变化,随着机械化大生产的推进、钢铁工业的发展和电力时代的到来,工业和金融业资本家通过竞争获得了资本和权势,各行各业都产生了垄断,这是 19 世纪末 20 世纪初的特色,报业作为信息交流的行业,自然也遵循着市场经济的规律,这一趋势在 20 世纪得到更清晰的展现。报纸业的垄断主要体现在报纸集团或报系上,这意味着一家报纸公司在不同的城市掌握了至少两份或两份以上分布在各地的报纸。第一个报业集团是斯克里普斯集团,1892 年,该集团拥有 5 家报纸;到 1900 年,美国报业集团数量增加到 8 家,掌握 27 家报纸,发行量约占全国报纸总发行量的 10%。又如,属于"纽约时报公司"这一报业,曾经仅拥有一份出版物——《纽约时报》;然而,在第二次世界大战结束后,版图不仅包括了《纽约时报》,还扩展至佛罗里达州的 6 份报纸与卡罗来纳州的 3 份报纸,同时旗下还拥有《美国》《家庭》等 7 本杂志,此外,还包括 3 家出版社以及各自 1 家的电台和电视台。除了担任美联社的核心控制方之一,同时经营着"时事通讯社"——一家新闻机构,以及"北美报业联盟"——一个特稿服务机构。此外,该实体还与《华盛顿邮报》等单位共同出资办有《国际先驱论坛报》。在"时报—镜报公司"的带领下,以《洛杉矶时报》为根据地,该公司已经发展成拥有多达三四十个分支的庞大网络。同时,《洛杉矶时报》并非其唯一出版物,同样包括位于纽约的《新闻日报》、得克萨斯州的《达拉斯时代先驱报》和奥林奇海岩的《向导报》。作为西部大型新闻集团"时报—镜报公司",除了报纸发布,还拥有 7 家图书发行商、7 本杂志,2 个电视频道,以及 9 家新闻辛迪加和电影制作公司。而专注于经济新闻和评论的《华尔街日报》是道琼斯公司的核心业务,自20世纪60年代起,道琼斯公司又陆续建立了包括《全国观察家报》在内的十几家报纸。

对报业垄断现象,许多新闻界人士深表忧虑,主要集中在两个方面。

1. 忽视新闻质量

美国不少传媒学者认为报业垄断会导致过度追求企业利润、忽视新闻质量。安德森·科伯林指出,垄断一个地区报纸的业主往往把新闻视作代价高、不合算的装饰。他把这种情况比作酒吧招徕顾客的免费午餐。如果一个地方有两家以上酒吧,午餐质量一旦下降,顾客就会去另一家酒吧。倘若垄断情况出现,酒吧老板就会降低午餐质量甚至取消免费午餐。马休斯的调查研究发现报业集团更加突出利润,报业集团的报纸比非报业集团的报纸刊登新闻(尤其硬新闻)的篇幅更少,加大软新闻含量,用于广告的版面明显增多。一些学者纷纷指责这些公司将企业的利润置于公众利益之上,使报纸由"社区的喉舌变为公司的喉舌"。这些报纸往往偏重商情报道,而对广大民众生活状况显得冷漠。①

2. 限制新闻自由

有新闻学者认为,报业垄断限制新闻自由。在大集团公司里,高层经理掌握人事聘用和报社决策大权。报纸该报道什么,不该报道什么,什么该加,什么该减,全由他们说了算。这些公司规定所属报业必须维护企业形象,不得损害公司利益,"把记者当作装配线上的驯服工人",认为要他们按公司旨意报道是天经地义的。例如,美国贫富悬殊问题是西方国家中最为严重的,但大集团公司所拥有的报纸一般对此避而不谈。

美国报业垄断的辩护士也不少,他们认为报业集团至少有以下两点好处。

1. 利于改善经营

报业集团具有统一管理、市场竞争和规模经营方面的优势,因而有条件提高办报水准。此外,报业集团资金充足,有财力提高办报质量,而分散经营的报纸却无力做到这点。

---

① DENTON F, KURTZ H. Reinventing the newspaper: Essays[M]. New York: The Twentieth Century Fund Inc, 1993: 47.

2. 有能力抵制政府干预

由于报业集团的经济实力雄厚，独立性也随之增强，有能力抵制政府干预。甘尼特报业集团前总经理约翰·帕塞尔争辩说："新闻机构分散容易被政府牵制……只要有强大集权的政府存在，就必须有强有力的、经济上独立的自由企业。"总之，由于报业是垄断资本主义的产物，只要这种制度存在，垄断的趋势是难以扭转的。[①]

目前，美国报业正面临严峻挑战。曾经支撑报纸发展的广告、读者群体、传统和公众信任正受到压力的考验。这些力量不再像过去那样有效，报业的昔日辉煌已逐渐消逝，超过半数的美国人认为报业已经与主流社会脱节。众多报纸正在积极探寻重新接触读者的手段，其中包括广泛报道本地新闻。市场研究指出，读者最在乎的是他们所在社区的动态，这个发现并无太大出人意料之处。对报纸来说，发表大批高品质的本地新闻卓有成效，然而，这种策略的不足之处是，可能导致报纸对州内政策以及国内外重大事务的关注降低。众多编辑觉得，报道政府行为会牵涉复杂的政策问题和机构运作，可能给人以单调感，而读者对国际新闻的兴趣并不高。

再有一种策略就是倾向强化软新闻的报道而非硬新闻。市场调研也表明，人们更钟情于关乎自己日常生活的新闻。关心读者生活的文章具有实际效益，尽管有时这类文章可能会占据传统新闻的版面。

报纸采用的第三种策略是尝试与读者互动。过去，报纸与读者的互动基本是单向的：报社印刷报纸，读者要么看，要么不看。现在，随着互联网和其他高科技工具的普及，报纸需要更多的互动。报纸机构可发布读者经互联网提交的信件，并有能力设立网络聊天室。全体报刊均设立了网页版，激励读者加入讨论、分析体验、贡献新闻及观点。这些行动的目标是让大众更便捷地接触到报章内容。

通过对19世纪末20世纪初美国报业成长经历的展示，我们可以加强对媒介与社会的了解和认识；也希望通过对美国报业的透视，通过对新式新闻事业的批判和借鉴，为我国新时期的文化建设服务。报业作为文化现象，属于意识形态的组成部分，是由一定的政治制度决定的，归根到底，是由特

[①] 端木义万.美国传媒文化[M].北京：北京大学出版社，2001：35-36.

定历史条件下的生产力和生产关系决定的。美国报业是商品经济社会私有制的产物，对于利润的无限制追逐，必定使其本身具有无法克服的痼疾，我们应该时刻警惕这类不健康东西对我们的侵蚀和渗透，辩证地、批判地吸取其合理的、有积极意义的内容，以建设符合时代要求的、与时俱进的传媒产业与文化。